华为创新三十年
解密华为成功基因丛书

华为
之 研发模式

王京生　陶一桃／主编

杨　柳／执行主编

司　辉／著

海天出版社
·深圳·

图书在版编目（CIP）数据

华为之研发模式 / 司辉著. — 深圳 : 海天出版社,
2018.12
（华为创新三十年 : 解密华为成功基因丛书 / 王京
生, 陶一桃主编）
ISBN 978-7-5507-2519-5

Ⅰ. ①华… Ⅱ. ①司… Ⅲ. ①通信企业—企业管理—
技术开发—研究—中国 Ⅳ. ①F632.765.3

中国版本图书馆CIP数据核字(2018)第244934号

华为之研发模式
HUAWEI ZHI YANFA MOSHI

出 品 人　聂雄前
责任编辑　邱玉鑫　张绪华
责任技编　陈洁霞
封面设计　元明·设计

出版发行　海天出版社
地　　址　深圳市彩田南路海天大厦（518033）
网　　址　www.htph.com.cn
订购电话　0755-83460239（邮购）0755-83460202（批发）
设计制作　蒙丹广告0755-82027867
印　　刷　深圳市希望印务有限公司
开　　本　787mm×1092mm　1/16
印　　张　20.25
字　　数　200千
版　　次　2018年12月第1版
印　　次　2018年12月第1次
定　　价　58.00元

华为是一种文化

历史的长河浩瀚、深远而又奇异，任何人都无法通晓所有的历史，我们能做到的只是抓住历史上那些标志性的事件、人物，给出一个解释和说法，这便是对历史的研究了。比如，当我们说到中国的改革开放的时候，必然会提到邓小平，必然会提到联产承包责任制，尤其必然会提到深圳。而在提到深圳时，必然会提到华为，因为华为是一种文化。

其实观察任何事物，无论是企业还是世界，文化都是最基础、最深厚、最重要的。由于眼光和研究方向的不同，也有人更注意企业的产品市场占有率、人才和管理。但在我们看来，这一切不过是企业的外在表现而已。如果我们从文化视角去观察华为，也许更能看清楚，这朵根植于深圳而又影响世界的奇葩，是如何展现了这个民营企业的雄心壮志以及为此而付出的艰苦卓绝的努力。同时，我们还会看到它的"掌门人"及团队的格局、眼光和不同于一般企业家的智慧。

如果从头说起，华为的诞生充满了悲壮的色彩。1987年，任正非从部队退役后，用21000元人民币创办了一家规模很小的民营企业。当时，日本的NEC（日本电气股份有限公司）和富士通、美国的朗讯、加拿大的北电、瑞典的爱立信、德国的西门子、比利时的BTM（贝尔电话公司）和法国的阿尔卡特等洋品牌正在中国市场上耀武扬威。作为一个名不见经传的民族交换机品牌，华为置身于"八国联军"的包围中，要活下去尚且很艰难，又何谈三分天下占其一呢？

它的"掌门人"任正非偏偏不信邪，还放出豪言："十年后，世界通信行业三分天下，华为将占'一分'。"这是何等的自信与格局！正如西方经济学家约瑟夫·熊彼特在《经济发展理论》一书中所说："典型的企业家比起其他类型的人，是更加以自我为中心的，因为相比其他类型的人，他不那么依靠传统和社会关系，他的独特任务——从理论上讲以及从历史上讲——恰恰在于打破旧传统，创造新传统。"熊彼特认为，企业家精神一是存有建立自己的王国的梦想；二是存在征服的意志、战斗的冲动；三是存在创造的欢乐，为改革而改革，以冒险为乐事。这些论述冥冥之中讲的就是任正非。可以说，企业家精神就是企业的灵魂，与工匠精神、创新精神一起，构成企业文化的三大精神支柱。当然，光有精神是不够的，华为能够一路跋山涉水走到今天，也离不开它所建立起的包括人才、技术、财务、市场在内的一整套完善的制度管理体系。

和很多中国创业企业最后变成家族企业，结果一代企业家的老去让企业走向衰亡不一样，创造了华为奇迹的任正非并没有唯我独尊。今天的华为，在全球拥有18万多名员工。通过持股计划，任正非让员工持有华为股份，自己仅持1.4%的股份，其余90%多的股份都属于华为员工。谁说民营企业家胸怀有限？华为通过全员持股，让大家结成利益攸关的命运共同体，走的是共建、共治、共享之路，这是任正非的一个独创。其实，它的根本在于"得人心者得天下"。《孙子兵法》载"知之者胜，不知者不胜"的五个方面："一曰道，二曰天，三曰地，四曰将，五曰法。"又载"上下同欲者胜"。华为正是如此，有行于天下的大道，有一批精兵猛将，有凝心聚力的法度，得天时、地利、人和、上下同欲，何能不胜？

华为的成功是来之不易的。30年间，华为由弱到强的过程中充满了汗水、血泪、挣扎和拼搏，不仅有管理过程中的"市场部辞职风波""华为的冬天"等忧思，还有在海外拓展中面临专利诉讼等各种艰辛，在选择业务方向时也有人对华为进入智能手机市场表示质疑。不论来时的路多么艰险曲折，华为人始终坚持"以客户为中心""以奋斗者为本""长期坚持艰苦奋斗"的经营哲学和成长逻辑，一路走来，越走越自信，越走道路越开阔。经过30年的发展，逐渐形成的"华为精神"实际包含了任正非所倡导的以人为本、艰苦奋斗和自我批判等重要思想。

看似简单的道理，实践起来相当不易。当企业管理遇到瓶颈的时候，华为与世界一流管理咨询公司合作,在集成产品开发(IPD)、集成供应链(ISC)、人力资源管理、财务管理和质量控制等方面进行深刻变革。任正非提出著名的"先僵化,后优化,再固化"的管理改革理论。这一管理变革经过 20多年的实践,取得了巨大成功。华为从民营小企业一跃登上全球最大的通信设备供应商的宝座,不仅因为它在技术上从模仿到跟进又到领先,更因为华为一直在不断探索管理模式的创新,建立了与国际接轨的管理模式。

我们可以看到很多这样的例子:不少非常优秀的企业曾处于巅峰,不料短短数年后,却出现断崖式崩溃。华为毫无疑问也经历过多次这样的危险时刻,它为什么可以不断从危险境地中走出来呢?任正非带领企业一步一步地由弱到强,带领华为进入"无人区",走向更大的胜利,这是因为他深谙发展和灭亡的无限循环之道,并且不断地追问自己:"华为的红旗到底能打多久?"企业,不是在危机中成熟,就是在危机中死亡。因此,任正非充满了危机意识,而他思考的结论是:"世界上只有那些善于自我批判的公司才能存活下来。"他曾如此写道:"20多年的奋斗实践,使我们领悟了自我批判对一个公司的发展有多么的重要。如果我们没有坚持这条原则,华为绝不会有今天……只有长期坚持自我批判的人,才有广阔的胸怀;只有长期坚持自我批判的公司,才有光明的未来。自我批判让我们走到了今天,我们还能向前走多远,取决于我们还能继续坚持自我批判多久。"

企业越强大,危机意识越强。这种强大的危机意识构成了华为企业文化的DNA。正因为如此,任正非在公司2018年第四季度工作会议上又一次敲响警钟:"现在外界过分夸大了华为公司,也有可能是灾难,因为他们不知道我们今天承受的高度痛苦,我们实际到底行不行呢?……如果只是表面的繁荣带来我们内心的自豪,就会导致惰怠,我们绝对不允许惰怠……"面对纷繁复杂的现实,华为高层的头脑是清醒的。他们明白,这种忧患意识,不应只存在于任正非一个人的头脑中,而要成为整个团队的自觉意识。

所谓"物壮则老",唯有深根固柢,才能枝繁叶茂。企业要保持蓬勃向上的活力,必须形成一种可持续发展的文化。我们看到,改革开放以来,很多企业在不同阶段各领风骚,短短40年已大浪淘沙了好几回,有的折戟沉沙,有的销声匿迹，有的步履维艰，有的跌宕起伏……华为能否跳出这个"魔咒"，取决于其下一步的努力。

有一段时间，有媒体炒作华为总部要迁至东莞。为此，任正非专门找到深圳市委主要领导，要求同深圳市政府签订华为总部30年不外迁的协议。市委主要领导大气地对他说，协议就不用签了，因为签了协议，如果心不在这里，迟早会走；不签协议，只要我们的服务和环境好，你们也不会走。在任正非的一再坚持下，最后双方还是签了协议。

这个细节，让我们看见了深圳的包容、大气和华为的笃定、忠诚。深圳的崛起和华为的成长是同步的，两者有着共同的基因和血脉。华为是深圳发展的缩影，它体现了深圳人敢闯敢试、杀出一条血路的英勇坚毅。它的成长也和这座城市一样，充满悲壮、欢乐、成功和欲望的交响。因为有了这些深圳人，才有了华为；因为有了以华为为代表的企业和卓越的市民，才有了深圳的辉煌和对未来的信心。

当前城市之间的竞争，已经从"拼经济""拼管理"进入"拼文化"的阶段，企业亦是如此。文化是驱动创新的根本力量，文化的土壤越丰沃，创新的大树越茁壮。美国学者丹尼尔·贝尔（Daniel Bell）在《资本主义文化矛盾》一书中指出："文化已成为我们的文明中最具活力的成分，其能量超过了技术本身……上述文化冲动力已经获得合法地位。社会承认了想象的作用，而不再像过去那样把文化看作制定规范、肯定其道德与哲学传统并以此来衡量、（通常是）非难新生事物的力量……我们如今的文化担负起前所未有的使命——它变成了一种合法合理的、对新事物永无休止的探索活动。"这最后一句话，是我们今天理解文化重要性的最深刻的一种表达。

诚然，只有根深，才能叶茂。这是世界的一个通行法则。人是文化的基本载体，最好的可持续发展是人的可持续发展。我们看到，今天的华为尤其注重基础教育、基础研究，秉持"用最优秀的人去培养更优秀的人"的理念，呼吁并致力大规模培育各类人才，为创新型国家建设和产业振兴发展点亮更多的火种。

翻开这套丛书，随处可以看到任正非原汁原味的讲话，这些话语闪耀着人文的光辉。我们可以看到，任正非身上富有远见、胆识过人、信念坚定和从容大度的领导特质。华为发展过程中的经典故事被娓娓道来，富有启迪意义，对于广大善于学习和积累的读者朋友来说，可以从中获得丰富的生活经验，吸取宝贵的人生智慧。

这套丛书不仅讲述了华为的成功是如何取得的，而且描述了华为充满辩证法和创新理念的企业文化，分析了华为人力资源管理的成功秘诀，介绍了华为国际化的战略选择及实现路径，因此这套丛书对于创业者和产业界人士来说是巨大的宝藏，可以从中受益。

当前，我国经济已由高速增长阶段转向高质量发展阶段，正处在转变发展方式、优化经济结构、转换增长动力的攻关期，建设现代化经济体系成为跨越关口的迫切要求和我国发展的战略目标。党的十九大报告指出，要深化供给侧结构性改革，激发和保护企业家精神，鼓励更多社会主体投身创新创业。眼下创新创业大潮在九州土地上风起云涌，无数有志之士正在商海搏击，他们同样怀着雄心壮志，试图用创新创业改变世界；他们也同样面临激烈的市场竞争、资产薄弱、人才匮乏等问题。华为由弱到强的发展历程势必将带给他们一些启迪，让这些弄潮儿了解创业者的使命以及企业成功与企业家内在修为之间的联系，并且培养如何获得自我反省的能力，由此激发出巨大能量，进而不屈不挠地奋斗。

华为是一种文化。中华民族最终自强于世界，最基础、最深沉的恐怕还是文化。而这种文化与中国古代文明既一脉相承，又推陈出新。它必须是一种创新型、智慧型、包容型、力量型的文化。所谓"创新型文化"，包括观念创新、制度创新、技术创新，等等。所谓"智慧型文化"，强调张扬人的理性，包括工具理性和价值理性。所谓"包容型文化"，强调开放、宽容、多样性和对话，具有海纳百川的气度和厚德载物的襟怀，是文化创造力的根本所在。所谓"力量型文化"，就是对真理"朝闻道，夕死可矣"；对事业"苟利国家生死以，岂因祸福避趋之"；对强敌"流血五步，血溅七尺""拼将十万头颅血，须把乾坤力挽回"。它与中国先秦文化中宝贵的"士"的精神一脉相承，是我们民族血性的灵魂。

"四型文化"作为一种崭新的文化，既是中华民族自立于世界之林的根基，又是大到一国，小到一人，包括城市和企业生生不息、自我完善的力量之源。而今天我们看，这种文化正在华为生成和发展。创新型、智慧型、包容型自不待说，华为的力量型文化更是堪为民族企业的典范。华为若能持续不断地发展这种文化，必会走向更为强盛的未来。若这种文化式微，则再强大的企业或个人，亦将归于沉寂或失败。

华为30年磨一剑，只对准通信这个"城墙口"冲锋。这种执意与纯粹，不禁令人想起唐代诗人张籍。张籍为韩愈弟子，历任水部员外郎、国子司业等职，擅作乐府诗，世称"张水部"或"张司业"。今人耳熟能详的"还君明珠双泪垂，恨不相逢未嫁时"便出自其手。冯贽的《云仙散录》记载，张籍执迷于杜甫诗，常将杜诗烧灰拌蜜而食。有友来访，见其如此，不解，问其故。张答，吃了杜诗即可改换肝肠，写出与他一样的好诗。宋代王安石读张籍诗集时曾拍案叫绝，赋诗赞之："苏州司业诗名老，乐府皆言妙入神。看似寻常最奇崛，成如容易却艰辛。"这首《题张司业诗》虽谈诗歌创作，但同样可以用在任正非和华为身上。他们的成功看似寻常，实则奇崛，背后不知凝结了多少艰辛的汗水和血泪，写下的是一部更为辉煌的史诗。

任正非是一位很可贵的商业思想家，我们的时代需要更多像他这样负责任有担当的风云人物，需要更多像华为这样具有创新活力和国际视野的高科技企业。本套丛书给我们提供了学习任正非思想和华为经验的宝贵窗口，希望这套书的出版能让更多读者获益，帮助他们实现自己的梦想。

王京生

2018年11月

鱼为奔波始成龙

时逢中国改革开放40周年之际，在中国改革开放进程中拥有代表性地位的杰出民营企业和它的创始者，再一次在历史上留下厚重的印记，这无疑是一件具有社会价值与划时代意义的事情。这不仅仅是对一家企业成长历史和发展奇迹的描述，也是对一座城市神奇般崛起与灿烂辉煌的历程的记载，更是对一个伟大的变革时代的激情礼赞。

我们生活在一个需要企业家而又产生着企业家的时代；也生活在一个需要企业家精神而又产生着企业家精神的时代。可以说，在中国现代史上，没有哪一座城市能像深圳那样，为国家培育出那么多奋斗在改革开放最前沿的真正的第一代企业家。同样可以无愧地说，深圳是中国现代企业家的摇篮。正是与这座年轻的城市一同成长起来的企业家和企业家精神，才使得昔日的小渔村创造出了令世人瞩目的中国奇迹，华为就是其中极富代表性的一个。所以我认为，对华为的记载不仅有故事的讲述，还有故事所蕴含的对我们所生活的时代能够产生震撼的那种力量，能留给一个奋斗中的民族世代承继的那些情怀与精神。这就是能够创造(物质)财富的(精神)财富之企业家精神，能在不断创新中改变世界的来自企业家自身的无穷的魅力与力量。

对于改革开放的中国而言，是伟大的时代造就了企业家，而伟大的企业家又推动了时代的发展。彼得·德鲁克认为：企业家精神中最主要的是创新，创新是企业家精神的灵魂。同样，熊彼特关于企业家是从事"创造性破坏"（Creative Destruction）的创新者观点，凸显了企业家精神的实质和特征。但创新绝不是"天才的闪烁"，而是企业家艰苦工作的结果。创新精神的实质是"做不同的事，而不是将已经做过的事做得更好一些"。所以，这需要社会给予一视同仁的机会与包容宽松的制度－文化空间。而来自所有制的歧视，是最深重的歧视。这种歧视，会从根本上扼杀企业家的创新精神。因为，任何人面对无法改变的制度风险，都不会去创新。深圳正是为如华为这样的民营企业提供了生长壮大的制度－文化土壤，从而使占所有制结构90%以上的民营企业成为深圳经济发展的肥沃土壤与内在原动力。

完善市场经济体制，尊重市场规律为企业家和企业家精神创造了赖以生存的制度环境。因为，只有成熟的市场经济才能培养出真正的企业家，才能培育出真正的企业家精神。市场经济是原因，而不是结果。企业家既不是由行政机关提拔起来的，也不是如劳模一样被评选出来的，而是在市场中"锻造"出来的。

冒险可谓企业家的天性。其实，如果没有冒险精神，就不可能有任正非当初自称"纯属无奈"的下海；没有冒险精神，同样不可能有华为的所谓"狼性文化"和"虎口夺食"的一个个惊心动魄的故事。法国经济学家理查德·坎迪隆（Richard Cantillion）和美国经济学家弗兰克·H·奈特（Frank Hyneman Rnight）曾将企业家精神与风险（Risk）或不确定（Uncertainty）联系在一起。他们甚至认为，没有甘冒风险和承担风险的魄力，就不可能成为企业家。企业创新是有风险的，这种风险只能对冲不能交易。也就是说，这样做，要么成功，要么失败，没有第三条道路。

当然，在成熟的市场经济秩序下，企业家的冒险是与市场赌博，而不是与权力较量。市场越自由竞争，企业家越敢于冒险。因为，相对于权力干预，市场是可预期的。与权力较量，在大多数情况下只有一个结果，那就是输；与市场赌博则会有输有赢，其结果取决于个人智慧和判断，既便输也愿赌服输。同时，权力的参与还会引发寻租行为的发生，影响健康的市场经济文化的培育。没有过多权力干预的市场，才是真正健康的市场，而真正健康的市场，才能培育出真正的企业家和企业家精神。

中国40年改革开放的成功实践证明，法制健全的社会和敬畏法律的精神，是企业和企业家精神的生命力保障。合作是企业家精神的精华。尽管伟大的企业家看上去似乎是"一个人的表演"（One Man Show），但成功企业家的身后一定会站着"惠己悦人"的合作伙伴。正如经济学家阿尔伯特·赫希曼（Albert Otto Hirschman）所言：

企业家在重大决策中实行集体行为而非个人行为。企业家既不可能也没有必要成为一个超人(Super-man),但企业家应努力成为蜘蛛人(Spider-man),要有非常强的"结网"的能力和意识。

法律是一种制度安排,它以告之后果的方式限制人与人交往时可能出现的投机主义行为和损害他人利益的行为,从而降低社会的交易成本和机会成本。所以,从这个意义上说,法制健全的社会才是低成本运作的社会。每一个成功的企业家,一定首先是法律的"奴隶",然后才是一个拥有选择权利的自由的人。

依法治国的关键不仅仅在于政府依法管理社会,更在于政府本身受法律约束。只有一视同仁,社会才会有公平,企业家精神才能真正富有生命力。

正因为如此,政府放权,给企业家选择的自由,已成为一种不可或缺的制度-文化环境支撑。它可以使企业家精神真正成为一种文化,真正成为改造社会的物质力量。在政府与市场的关系上,还应该是罗马归罗马,恺撒归恺撒。给企业和企业家在市场规则中自由"跳舞"的空间,就是给社会创造奇迹的机会。当然,一个富有改变精神的政府,又是实现这一切的根本保障。

德国著名政治经济学家和社会学家马克斯·韦伯(Max Weber)在《新教伦理与资本主义精神》中说:货币只是成功的标志之一,对事业的忠诚和责任,才是企业家的"顶峰体验"和不竭动力。诺贝尔经济学奖得主米尔顿·弗里德曼(Milton Friedman)更是明确指出:"企业家只有一个责任,就是在符合游戏规则下,运用生产资源从事产生利润的活动。亦即须从事公开和自由的竞争,不能有欺瞒和诈欺。"

强大的国家与发达的市场是我们期望的,但它的前提是政府具有远见卓识。以华为为代表的一大批民营企业的成功与辉煌证实了这一点,中国改革开放的成功和中国奇迹的创造更加证明了这一点。华为不仅让我们看到改革开放的成就,更看到了中国制造的力量,可谓"红了樱桃,绿了芭蕉"。

我们的社会不会因为没有奇迹而枯萎,但会因为丧失创造奇迹的精神而失去生命。

陶一桃

2018年11月7日于南洋理工大学

向华为学习什么

企业的命运都会随着时代潮流的变化而跌宕起伏，但华为似乎可以算是一个例外。在每一个浪尖谷底，它总是坦然走着自己的路，并最终开辟出一条通往世界的全球化之路。

华为作为中国最成功的民营企业之一，其营业额已经步入世界500强的门槛，成为真正意义上的世界级企业。华为2017年实现全球销售收入6036亿元人民币（同比增长15.7%），净利润475亿元人民币（同比增长28.1%），稳居全球第一大电信设备商之位，成为最受瞩目的行业领导者。

"10年之后，世界通信行业三分天下，华为将占'一分'。"华为创始人任正非当年的豪言犹在耳边。如今，华为这一梦想已然实现。任正非凭借着自己出色的经营思想和卓越的管理才能创建了华为，带领华为不断地发展壮大，从中国走向世界，使华为在世界上产生了巨大的影响并最终改写了全球电信业的"生存规则"。

《时代周刊》多年前曾如此评价任正非："年过六旬的任正非显示出惊人的企业家才能。他在1987年创办了华为公司，这家公司已重复当年思科、爱立信卓著的全球化大公司的历程，如今这些电信巨头已把华为视为'最危险'的竞争对手。"

改革开放之初，深圳对改革开放的贡献不仅仅是"破"，更重要的是"立"。华为是深圳建立现代企业制度的先锋，是中国企业开展国际化战略和走向跨国公司之路的先行者，是最早迈入知识密集型发展道路的中国公司。华为是中国企业实现国际化的一面旗帜，它所走过的路正在被众多中国企业追随。华为的价值，在于它探索出了一条在中国发展与管理高科技企业的道路，包括如何建设企业的治理结构、价值观体系、研发管理体系、人力资源管理体系、财务管控体系等；华为的价值，在于它成功地探索出在中国管理与运营国际化大企业的方法，探索出具有中国特色，又与国际接轨的经营模式和内在机制，创造性地解决了国际先进企业管理模式如何在中国落地的难题，实现国外先进管理体系的中国化。华为的价值，还在于它对技术创新长期重视，持续巨资投入，在全球化拓展中坚持"开放但不结盟"的原则，形成了强大的技术实力和独特的商业运营模式，成为一家享誉全球的创新标杆企业。

华为就在我们身边，鲜活而真实。对于这个触手可及的商业案例，我们如果加以深入分析和研究，挖掘它的成长逻辑、管理哲学，认真总结，彰显其示范作用，必定具有非常重大的现实意义。本套丛书分为《华为之管理模式》《华为之人力资源管理》《华为之企业文化》《华为之国际化战略》《华为之研发模式》5本，系统介绍了华为不同方面的宝贵经验，以便广大读者和企业经营者深入地了解华为的管理哲学和经营智慧。

成功经验之一：管理模式

华为之所以成为中国民营企业的标杆，不仅因为它在技术上从模仿到跟进又到领先，更因为它与国际接轨的管理模式。华为的管理，始终存在中西方管理理念的碰撞和结合。从流程和财务制度这些最容易标准化、不需质疑的"硬件"开始，华为从制度管理到运营管理逐步推动"软件"的国际化。

诞生于1995年的《华为之歌》道："学习美国的先进技术，吸取日本的优良管理，像德国人那样一丝不苟，踏踏实实，就就业业。"华为最终决定向美国企业学习管理。

华为同IBM(国际商业机器公司)、Hay Group(合益集团)、PwC(普华永道国际会计事务所)和FhG(德国弗劳恩霍夫应用研究促进协会)等世界一流管理咨询公司合作，在集成产品开发(IPD)、集成供应链建设(ISC)、人力资源管理、财务管理和质量控制等方面进行深刻变革，引进业界最佳的实践方式，建立了基于IT的管理体系。任正非表示："在管理上，我不是一个激进主义者，而是一个改良主义者，主张不断地进步。""我们要的是变革而不是革命，我们的变革是退一步进两步。"

"先僵化，后优化，再固化"，这是任正非提出的一个著名的管理改革理论。

华为的管理优化进行得如火如荼的关键是其领袖任正非对管理的重视。在任正非心里，只要有利于实现"成为世界级领先企业"的梦想，一切改变和改革都是必要的。任正非强势地推动了这一切。"……这些管理的方法论是看似无生命实则有生命的东西。它的无生命体现在管理者会离开，会死亡，而管理体系会代代相传；

它的有生命则在于随着我们一代一代奋斗者生命的终结，管理体系会一代一代越来越成熟，因为每一代管理者都在给我们的体系添砖加瓦。"

军人出身的任正非很喜欢读《毛泽东选集》。一有工夫，他就琢磨怎样使毛泽东的兵法转化成华为的战略。仔细研究华为的发展历程，我们不难发现其市场攻略、客户政策、竞争策略以及内部管理与运作方式，无不深深打上传统谋略智慧和"毛式"哲学思想的烙印。其内部讲话和宣传资料，频频出现战争术语，极富煽动性。

在敌强我弱、敌众我寡的形势下，任正非创造了华为著名的"压强原则"。"我们坚持'压强原则'，在成功关键因素和选定的战略生长点上，以超过主要竞争对手的强度配置资源。我们要么不做，要做，就极大地集中人力、物力和财力，实现重点突破。"任正非信奉"将所有的鸡蛋都放在同一个篮子里"的原则，无论是在业务选择、研发投入还是在国际化的道路上，这种专业化战略的坚持，至今仍让诸多企业家折服。正是华为的远大目标和华为全体人员不断坚持，使得华为走到了今天。

任正非曾说："面对不确定的未来，我们在管理上不是要超越，而是要补课，补上科学管理这一课。"组织管理、人力资源管理、市场管理、变革管理、资本管理、危机管理等，无一不彰显出华为独特的管理智慧。任正非希望华为能回到一些最本质的问题上来，重新思考管理对于企业的重要作用。企业管理的目标是流程化组织建设，探索建设科学的流程体系，以规则的确定应对结果的不确定。《华为之管理模式》一书编写的目的，是通过对华为的管理理念及其实践的研究，总结出一些建立有效的管理机制和制度的经验。

成功经验之二：人力资源管理

日本著名企业家稻盛和夫曾经说过："企业员工的主动性和积极性才是企业发展的原动力。"当企业人力资源管理制度、企业文化立足于杰出的经营理念，必然得到员工发自内心的认同，并主动采取行动，积极推动企业的发展。而这种企业员工的主动性和积极性才是企业最宝贵的财富和发展的动力源泉，并且只有不断地激发员工的主动性和积极性，企业才能跨越时代，永远保持兴旺。任正非对此持有相同的观点："华为唯一可以依存的是人，认真负责和管理有效的员工是华为最大的财富。员工在企业成长圈中处于重要的主动位置。"

任正非在华为人力资源管理中坚持"人力资本的增值一定要大于财务资本的增

值""对人的能力进行管理的能力才是企业的核心竞争力"。要拥有人才就要有适合人才发展的机制，华为之所以能成为中国顶尖企业，就是因为有一套独特的人力资源管理机制。

价值创造、价值评价和价值分配构成了现代人力资源管理体系的主体，企业人力资源管理体系应该围绕这三方面构成的"价值链"来构建。也就是说，全力创造价值、科学评价价值、合理分配价值以及三者的闭合循环，是现代企业人力资源管理体系建设的核心和重点。华为的人力资源管理机制其实是打造了一个价值创造、价值评价和价值分配的价值链条，并且使之形成了良性循环，让整个人力资源体系为企业发展贡献出无穷的智慧和能量。

华为每次在人力资源上的调整都会在业界引起轩然大波，其真实目的在于："不断地向员工的太平意识宣战。""人力资源改革，受益最大的是那些有奋斗精神、勇于承担责任、冲锋在前并做出贡献的员工；受鞭策的是那些安于现状、不思进取、躺在功劳簿上睡大觉的员工。"

华为不仅建立了在自由雇佣制基础上的人力资源管理体制，而且引入人才竞争和选择机制，在内部建立劳动力市场，促进内部人才的合理流动。在人才流动上，华为强调中、高级干部强制轮换，以培养和提高他们能担当重任的综合素质；支持基层员工自然流动，让他们爱一行干一行，在岗位上做实，成为某一方面的管理或技术专家。

《华为之人力资源管理》系统地讲述了华为人力资源管理的价值创造体系、价值评价体系、价值分配体系、激活组织等内容。该书的一个重要特点在于理论和实践的结合，特别是与我国人力资源管理实践的结合。该书关注人力资源管理方法在真实的组织环境和情境下的运用，对现状和管理导向的思考始终贯穿全书。该书中还提供了丰富的华为人力资源管理案例，是理论与实践相结合的佳作，具有很强的可读性。

成功经验之三：企业文化

"世界第一CEO(首席执行官)"杰克·韦尔奇说过："如果你想让列车速度再快10公里，只需要加一加马力；而要使列车速度增加一倍，你就必须更换铁轨了。资产重组可以一时提高公司的生产力，但是如果没有文化上的改变，就无法维持高速的发展。"支撑企业高速发展的"铁轨"，就是企业文化。

美国著名管理专家托马斯·彼得斯和小罗伯特·沃特曼研究了美国43家优秀公司的成功因素，发现成功的背后总有各自的管理风格，而决定这些管理风格的是各自的企业文化。

任正非在《致新员工书》中写道："华为的企业文化是建立在国家优良传统文化基础上的企业文化，这个企业文化黏合全体员工团结合作，走群体奋斗的道路。有了这个平台，你的聪明才智方能很好地发挥，并有所成就。没有责任心，不善于合作，不能群体奋斗的人，等于丧失了在华为进步的机会。华为非常厌恶的是个人英雄主义，主张的是团队作战，胜则举杯相庆，败则拼死相救。"

企业文化是企业的软实力，是一支队伍战斗力的源泉。好的企业文化对外让四方各界对企业心向往之，倾心接纳；对内则是一种最好的凝聚力，会让团队发自内心地热爱事业，奋勇前行。一家没有文化的企业是走不长远的，企业文化不好同样走不长远。

华为之所以能成为中国民营企业的标杆，不仅因为它用30年时间成为中国最大的民营高科技企业，也不仅因为它在技术上从模仿到跟进又到领先，更因为华为独特的企业文化。它的企业文化核心是华为的愿景、使命和核心价值观，定义了华为的方向以及是非标准，即华为为什么存在，华为向何处去，什么是对的，什么是错的。对这些的认同是企业员工得以凝聚在一起面对各种艰难险阻的基础。

华为文化是中华文化与世界文化融合并以企业组织形态进入世界的典型代表。华为主动接轨、融合、拓展并创造新企业文化，是华为企业文化的典型特征。华为文化变革历程表明，力量型文化、创新型文化是华为初期企业发展的文化特征，而创新型、智慧型、包容型、力量型"四型"文化的构建，才是华为企业可持续发展的关键所在。

任正非曾说："世界上一切资源都可能枯竭，只有一种资源可以生生不息，那就是文化。"任正非强调的文化，不仅仅是华为的企业文化，不仅仅是每天所需执行的流程和制度，更是文化本身，积极将文化渗入华为人的修养中去。

华为的企业文化载体中一个非常具有辨识度的东西是《华为公司基本法》，这个基本法的意义在于，将高层的思维真正转化为大家能够看得见、摸得着的东西，使彼此之间能够达成共识，这是一个权力智慧化的过程。任正非表示："避免陷入经验主义，这是我们制定《华为公司基本法》的基本立场。""成为世界级领先企业"被写入《华为公司基本法》第一章第一条，它是华为的终极目标与理想。

难能可贵的是，华为在不同的阶段，不断地变革企业文化，然而在30年时间里，华为从小到大，始终坚持了两点：一点是核心价值观，即以客户为中心，以奋斗者为本，长期坚持艰苦奋斗；另外一点是自我批判——从初创时的几十个人发展到今天的企业规模，华为的自我批判工作从来没有间断过。

企业文化建设的最高境界是让文化理念融在思想里，沉淀在流程中，落实到岗位上，体现在行动中。要达到这一境界，离不开企业文化的有效传递。华为在这方面做出了卓有成效的探索。华为的企业文化传递通过制度建设得到很好的保障，华为的制度为企业文化提供有力的支撑，能够使之成为具有深远影响力和顽强生命力的文化，并对组织绩效产生很大的影响，使华为成长为一家赢得广泛赞誉的世界级企业。

《华为之企业文化》从实践出发，系统总结了华为企业文化的形成及其变革、企业文化制度的建立、企业文化落地和传播方法等。该书不仅适合需要了解企业文化的管理者，也适合对华为文化有兴趣的读者阅读。

成功经验之四：国际化战略

任正非判断国际化是华为渡过"冬天"的唯一出路。20世纪90年代中期，在与中国人民大学的教授一起规划《华为公司基本法》时，任正非就明确提出，要把华为做成一家国际化的公司。与此同时，华为的国际化行动就跌跌撞撞地开始了。

1998年，英国《经济学人》杂志载：华为这样的中国公司的崛起，将是外国跨国公司的灾难。这话也许并不是危言耸听。在思科与华为的知识产权纠纷案之后，思科董事会前主席兼首席执行官约翰·钱伯斯表示："华为是一家值得尊重的企业。"美国花旗银行高级顾问罗伯特·劳伦斯·库恩博士曾称，华为已经具备"世界级企业"的资质，它的崛起"震惊了原来的大佬们——北电、诺基亚、阿尔卡特－朗讯"。

在任正非的领导下，华为成功地完成了由"活下去"到"走出去"，再到"走上去"的惊险一跃，依靠独特的国际化战略，改变行业竞争格局，让竞争对手由"忽视"华为，到"平视"华为，再到"重视"华为。

在和跨国公司产生不可避免的对抗性竞争的时候，华为屡屡获胜，为中国赢得骄傲。然而，这份骄傲来得并不是那么容易。在最初的国际化过程中，华为是屡战屡败，屡败屡战。最终，华为采用了巧妙的"农村包围城市"的办法，取得了国际化的初步胜利。即使在今天，亚非拉等一些不发达的国家和地区，依然为华为创造着很大的利润。为何华为会选择"农村包围城市"的战略呢？从技术水平看，创业不久的华为还难以与国际一流企业在发达国家市场竞争；从政治关系看，南南合作成本低于南北合作；从企业战略看，华为产品和模式的直接推广有利于资本积累，符合华为"生存是底线"的思想。

中国企业与跨国公司的距离有多远？企业"走出去"的道路有多长？华为公司的实践说明：只要不等不靠，坚定地走出去，看似遥不可及的目标可能就在眼前。《华为之国际化战略》通过丰富翔实的案例，揭示了华为国际化的指导方针、实现路径和战略突破，重点阐述华为的价格战略、"开放但不结盟"等经验，这些经验可以给更多优秀的中国企业走向海外市场提供有益的借鉴。

成功经验之五：研发与创新

华为推崇创新。30多年来，在任正非的领导下，华为对技术创新孜孜以求。华为对创新也形成了自己的观点：不创新是华为最大的风险。

如今华为在国际上的地位，来源于其多年来在研发上的巨额投入。在别人觉得搞技术是赔钱买卖的时候，任正非却每年将华为收入的10%以上投入研发中。2017年，华为持续投入未来的研发费用达897亿元人民币，同比增长17.4%，而近10年投入的研发费用则超过3940亿元人民币。任正非认为，正是这样一种创新精神和对技术的追求，使得华为成就了一系列的第一。

从一家早期以低价格竞争取胜的企业，几年之间迅速转变成技术型企业，30年后成为世界通信行业的领头羊，华为所用时间之短，让人为之咋舌。

《华为之研发模式》一书剖析了华为成立30多年来保持活力的秘诀，那就是始终坚持创新。正所谓"创新无止境"，即使华为今天已经居世界通信行业的前列，任正非仍然感到"前途茫茫"，因为华为进入"无人区"之后需要考虑方向，需要进行更重大的创新以开辟新的市场。2016年5月，任正非在全国科技创新大会上说"感到前途茫茫，找不到方向"，这是对华为肩头所担负的使命以及对中国企业从事重大创新的一种深刻的忧思，或者说是一种迫切的呼唤。长期以来，中国企业跟随在西方领跑者之后已经成为一种习惯，在不断追赶中的巨大压力下成长起来；如今，华为已经成为行业的领跑者，必然要承担起更大的责任，必须要取得重大的理论突破，才能实现科技发展上的质的飞跃。

2017年年底，华为重新确立了公司的愿景和使命：把数字世界带给每个人，每个家庭，每个组织，构建万物互联的智能世界。这是华为的愿景，是华为对未来发展勾勒出的一幅愿景图。

《第五项修炼》一书指出，在人的自我超越中，会有两种张力发生作用，一种是创造性张力，一种是情绪张力。愿景是具象化的目标，它能让人产生创造性张力。人的愿景越大，所产生的创造性张力就越大。愿力无穷，潜力无限。面向未来，基于确定的愿景和使命，华为的战略是聚焦ICT（Information and Communications Technology，信息和通信技术）基础设施和智能终端，做智能社会的开拓者。这是一个美好的、宏大的愿景，代表着中国式创新典范企业的腾飞梦想。

让我们祝福华为，向华为致敬！

说明：本套书中所有数据统计截止时间为 2018 年 6 月 30 日。

目录

第一章

研发战略

　　每家科技型企业都梦想拥有自主知识产权的技术和产品，但研发需要长时间、大投入，很多企业望而却步，只有极少数企业经历九死一生，终于修成正果，华为就是这样一家非常稀有的成功企业。

　　华为 2017 年持续投入未来，研发费用达 897 亿元（本书中无特别注明币种的"元"，均指人民币。），同比增长 17.4%，近 10 年投入研发费用超过 3940 亿元。华为公司为何舍得如此大手笔投入研发呢？任正非关于研发创新的重要性有这样一段精辟的阐述："我们一定要搞基础研究，不搞基础研究，就不可能创造机会、引导消费。我们的基础研究是通过与国内大学建立联合实验室来实施的。没有基础研究的深度，就没有系统集成的高水准；没有市场和系统集成的牵引，基础研究就会偏离正确的方向。"

　　任正非说："专利是国际市场的入场券，没有它，高科技产品就难以卖到国际市场上。华为虽然每年按销售收入的 10% — 15% 投入研发，在研究经费的数量级上缩小了与西方公司的差距，也在专利数量上缩小了差距，但相对于国外跨国公司几十年的积累，这些依然是微不足道的。专利投入是一项战略性投入，它不像产品开发那样可以较快地甚至在一两年时间内就看到效果，它需要一个长期的、持续不断的积累过程。"

华为"杀出了一条血路",从研发的追随者到研发的引领者,从购买专利到专利交叉许可,再到标准收费,华为从研发本土化到研发国际化,从应用研发到基础研发,是遵循企业发展周期和规律的,是渐进式完成的。处理好稳定、发展与创新之间的关系,这对加快中国的创新型企业实现从"成本优势"向"技术优势"转换,具有重要的意义。

第一节 "压强原则"

从做代理商那天起,任正非就希望做出自己的产品,这种渴望成为华为涉足自有技术开发的原动力。任正非一开始就给华为定下了明确目标:紧跟世界先进技术,立足于自己科研开发,目标是占领中国市场,开拓海外市场,与国外同行抗衡。

华为的初创地点就在深圳南山区南油工业区的一栋七层楼工业厂房,有 10 余间房子,既是办公室又是仓库,员工白天在这里工作,仓库里堆放着各种各样的从香港运来的交换机配件。到了 1989年,中国对程控交换机的需求激增,市场长期被国外产品垄断,价格居高不下。任正非认为像华为这样的民营企业,不搞自主开发,就永无出头之日,搞自主开发才有可能取得成功,一旦成功就可一举改变落后面貌,开辟出一条阳光大道。他横下一条心,决意搞自主开发,但当时民营企业要从银行贷款非常困难,华为只得向大企业借高利贷,借到一笔资金后就马上开发程控交换机,他曾以悲怆的语气说："如果研发成功，我们都有发展，如果研发失败，我只有从楼上跳下去。"事实也是如此，如果项目失败，华为就面临破产的命运，当时的任正非已经没有任何退路。他最初的选择充满了悲壮色彩。

接下来的一年时间里，华为用全部"家当"投入研发 C&C08 数字程控交换机，进行破釜沉舟式的背水一战。

时任华为北京研究所路由产品线总监吴钦明在接受《商务周刊》采访时说道："华为选择技术生存，意味着华为把所有资源投入到一个箩筐中，不会留给自己太多的退路。"

任正非表示："我们把代理销售取得的点滴利润几乎全部集中到研究小型交换机上，利用压强原则，形成局部的突破，逐渐取得技术的领先和利润空间的扩大。"华为将新的利润再次投入到技术研发中，周而复始，心无旁骛，为今后华为的品牌战略奠定了坚实的技术基础。

20 世纪 90 年代初，在资金技术各方面都极为匮乏的条件下，华为咬牙把鸡蛋放在一个篮子里，依靠集体奋斗，群策群力，日夜攻关。为了将有限的资源集中到产品研发，绝大部分干部、员工常年租住在深圳关外的农民房里，拿着很微薄的工资，还经常把收入又重新投入到公司，用来购买原材料、实验测试用的示波器，等等。

即使如此，华为北京研究所从 1995 年成立到 1997 年前，一直处于漫长的积累期，这期间没有什么重大的研究成果。但是，任正非一直给予大力支持，投入巨大。每年投入 8000 万元乃至上亿元的资金用于技术开发，不惜冒将全部鸡蛋装在一个篮子里的风险，将所有的人力、财力、物力投入到通信这个技术密集、资金密集的产业中去。从成立以来，华为一直坚持把每年收入的 10% 投入到研发中去，尽管如此，华为当时还是难以在企业网络的全线产品中全面出击。于是，华为选择了"逐个击破"的策略，也就是华为所说的"压强原则"。任正非表示："以超过主要竞争对手的强度配置资源，要么不做，要做就极大地集中人力、物力和财力，实现重点突破。""华为知道自己的实力不足，不是全方位地追赶，而是紧紧围绕核心网络技术的进步，投注全部力量。又紧紧抓住核心网络中软件与硬件的关键中的关键，形成自己的核心技术。在开放合作的基础上，不断强化自己在核心领域的领先能力。"

事实证明，整个策略非常有效。1994 年，华为终于拿出了自己研制的第一台通信设备——C&C08，此设备是可以应用于国家高层网络的万门机。很快，华为获得了第一批订单——江苏省邳州市约 4000 门的程控电话系统。在随后的北京通信展览会上，华为凭借C&C08 将国内同类厂商远远地抛到了身后。

作为国内通信网的核心设备，C&C08 交换机在网络的各个层面得到了应用，广泛应用于国际局、长途局、汇接局、关口局、市话端局、专网和商业网等。截至 2005 年底，华为 C&C08 交换机已向全球 55 个国家和地区累计销售 1.4 亿线，为全球通信网建设做出了卓越贡献。

著名企业战略专家姜汝祥认为，在技术条件有限的情况下，更多的国内厂商宁愿选择跨越较低的技术门槛。这样做，市场进入成本低，收益快。照此推理，华为开发万门交换机为远期性市场做准备，而在短时间内可能失去与巨龙等公司竞争的能力。事实上，对于华为来说，万门交换机意味着远近兼收。此后，华为在技术研发上始终保持着优势。摆脱了其他上百家国内小型电信设备商的纠缠，走上高速发展的道路。

1999 年，华为 Quidway A8010 接入服务器获得成功，2000 年至 2001 年，华为 Quidway 路由器在高、中、低端市场全面确立领先地位。接入服务器和路由器的成功不仅给了华为人充分的信心，也给他们赢得了品牌、渠道等各方面的资本。那时候，任正非自信地说："10 年之后，世界通信行业三分天下，华为将占'一分'。"

华为之所以能竞争过国内的同业者，是因为华为总是集中优势资源突破一两个产品，而一些被华为超越的对手由于按项目核算，部门之间互不往来，资源分散了，很难在某些产品上突破。由于成功运用了集中优势资源的原则，华为得以跻身于世界少数几家能够提供 C&C08 - STP 数字程控交换机设备的巨头行列。

在华为国际化扩张之前，华为与国内竞争对手的差距还不是很大，基本上处于同一个量级。而进入 2000 年之后，随着华为在国际市场全面突破，双方的差距迅速拉大。一位证券分析师表示，华为专注于电信制造业，不会在可以预见的将来，进行混业经营和多元化。任正非将这个战略叫作"压强原则"，或者"集中优势兵力打歼灭战"。

"压强原则"同样反映在其在智能终端与对手的较量上。智能机时代的到来让这个市场充满诱惑。2010 年至 2011 年，由于华为、中兴"千元智能机"的闯入，加速了 LG、索爱、MOTO（摩托罗拉）的衰退，但"千元机"显然是一个接近零利润甚至负利润的市场，但是，这着险棋不走，华为终端亦将无路可走。2011 年，华为终端公司收入 446 亿元，除去数据卡、移动固话，手机的销售额约 300 亿元，以年报公布的 6000 万部销量计，平均每部售价仅 600—700 元——低端市场只能做量，根本无利可赚。

按华为一贯的作风，看准的事就要血本投入，否则宁可放弃。这就是华为内部一再强调的"压强原则"——这足以解释华为在业务转型、扩张战略中的大胆和果断。

第二节　抓不住牛缰绳，也要抓住牛尾巴

"10 年之内，通信产业及网络技术一定会有一场革命，这已被华为的高层领导所认同，在这场革命到来的时候，华为抓不住牛的缰绳，也要抓住牛的尾巴，只有这样才能成为国际大公司。这场革命已经'山雨欲来风满楼'了，只有在革命中才会出现新的机遇。"

这是 1997 年任正非又一次出访美国，回国后的第二年年初所写文章中的内容。任正非提到的"这一场革命"就是继语言传播、文字传播、印刷传播，以及模拟式电子传播之后的第五次信息革命——数字式电子传播（见图 1.1）。

这种传播主要是借助计算机、多媒体和网络技术，对包括语言、文字、声音、图画和影像在内的各种信息做数字化处理，报刊、图书、广播、电视、电影等媒介在形式上的差异将日益缩小。

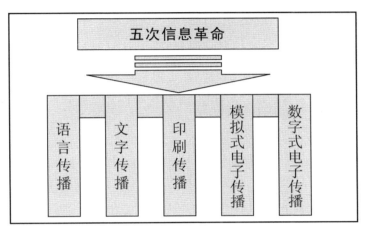

图 1.1　五次信息革命

　　20 世纪 90 年代初，美国率先提出了"信息高速公路"的概念，即数字化大容量光纤通信网络，用以把政府机构、企业、大学、科研机构和家庭的计算机联网。

　　1993 年年初，美国总统克林顿上台后不久就提出兴建"信息高速公路"计划，并授权成立了"信息基础设施特别小组"，由商务部长罗恩·布朗领导，副总统戈尔、总统经济顾问委员会主席劳拉·泰森及一批经济、法律、技术专家和电信工业界代表组成。特别小组的核心成员每星期都在白宫聚会讨论。美国政府制定"信息高速公路"的政策基于五项原则：其一，鼓励私人企业增加投资；其二，促进并保护私人企业间的竞争；其三，公众都有机会获得服务；其四，避免在信息拥有方面出现"贫富不均"现象；其五，维护技术设计上的灵活性。在克林顿宣布"信息高速公路"计划半年后，日本政府也决定建立全国超高速信息网。1994 年 2 月 16 日，欧洲委员会宣布将建立自己的"信息高速公路"。这时，新加坡的"信息高速公路"计划也已完成。

这些情况说明，自 20 世纪 40 年代中期计算机问世以来，在全世界范围内正在兴起一场会对人类社会产生空前影响的信息革命。

相对于这些发达国家在此次信息革命中的领先，任正非认为以中国当时的信息技术及计算机普及情况来看，虽然很难做到与美国、日本等国家并驾齐驱，但仍必须奋力追赶。华为应担负起这个"抓住牛尾巴"的任务，这是华为跻身于世界级大企业的唯一机遇，可谓机不可失，时不再来。

1995 年，几经争论之后，华为决定挥师 GSM 业务。当时华为内部争论的焦点是，GSM 产品最早也要到 1998 年才能进入 GSM 商用领域，如若这样，市场"蛋糕"早已被国外企业瓜分完毕，能留给华为的不多了。所以，任正非决定不惜一切代价进入。

当时国际上有两种主流的数字蜂窝通信技术：GSM 和 CDMA。

GSM 全名为：Global System for Mobile Communications，中文为全球移动通信系统，俗称"全球通"。它是一种最早起源于欧洲的移动通信技术标准，是第二代移动通信技术。GSM 的开发目的是让全球各地可以共同使用一个移动电话网络标准，让用户使用一部手机就能行遍全球。

CDMA（Code-Division Multiple Access），即码分多址，是近年来在数字移动通信进程中出现的一种先进的无线扩频通信技术。CDMA 最早由美国高通公司推出，与 GSM 一样，CDMA 也有 2 代、2.5 代和 3 代技术。CDMA 的基本技术之一是扩频，因此这一多址技术具有很强的保密性，早在第二次世界大战期间就在军事通信和电子对抗中被采用，20 世纪 60 年代以后又被用于军用卫星通信领域。

对于 1995 年的华为来说，不论选择哪个方向发展都至少需要几十亿元的投入。由于资金和人才方面的限制，华为不可能两面同时出击，那么到底要选择哪一个作为重点突破呢？时任华为中央研究部总裁的李一男从三个方面分析了这个问题：首先，GSM 与 CDMA 相比，技术不仅更加成熟而且更加开放；其次，CDMA 中的所有高端技术全部被高通公司所垄断，华为很难突破技术壁垒；再次，从历史发展进程看，从 TACS（全入网通信系统技术）到 GSM，欧洲制式一直是中国市场的首选，即使从中美国家政治角度考虑，中国政府也不愿意接受美国制式成为主流。

基于这一分析，华为最终选择了 GSM，并投入了上千人的研发力量，而在 CDMA 上，华为直到 1998 年才投入了几十人的力量。

现在回头来看这一决策，华为选择 GSM 虽然算不上重大失误，但从短期利益来看，却是弊大于利。毕竟中国的 GSM 设备市场早已被爱立信、诺基亚、摩托罗拉三大跨国巨头所把持，华为即便拥有良好的政府公关和客户关系，也很难有大的斩获。事实也确实如此，华为在 GSM 上投入了十几亿元研发经费，在 1998 年就获得了全套设备的入网许可证，但一直到 2003 年华为在 GSM 上还没有盈利。

华为的对手中兴通讯依靠其对市场的深刻理解，与华为反其道而行之。中兴通讯在 CDMA 上堪称积蓄已久。1995 年，中兴通讯就开始投入研究 CDMA 技术，它曾与中国科技大学的国家 863 通信技术专家朱近康教授合作，研究 CDMA 无线本地环路技术。后来虽然此项合作无疾而终，但中兴通讯在 CDMA 方面的研究和开发却在继续进行。最终，中兴通讯逐渐形成了 CDMA、GSM、PHS 三大系列手机产品，成为唯一一家生产三种制式产品的国产手机厂家。

2001 年 5 月，联通 CDMA 的一期招标结果公布，中兴通讯获得了 10 个省的共计 110 万线、9 亿元的设备采购订单，其中包括移动交换机和基站在内的全套设备，也是唯一一家以自有品牌竞标成功的国内厂商。而华为在这一轮竞争中处于下风，仅仅中标了 100 多万线价值较低的移动交换机，设备金额只有中兴的 1/4。

此后，在 2002 年 12 月联通的二期招标中，中兴通讯又一举拿下了 12 个省共计 15.7 亿元的合同，而卷土重来的华为这次仍然是铩羽而归。到了 2004 年，中兴通讯已经占了联通 CDMA 采购额的 20%，而华为的份额根本无法与之相提并论。

与华为接连的失利相反，中兴通讯的发展势头持续上升，此阶段被业内称为中兴通讯全面赶超华为的战略转折点。

错过了 2G 的市场时机，华为的发展进入了一个任正非预言的惨淡"冬天"。但是，成为世界一流的通信设备供应商仍然是任正非不变的梦想，而通信设备，理所当然地包括系统设备与终端设备两个部分。在终端设备上，华为跳过 GSM，直扑 3G（第三代移动通信技术）。

时任华为常务副总裁徐直军在接受《财经》杂志采访时也表示，现在看来"当时的决策是正确的"。当时华为在国内 GSM 市场上的份额虽然还不足两位数，但经过 GSM 研发锻炼出的 3000 多人的研

发队伍，为其雄心勃勃地进军 3G 市场奠定了基础。任正非对于 3G
的野心，显然不仅仅局限于中国市场，实际上，他把 3G 视为华为大
踏步进逼国际顶尖电信制造商的关键性战役。

在 3G 专利方面，华为公司 2009 年拥有的基本专利数量排名全
球前五位；在 LTE① 专利方面，华为公司已成为全球前三位的基本专
利拥有者。在全球专利竞争中，华为公司已从 2G 时代的跟随者，跃
进为全球 3G 的同行者，并正在布局成为 4G 的领跑者。

作为业界公认的移动宽带主流技术，LTE 在全球的商用部署步
伐正在明显加速。华为早在 2004 年就开始了对 LTE 的研发，积极
参与了各种 LTE 标准化组织工作。作为领先的 ICT（信息和通信技
术）解决方案供应商，华为正引领着全球 LTE 产业的商用进程。截
至 2012 年 4 月，华为部署了全球近 50% 的 LTE 商用网络，世界上
用户数最多的前十大移动运营商均选择华为部署其 LTE 商用网络。

2012 年 5 月，华为宣布和英特尔达成合作，在国内建立一个
TD-LTE 互通性测试实验室。相比全球大部分地区都采用的 FD-LTE
网络，TD-LTE 仅仅在少数地区使用。作为 TD-SCDMA 的进化产品，
TD-LTE 将有可能解决终端匮乏的问题。显然华为也是看中了 TD-
LTE 未来的潜力。华为也希望通过和英特尔合作进一步提升自己在
智能手机领域的名气，在推广自身品牌的同时，尽可能地在 4G 到来
之时走在队伍的前列。另一方面，这也可以看作是英特尔步入智能
机领域的再一次大胆尝试。通过和华为合作，他们将能够获得更多

---

① LTE（Long Term Evolution），长期演进项目，是 3G 的演进，是 3G 与 4G 技术之间的
一个过渡。

端到端的测试机会。①

华为 2011 年新成立了一个研发平台——"2012 实验室"。华为年报介绍说,"2012 实验室"是其创新、研究的平台,是构筑华为面向未来技术和研发能力的基石。

"2012 实验室"的名字来自电影《2012》。任正非认为,未来信息爆炸会像数字洪水一样,华为要想在未来生存发展就必须要构造自己的"诺亚方舟"。

"2012 实验室"下设中央研究院、中央软件院、中央硬件院、海思半导体等二级部门,也包括了分布在各地研发中心的 2012 下属实验室。

具体来说,"2012 实验室"有 16 家研究所,8 家位于国内,另外 8 家则位于国外,而 2016 年成立的法国数学研究所属于欧洲研究所。其中,欧洲研究所成立于 2007 年,总部设在慕尼黑,在德国柏林、达姆施塔特、纽伦堡等地设有研发办公地点,截至 2014 年已拥有超过 820 名研究人员。

第三节 不搞基础研究就没有机会

经济研究表明,越是根本性创新就越有利可图。事实上,随着现有技术生命周期的成熟,这一点就显得更加重要。美国对基础研

---

① 汪洋. 华为联手英特尔,TD-LTE 测试实验室即将成立 [EB/OL].(2012-05-03).http://mobile.zol.com.cn/291/2914865.html.

究的资助在 1990 年较往年增加了 67%，基础研究为新技术生命周期在世界市场中的竞争地位的维持提供了科学保障。基础研究的另一端是开发，将共性技术应用于满足具体市场需求的开发在这段时间内也增加了 70%。处在这两者中间的是应用研究，同时期内则增长了 46%。任正非很清楚这样的事实，他斩钉截铁地表示："我们一定要搞基础研究，不搞基础研究，就不可能创造机会、引导消费。我们的基础研究是通过与国内大学建立联合实验室来实施的……没有基础研究的深度，就没有系统集成的高水准；没有市场和系统集成的牵引，基础研究就会偏离正确的方向。"

1998 年，华为开始进行战略预研与基础研究。这一年，华为的销售额达到了 89 亿元，还是在这一年，其研发经费也超过 8 亿元，接近了在《华为公司基本法》中规定的"按销售额的 10% 拨付研发经费"。

任正非在其题为《华为公司的核心价值观》的演讲中谈道：

> 从事发明的人常常不为人们所重视，以致发明者常常穷困潦倒，今天，在大学里，专家、教授们做着别人看来没什么效益的事情，如果我们能够给他们 30 万元、50 万元支持一下，100 年以后说不定就是中国最大的福祉。
>
> 20 世纪 50 年代，中国科学院的吴仲华发明了叶轮机械三元流动理论，西方国家利用这个理论发明了喷气涡轮风扇发动机。小平同志 70 年代到英国引进罗尔斯—罗伊斯发动机的时候，英国向我国转让了此项技术。小平同志站起来感

谢英国对中国的支持，结果英国的科学家全都站起来向中国致敬，因为这项技术的发明者是中国人。这个理论来自中国，但我们并没有重视申请专利。如果申请专利的话，中国在航空发动机方面就有一席之地。

还有，1958年，上海邮电一所就提出了蜂窝无线通信，就是现在大哥大、手机等一切通信技术基础的基础，也没有申请专利。因为那时连收音机都没有普及，谁还会想到这个东西会普及到全世界。所以，我们国家科技要走向繁荣，必须理解一下不被人理解的专家和科学家。我们主张国家拨款不要向我们这种企业倾斜，多给那些基础研究所和大学，我们搞应用科学的人要依靠自己赚钱来养活自己。基础研究是国家的财富，基础研究不是每一个企业都能享受的。如果我们自己都完全理解了，那么这个专利也就没有什么价值了。

……

在科学的入口处，真正是地狱的入口处，进去了的人才真正体会得到。基础研究的痛苦是成功了没人理解，甚至被曲解、被误解。像饿死的凡·高一样，死后画卖到几千万美元一幅。当我看到贝尔实验室里密如蛛网、混乱不堪时，不由得对这些勇士肃然起敬。不知华为是否会产生这样的勇士。

为了进行基础研究，华为先后与北京大学、清华大学、东南大学、中国科技大学、西安交通大学、复旦大学等多家在科研上拥有较大优势的高校展开广泛的合作，其中就包括CDMA在内的移动通信系统等关键技术的研究。

2008 年 1 月 7 日，华为宣布：在科技部组织召开的国家重点实验室建设计划可行性论证会议上，华为无线通信接入技术国家重点实验室建设计划顺利通过论证，华为成为目前国内唯一一家在无线通信接入技术领域建立国家重点实验室的企业。作为科技部于 2007 年批准筹建的首批企业国家重点实验室之一，该实验室以华为技术有限公司为依托，结合华为公司现有研发体系，以突破创新技术的产业化瓶颈为目标，开展移动通信前瞻性基础研究和工程应用研究。

"我们要求基础研究费用的比例逐步增长到 20%、25%，甚至更多，这是我们的目标。"时任华为战略 Marketing 总裁徐文伟在 2018 年 4 月 17 日接受《21 世纪经济报道》记者采访时表示，华为做到千亿规模以后，研发面临多路径，需要同时投入探索多个方向。由于是前沿的、多路径的研发，必须不断探索才会使基础研究的费用和投资不断加大。在成本低的时候多做探索，决策要简单快速，定了方向再继续投入，有把握的时候砸足够的钱，一定要做出来。

第四节　实现基本专利突破

2003 年 1 月，爆发了一件轰动业界乃至世界的诉讼案。美国思科公司对华为提起诉讼，指控华为非法复制其操作软件。这场官司打得轰轰烈烈，引起了很多人的关注，最后却以二者握手言和而告终。但是，任正非从这一事件中想到了很多，其中最重要的一点就是，华为必须要加大对应用型基本专利的研究力度。

这里涉及一个制度概念——专利制度。专利制度最早起源于英国：1236年，英格兰国王亨利三世颁给波尔多的一个市民制作几种花布15年的特权；1474年，威尼斯共和国颁布了世界上第一部专利法；1624年，英国颁布了《垄断法》，这是世界上第一部现代专利法。

专利制度的核心是：通过国家给予专利权人一段时间的独占权利（如20年），鼓励发明者向社会公开其技术，以达到发明为人类继承和分享的目的。实际上，它解决了私权和公共权利平衡的问题。另外，专利公开可避免大量重复研究及社会资源的浪费。人们可以互相启发，在此基础上研究出更高水平的技术成果。

据世界知识产权组织（WIPO）统计：人类90%以上的发明创造，都可以从专利技术公开的文献中获得；70%以上的最新发明创造，只能从专利技术公开的文献中获得。

专利在人类发展中如此重要，但事实上许多专利的发明刚开始并不受重视，致使一些专利延误了许多年才被发现和利用。

在2005年的一次会议上，任正非说道："华为公司有5000多项专利，每一天产生3项专利，但是我们还没有一项基本专利，一项应用型的基本专利，而不是理论型的基础专利。应用型的基本专利就是在没有一个人想到这项技术发明之前的时候，你想到了，然后开始研发，大概2—3年会出成果，然后申请专利，申请专利以后登报，又有较多的人看到了，受到了启发，他们又投入研究，然后用2—3年时间，扩大了你的专利可用的范围，这就形成了可使用的专利。再过2—3年，开始有人集合这些专利做产品，并向市场推广，

2—3 年后市场开始接受，专利才产生价值。因此，一项应用型基本专利从形成到产生价值大约需要 7—10 年。

"我们现在有两项到三项准基本专利，两年左右以后才开始生效，所以专利形成的时间是很漫长的。而理论型的技术专利需要的时间更长，一般需要二三十年，人们并不能很快地完全理解这个专利。"

专利投入是一项战略性投入，它需要一个长期的、持续不断的积累过程。据了解，华为从 1995 年就成立知识产权部，提出 6 件中国发明专利申请。2000 年，华为就获得第 1 件美国批准的发明专利权。在 2002 年，华为的国内专利申请量突破 1000 件，成为中国专利局专利申请最多的企业。2009 年，在世界知识产权组织（WIPO）公布的年度报告中，华为 2009 年以 1737 件 PCT（专利合作条约）申请排名世界第一。在国家知识产权局公布的"2011 年我国国内企业发明专利授权量排行榜"上，华为以 2751 件名列第二。

时任华为公司知识产权管理部副部长成绪新表示，与跨国公司相比，总体上国内高科技企业目前所掌握的基本专利及授权专利数量比较少。目前，中国高科技公司仍面临有着长期积累的国际巨头们的专利阵，尤其是基本专利的挑战。

华为继续在知识产权创造上做着巨大努力。截至 2016 年 12 月 31 日，华为累计共获得专利授权 62519 件，累计申请中国专利 57632 件，累计申请外国专利 39613 件。其中，90% 以上专利为发明专利。2016 年，华为公司中国发明专利授权数量位居第 2 位，欧洲专利授权数量位居第 7 位，美国专利授权数量位居第 25 位。随着华为的持续研发投入，这一数据再次被刷新，截至 2017 年 12 月 31 日，华为累计获得专利授权 74307 件。

任正非仍然坚持一点，即应用型基本专利必须以市场为导向，才能确保其方向的正确性。此外，无论是华为要利用国外的专利，还是将自己的专利与其他企业进行共享，华为人都必须拥有一种开放、国际化的心态对待这一切，这其实也是华为实现国际化非常重要的一步。任正非在其文章《鼓励自主创新更须保护知识产权》中写道："专利是国际市场的入场券，没有它，高科技产品就难以卖到国际市场上。华为虽然每年按销售收入的 10%—15% 投入研发，在研究经费的数量级上缩小了与西方公司的差距，也在专利数量上缩小了差距，但相对于国外跨国公司几十年的积累，这些依然是微不足道的。专利投入是一项战略性投入，它不像产品开发那样可以较快地、甚至在一两年时间内就看到效果，它需要一个长期的、持续不断的积累过程。"

至 2009 年，在 3G 专利方面，华为公司拥有的基本专利数量排名全球前五位；在 LTE（长期演进项目）专利方面，华为公司已成为全球前三位的基本专利拥有者。

"实现了基本专利突破的主要原因是华为有清晰的专利战略和明确的部门负责。"时任华为无线标准专利部部长孙立新说，"在公司层面，华为有知识产权部和行业标准部；在研究层面，无线各个研发团队有总体设计组和标准研究组，这样就使整个标准专利运作效率较高。"

对很多运营商来说，华为不仅仅是一家 OEM（原始设备制造商），更是一家努力扩大自家品牌设备市场的中国企业，而且它的野心甚至超出了硬件领域。为了引进包括免触摸在内的"破坏性技术"（Disruptive Technology），华为加大在研究和开发上的投资。

华为将其 2012 年研发预算提高约 20%，至 45 亿美元，以为市场推出包括免触摸在内的"破坏性技术"。这种免触摸设备将可通过摄像头来捕捉并识别用户手势，然后启动命令，使得用户和设备之间的互动更加立体，这和微软的 Kinect 技术有些相似。

硬件之外，华为还努力提高云存储的易用性，并降低云存储服务的价格。2012 年，华为和欧洲核子研究中心（European Organization for Nuclear Research，简称 CERN）展开合作，使用其云存储系统处理 15360TB 的数据。[①]

第五节　从客户中来，到客户中去

从企业活下去的根本来看，企业要有利润，但利润只能从客户那里来。华为的生存本身，就是靠满足客户需求，提供客户所需的产品和服务，并获得合理的回报来支撑。可见，任正非一直坚守着商人的传统法则。因此，"客户是我们生存的唯一理由"被列为华为价值观的第一条。

1996 年年底，任正非在听取生产计划、销售计划工作汇报后

[①]　华为上调 2012 年研发预算，拟开发免触摸智能机 [EB/OL].(2012-04-28).http://news.cnblogs.com/n/140763/.

说道："群众路线、与工农相结合的道路，我们的革命前辈已经走了几十年，甚至还是穿着'小鞋'走过来的。今天，我们千万不能忘记这条路线，我们工作在第一线的博士、硕士、工程师就是我们新时代的'工农'，我们要深入其中、身临其境、调查研究、发现问题、总结规律。"

任正非还当即表示，要送给主管生产计划的葛才丰和主管销售计划的王智滨每人一双新皮鞋，希望他们以及公司所有的干部职工继续深入实践，到生产第一线，仔细调查研究，认真摸清基层实际，研制出真正符合客户要求的产品。

1998年，华为通过市场调查，特别是与电信运营商的深入交流，了解到运营商对接入服务器有着巨大的需求潜力，而当时流行的接入服务器大都不具备电信级的性能。为此，华为公司迅速开发出了创新的电信级接入服务器产品A8010，一经推出，迅速风靡市场，2000年市场占有率为70%。

做正确的产品，就是从客户中来，到客户中去。华为最重视的是接近客户，客户到底需要什么样的东西，华为以此来定义产品，选择做客户需要的产品。因此，当客户需要什么样的产品的时候，华为也会非常明确。产品做出来以后是不是能真正满足客户的需求，后面有一个反馈的问题，有一个到客户中去的问题。

创新是企业发展比较重要的内容，但是不要片面地去理解创新，应该是基于继承性的基础上，基于客户需求的、可持续的创新。

华为的创新理念，就是要不断满足客户的需求，不断根据客户的需求去进行创新。华为最先采用的分布式基站方案，就是一个很好的例子。据了解，以往，由于运营商建设一个基站需要较高成本，在一些较为偏远的地区，通信网络往往无法覆盖到。华为基于运营商资源分析，在广泛调研客户需求的基础上，在业界最早提出并形成分布式基站的建网思路。这种思路就是将原先的大基站分成几个小基站，在较大的范围内分布。这种小基站便于安装，设备小，成本低，可用于人烟稀少的地区。在 2008 年汶川地震中，灾区基站都被损坏，这种小基站迅速地发挥了作用，帮助灾区在短时间内恢复通信。

至 2010 年，华为服务的全球 50 强运营商已经从 2008 年的 36 家上升至 45 家，更多的运营商认可了华为的独特价值。由于坚持以客户为中心的创新战略，华为能迅速提供领先解决方案，提升网络性能，减少网络运营成本，不断创新以帮助运营商应对业务挑战；通过提供面向未来的创新网络解决方案，保护运营商建网投资。这就是为何越来越多的领先运营商选择华为作最佳合作伙伴的原因。

据《人民日报》记载，在拓展欧洲 3G 市场时，华为注意到欧洲运营商在网络部署中希望基站能占地更小、安装更方便、更加环保省电、覆盖效果更佳，由此华为提出了分布式基站理念，并率先将其产品化，彻底改变了传统基站的建设模式，不仅大大降低了机房的建设与租用成本，而且易于安装，降低了设备安装成本，帮助运营商降低运营成本 30% 以上。目前分布式基站已经成为全球范围内移动运营商在部署移动网络时的重点考虑方案，大量运营商由于采用了华为公司的解决方案而使得网络质量和性能发生了彻底的改观。

可以说，以市场为导向的技术创新帮助华为公司赢得了客户，赢得了市场。《商业周刊》对此评价道："华为公司的成功是因为其为客户提供了顶级质量、最优性价比的产品。"

第六节　向企业网与消费者业务迁徙

2011年，任正非在年报中半是反思、半是反问地说："曾经有雄厚技术储备、称霸过世界的设备商，居然在信息技术需求如此巨大的市场中灰飞烟灭了。难道华为会有神仙相助？会逃脱覆灭的命运？你以为我们会超凡脱俗？会在别人衰退时崛起？"

或许早就料到会出现这样的局面，华为10年前就着手多元化布局，雄心勃勃地冀望在另外两大领域——消费电子业务和企业业务，挤进世界领先公司的行列。

2012年，时任华为副董事长、轮值CEO徐直军表示："华为的核心业务因为电信业普遍衰退、供应商压价等因素而减速，而且这一趋势还将延续下去。"电信设备市场的天花板已经显而易见，公开资料显示，过去10年，全球电信设备业规模始终维持在1400亿美元上下，几乎没有增长。

徐直军表示："回顾过去20年的历史，我们的产品在业内一直处于落后的状态，但是到现在，我们在很多领域已经没有追随的对象或领先者了。"

一直高速成长的华为必须谋划突破电信的边界，从2011年开始，华为谋求转型，基于已有的电信市场开始向企业市场、消费者市场拓展。华为那时也表达了更大的雄心："要在下一个十年成为营收达 1000 亿美元的公司。"

面对电信行业的天花板，从 2011 年开始，华为着力转型。无论是企业网业务还是消费者市场，华为正在激进扩张。2011 年是华为整合完成布局的一年。

2011 年，华为启动面向未来的业务架构和管理架构，完成了业务架构的整合：从电信设备制造领先供应商转型为 ICT（信息和通信技术）融合领先供应商。从原来面向电信运营商为主，到面向电信运营商、企业客户、个人消费者。

2012 年 4 月 23 日，华为公布了 2011 年财报。报告显示，华为 2011 年销售总收入达 2039 亿元，同比增长 11.7%，净利润 116 亿元，同比下跌 53%。营收放缓、利润大幅下滑，这些数字有些出人意料。在回应利润下滑的问题时，徐直军直言，利润下降是华为核心业务从运营商市场向企业网与消费者业务迁徙必须付出的代价。例如，华为在 2011 年研发投入达到 236.96 亿元，为销售额的 11%，比上年增长 34%，为业界最高。徐直军还表示，华为还要把 2012 年的研发开支提高约 20%，至 45 亿美元，以支持企业网业务和终端业务的发展。他认为，这是一个"积极的目标"，以此来保障公司 2012 年营收仍然能保持 15% — 20% 的增长。

华为下决心要进入的智能手机市场并非一片可以轻松畅游的蔚蓝海域。华为面临着诸多强劲对手：风头正劲的苹果仍在持续定义着智能手机的游戏规则，而诺基亚、宏达电子等厂商也在为扩大市场份额放手一搏。华为要想在这个本已就显拥挤的市场抢占一席之地并晋级全球前三，显然并非易事。

基于转型的考虑，华为于 2011 年年初就进行了公司业务架构调整，分别成立运营商网络 BG（Business Group，业务集团）、企业业务 BG 和消费者业务 BG 三大业务架构，华为开始了向跨运营商网络、企业业务、消费者业务的端到端的 ICT 解决方案供应商这一角色转变。经过 2011 年一年的扩张，华为企业业务 BG 人员已经达到 2 万人，发展势头依旧迅速。正在转型的华为，牺牲了利润，加大投入，以确保华为在企业业务、智能手机业务和电信托管服务领域的发展，以承载起华为未来的快速发展。

德国某运营商电信分析师认为，比起运营商市场的高度集中来说，企业网业务对手较多，如思科、IBM 均已在此领域深耕多年。不过，比起智能手机终端，企业网业务的开展又较容易，因为企业网所涉及的研发、制造与传统业务更具接近性，且研发、产品制造、供应链管理等环节与传统业务类似，华为都很熟悉，议价能力又强。最难的就是智能终端业务，不仅各路竞争者层出不穷，且互联网的打法与设备制造业有很大不同，华为需要花更多功夫去适应。

华为已然从运营商的幕后走到了大众消费者的面前。在 2011 年财报中，企业业务和消费者业务表现抢眼。其中，消费者业务销售总收入达 446 亿元，同比增加 44.3%，特别是在智能终端领域强劲增长，整体出货量接近 1.5 亿台。

时任华为轮值 CEO 胡厚崑表示："华为在 2011 年加强对企业网和消费者业务的投入，取得全业务稳健增长，成功实现了向多业务模式的端到端 ICT 解决方案转型，我们在全球范围内部署资源，进行人才和战略的投资，增强研发能力，以面向未来的业务架构和管理架构，构建企业长远发展的基础。"

2012年，任正非给华为消费者终端业务换了一个领军人物，那就是余承东。截至2018年，余承东拥有25年华为职业生涯，历任3G产品总监、无线产品行销副总裁、无线产品线总裁、欧洲片区总裁、战略与Marketing体系总裁、华为消费者业务CEO、终端公司董事长等，见证了华为一个个不可思议的奇迹。尤其是在他领军华为终端后，华为智能手机由在中国十名开外一跃成为世界第二，余承东也成为手机行业的网红和大V。

余承东刚接手消费者终端业务的时候，华为的手机做得并不出色。"那时候我接手终端，在'中华酷联'里，华为是最弱、最小的，我们在中国终端市场排不到前十名，在海外是没有品牌的，没有品牌的产品是很难的。在运营商定制的时候，做的都是便宜机，150美元以下，甚至几十美元，当时很多项目都是亏损的。"①

需要说明的是，那个阶段正是国内3G和4G技术的更迭时期，手机不再是单纯的通信工具，而是移动终端。因此在2011年到2012年，有不下100家互联网公司提出了制造手机的计划。同时，中国三大电信运营商在3G时代采用不同的网络制式，运营商抢占市场份额的一招就是大规模补贴手机制造商，生产所谓的"特供机"，虽然运营商定制不是毒药，但足以让手机厂商失去品牌动力。而余承东认为华为手机如果只是做运营商定制手机，路会越走越窄。因为

---

① 余承东：未来主流手机只有3家，中国将有更多华为崛起[EB/OL].(2017-08-27).http://news.jstv.com/a/20170827/1503821475579.shtml.

一旦运营商取消高额补贴后，手机制造商就无以为继。因此余承东做了一个非常大胆的决定，放弃中低端，往高端走。这个事情在华为公司内部争议非常大，很多领导都反对他，说华为适合做又好又便宜的东西，不可能做高端，因为没有品牌，做高端等于死路一条。余承东顶着巨大压力，选择了放弃运营商的低端定制机，坚持做自有品牌，从运营商市场走向开放市场，从中低端市场一步一步走向高端市场。

2017 年 1 月 5 日，CES2017（2017 年国际消费类电子产品展览会）在美国拉开帷幕，余承东在 CES 主论坛就华为取得的业绩、近期合作及未来展望发表了主题演讲（见图 1.2）。余承东介绍，华为目前部署了终端、连接、云、芯片四个方面的能力来构建智慧手机，具体包括：

终端方面，通过计算机视觉、海量传感器、AI（人工智能）、VR/AR（虚拟现实 / 增强现实）等技术让终端具有智慧能力。余承东表示，Mate 9 中的 EMUI 5.0 的机器学习智能感知系统便是基于人工智能研发，可根据用户使用习惯动态配置软硬资源，从而保证系统的流畅。

连接方面，布局全终端消费场景。比如，在智慧家庭方面，华为构建了 Hi-link 开放平台；在智能汽车方面，与奥迪等企业达成合作。

云方面，基于大数据和机器深度学习，实现以用户为中心的辅助决策，以及跨平台一致体验的迁移。

芯片方面，基于麒麟芯片技术，加速深度学习的算法，支持异构计算。

余承东透露，目前华为终端在人工智能方面的核心技术积累，未来都会逐渐用到新推出的终端上。

图 1.2 2017 年 1 月 5 日，CES 2017 在美国拉开帷幕，华为消费者业务 CEO 余承东在 CES 主论坛就华为取得的业绩、近期合作及未来展望发表了主题演讲

2017 年 8 月 25 日，"深商黄埔军校第 19 期——深商名企走进华为"活动在华为大学举行。作为教官，华为消费者 BG CEO、华为终端公司董事长余承东为 120 名深商企业家作了题为《CBG 成长、发展与愿景》的授课。他详细回顾了华为智能手机的发展过程，也谈及对未来市场份额的预期。

他说："目前，华为的手机研发有大概 1.5 万人，而别人每一家只有 1000 多人，所以未来差距巨大，我们芯片研发就有 5000 多人。华为这几年在手机方面的研发费用投入比中国 100 多家手机公司研发费用总和还多。华为 Mate 系列的手机续航明显优于苹果、三星。""我们希望有更好的生态优化，后台管控做得更好。大家用了我们的 Mate7、8、9，我们续航能力很好，充电速度非常快，比iPhone 快了差不多 5 倍。"

华为手机从 4 年前的 10 名开外，到 2017 年冲到全球第三的位置，更有望在最近一两年占据全球第二的位置。余承东直言："我希望四五年内市场份额做到第一。我们现在在有些国家做到市场第一，2017 年 7 月份中国市场份额做到了第一，意大利 2017 年 6 月刚刚成为第一，超过了三星、苹果，芬兰 2017 年年初已经超过苹果、三星，市场份额第一，还有波兰等国家也是。"①

华为 2017 年年报显示，在消费者业务领域，华为与荣耀双品牌并驾齐驱，市场规模快速增长，华为（含荣耀）智能手机全年发货量 1.53 亿台，实现销售收入 2372 亿元，同比增长 31.9%。在企业业务领域，华为强化云计算、大数据、企业园区、数据中心、物联网等领域的创新，推动在各行业广泛应用，2017 年实现销售收入 549 亿元，同比增长 35.1%。

根据市场研究机构IDC（互联网数据中心）报告显示，2018年第二季度，华为智能手机全球市场份额跃升至15.8%，华为首次成为全球第二大智能手机厂商。"这是自华为消费者业务成立以来最好的业绩表现，显示出公司业务正保持稳健快速增长。"华为消费者业务CEO余承东表示，"凭借技术创新，华为不断为用户创造新的价值，获得了广大消费者的认可。"

---

① 余承东：未来主流手机只有 3 家，中国将有更多华为崛起 [EB/OL].(2017-08-27).http://news.jstv.com/a/20170827/1503821475579.shtml.

延伸阅读

最好的防御就是进攻

一、最好的防御就是进攻，要敢于打破自己的优势形成新的优势

网络将变得越来越扁平，越来越简单，宽带很宽，接入网络会像接自来水管一样简便，Bit成本将大幅降低。未来面临的是超宽带后还有没有什么带，竞争到底是从室内走向室外，还是从室外走向室内，这条技术路线没有人知道。但可以肯定的是美国不会甘于输掉，美国执意要求Wi-Fi（无线宽带）全频率开放的目的还是为了从内往外攻。漫游问题一旦解决，华为的优势就不一定存在了，这是我对未来的看法。爱立信是一面旗帜，它要维护旗帜的威望只能从外往内攻。华为不是旗帜，不管是左手举旗（从内往外攻），还是右手举旗（从外往内攻），都是很灵活的，最后不管哪一头胜利，总会有华为的位置。也许将来是内、外方式融合。

美国是一个伟大的国家，它的力量非常强大，我们要重视它对未来标准的认识。如果美国不用TDD(测试驱动开发)，它就不可能成为国际标准；如果美国推动Wi-Fi，Wi-Fi就能进攻这个世界。美国还是一个创新力井喷的地方。美国为什么能形成创新的土壤？第一，美国保

护创新，脸书如果在中国早就被抄袭千百遍了；第二，美国人不怕富，人不怕张扬，否则哪有乔布斯？美国对乔布斯很宽容，乔布斯如果换个地方他的早期是不被认同的，没有早期哪来晚期。我们要学习美国的创新精神、创新机制和创新能力。

要打破自己的优势，形成新的优势。我们不主动打破自己的优势，别人早晚也会来打破。我们在学术会议上要多和爱立信、阿尔卡特 - 朗讯、诺西等企业交流，并在标准和产业政策上与它们形成战略伙伴，就能应对快速变化的世界。

过去华为市场走的是从下往上攻的路线，除了质优价低，没有别的方法，这把西方公司搞死了，自己也苦得不得了。美国公司从来都是从上往下攻，Google（谷歌）和脸书都是站在战略高度创新，从上往下攻。Wi-Fi作为和LTE竞争的技术，很难说美国不会玩出什么花招来，我们要以招还招。不要以为我们一定有招能防住它，我们公司的战略全都公开了，防是防不住的。我们要坚持开放性，只有在开放的基础上我们才能成功。

我特别支持无线产品线成立蓝军组织。要想升官，先到蓝军去，不把红军打败就不要升司令。红军的司令如果没有蓝军经历，也不要再提拔了。你都不知道如何打败华为，说明你已到天花板了。两军互攻最终会有一个井喷，井喷出来的东西可能就是一个机会点。

我不管无线在蓝军上投资多少，但一定要像《炮轰华为》一样，架着大炮轰，他们发表的文章是按进入我的邮箱的顺序排序的。一定要把华为公司的优势去掉，去掉优势就是更具优势。终端的数据卡很赚钱，很赚钱就留给别人一个很大的空间，别人钻进来就把我们的地盘蚕食了，因此将数据卡合理盈利就是更大的优势，因为我们会赚更多长远的钱。

我们在华为内部要创造一种保护机制，一定要让蓝军有地位。蓝军可能胡说八道，有一些疯子，敢想敢说敢干，博弈之后要给他们一些宽容，你怎么知道他们不能走出一条路来呢？世界上有两个防线是失败的，一个就是法国的马其诺防线，法国建立了马其诺防线来防德军，但德国不直接进攻法国，而是从比利时绕到马其诺防线后面，这条防线就失败了。还有日本防止苏联进攻中国的时候，在东北建立了十七个要塞，他们赌苏联是以坦克战为基础，不会翻大兴安岭过来，但百万苏联红军是翻大兴安岭过来的，日本的防线就失败了。所以我认为防不胜防，一定要以攻为主。攻就要重视蓝军的作用，蓝军想尽办法来否定红军，就算否不掉，蓝军也是动了脑筋的。三峡大坝的成功要肯定反对者的作用，虽然没有承认反对者，但设计上都按反对意见做了修改。我们要肯定反对者的价值和作用，要允许反对者的存在。

二、要舍得打炮弹，用现代化的方法做现代化的东西，抢占制高点

我们现在打仗要重视武器，要用武器打仗。以前因为穷，所以我们强调自力更生，强调一次投片成功，强调自己开发测试工具，现在看来都是落后的方法。我们要用最先进的工具做最先进的产品，要敢于投入。把天下打下来，就可以赚更多的钱。全世界的石油买卖都是用美金结算的，美国在伊拉克战争中，把一桶原油从30多美金打到120美金，就需要印钞票来支撑石油交易，美国光印纸就赚了许许多多的钱，美国用的就是现金武器。我们一定要在观念上转过来，用先进的

测试仪器、用先进的工具、用科学的方法来开发、服务和制造。

我们现在还需要投入大量人力做测试设备吗？是不是都需要自己开发工具？从这支队伍里划拨一部分人去抢占战略制高点，可以增加多少力量呀，再拨一部分人参与交付、质量管理，华为该变得多厉害呀？工具要改革，要习惯使用先进工具。保留小团队定制一些工具没有问题，买仪器也要有懂仪器的人，不然就是盲目地买，但不要什么都自己做。当然测试是需要大量战略专家，但他们是建构的，操作要交给机器。

我们要舍得打炮弹，把山头打下来，下面的矿藏都是你的了。在功放上要敢于用陶瓷芯片，要敢于投资，为未来做准备。我们公司的优势是数理逻辑，在物理领域没有优势，因此不要去研究材料。我们要积极地合作应用超前技术，但不要超前太多。

我们要用现代化的方法做现代化的东西，敢于抢占制高点。有的公司怎么节约还是照样亏损，我们怎么投入也还是赚钱，这就是作战方法不一样。

三、找到价值规律，实现商业成功

日本手机的特点是短小精薄，诺基亚的手机非常可靠，能做到20年不坏，为什么它们在终端上都失败了？苹果手机是最不可靠的，为什么它能大量销售？是因为它能快速地提供海量的软件。日本厂家在平台上太严格，太僵化，跟不上快速变化，日本的手机厂商就破产了。

我们要坚定不移地从战略上拿出一部分钱和优秀的人从事微基

站的研究。微基站可不可以在超市中买，像手机一样用户可以自己开通。450LTE基站要不要研究？450终端会造成高成本，你的基站有什么用。为什么不去抢大数据流量、长线的产品。

我认为，对设备厂家来说最终要把基站做成一体化的，任何频谱都可以通过技术上的转换变得方便使用。从里往外攻，或从外往里攻，攻到一定阶段可能会出来两个东西，但再往前走一步，可能就是一个东西。

你们要思考基站怎么能支撑我们在世界上高价值地活下来？不要太崇拜技术了，成功不一定是技术。无线为公司赚了很多钱，谢谢大家。无线未来还是要继续多赚点钱，才能养活这一大家子。

四、优质资源要向优质客户倾斜

优质资源要向优质客户倾斜。什么是优质客户？给我们钱多的就是优质客户。让我们赚到钱的客户，我们就派少将、连长过去，就把服务成本给提高了，少将带个连去服务肯定好过中尉连长的服务。

我们要以客户为中心，在技术上不应该持有狭隘的立场，我们不知道世界未来怎么演变，也不知未来谁胜谁负。

五、高级干部与专家要改变"中国农民"的头脑，多"喝咖啡"

高级干部要少干点活儿，多喝点咖啡。视野是很重要的，不能老像中国农民一样，关在家里埋头苦干。美国是很开放的，这是我们不如美国的地方。最近胡厚崑写了篇文章《数字社会的下一波浪潮》，就专门讲"过去拥有的知识已经没有意义了"，知识不是最重要的，重要的是掌握知识和应用知识的能力和视野。我做过一个测试，让服务员制作榴弹炮，他们之前对榴弹炮完全没有概念，通过上网搜索原理和图纸，之前完全不懂榴弹炮的人瞬间就进入了这个领域。

高级干部与专家要多参加国际会议，多"喝咖啡"，与人碰撞，不知道什么时候就擦出火花，回来写个心得，你可能觉得没有什么，但也许就点燃了熊熊大火让别人成功了，只要我们这个群体里有人成功了就是你的贡献。公司有这么多务虚会就是为了找到正确的战略定位。这就叫一杯咖啡吸收宇宙能量。

六、学会给盟友分蛋糕，用开阔的心胸看世界

近期一些运营商的整合对华为是有利的，诺基亚和微软的合并对华为也是有利的。诺基亚将成为世界上最有钱的设备制造商，很有可能就从后进走向先进了。微软最大的错误是只收购了终端而没有整体并购诺基亚，光靠终端来支撑网络是不可能成功的，一个孤立的终端公司生存是很困难的，所以三星才会拼命反击，从终端走向系统。Verizon（威瑞森电信）以 1300亿美金收购 Vodafone（沃达丰）在 Verizon无线的股权，谷歌以120亿美金买了 MOTO（摩托罗拉）的知识产权，这都不是小事情，意味着美国在未来的 3—5年将掀起一场知识产权的大战。美国一旦翻身以后，它的战略手段是很厉害的。Vodafone把 Verizon Wireless的股权卖掉了就有钱了，就不会马上把欧洲的业务卖掉了，华为在欧洲就有生存下来的可能。华为要帮助自己的客户成功，否则没有了支撑点，我们是很危险的。

未来的流量不全是流在运营商的管道里面，我们要重新认识管道，站在客户的角度考虑问题。什么是我们的客户？我们的客户不仅仅包

括运营商，老百姓也是我们的客户。

我们要走向开放，华为很快就是世界第一，如果只想独霸世界而不能学会给盟友分蛋糕，我们就将以自己的灭亡为下场。不舍得拿出地盘来的人不是战略家，你们要去看看《南征北战》这部电影，不要在乎一城一地的得失，我们要的是整个世界。总有一天我们会反攻进入美国的，光荣地走进美国。

（本文摘编自2013年9月5日任正非在听取华为内部无线业务汇报时的讲话。来源：2013年12月16日第442期《管理优化》）

第二章

研发理念

30 年间，华为成长为通信领域的全球领导者，这离不开其聚焦主航道、持续高强度研发投入所带来的全方位突破。

华为研发理念可以总结为"三部曲"：进行"核心－边缘"结构性的研发资源配置，取得立足之地；面向主流技术趋势，提升研发强度，向主流技术集中配置资源，扩大自身优势；强化核心技术领域的研发投入，深入"无人之地"，取得引领地位。

第一节 交叉授权，合理付费

世界知识产权组织（WIPO）在 1999 年的报告中提出：21 世纪，知识产权将以前所未有的地位在社会发展中担任重要的角色。得出这一结论的依据之一就是，技术创新从根本上改变了以往利用劳动力、资本等获得高额利润的方式，通过知识的运用推动技术创新来谋求发展，知识产权制度是对这种技术创新成果的有力保证。在知识产权方面的竞争与争夺便成为今天市场竞争的显著特征。

20 世纪 80 年代，美国企业开始了"圈知运动"，到各国去申请专利。美国的某著名咨询公司将"知识管理""知识空间"也申请了商标；思科把命令行、接口、界面申请了版权；某银行将具体的业务运作方式申请了专利。美国对基础性专利的定义已经扩展到了概念原理和操作方法。知识产权的概念被大大地扩大了。因此，围绕知识产权的纠纷也越来越多，越来越复杂。华为与国际巨头的知识产权纠纷也在所难免，同时知识产权也成为国际竞争对手遏制华为发展的一个手段。

华为公司资料显示，2005 年华为的收入达到 453 亿元，按照合同额计算，海外市场占到 58%，首次超过国内市场。世界电信运营商前 50 强中，华为已经上升到第 28 位。发达国家的电信市场原本都是被诺基亚、阿尔卡特 – 朗讯、西门子等国际通信巨头所垄断，华为高性价比的产品让它们感到了巨大的威胁，用专利来反击必然是最有效的武器。

2006 年年初，诺基亚、阿尔卡特 – 朗讯、西门子利用专利轮番攻击华为。这些国际通信巨头出手也很吓人，最多的一次性拿出了 200 多个专利，最少的也有几十个专利，通过发律师函的方式找华为谈判，专利纠纷几乎涉及了华为的各个产品线。

对此，华为主张一方面通过合理付费的交叉许可，创造和谐的商业环境；另一方面，则要积极地积累自己的"专利池"，获得越来越多的筹码，并持之以恒地以每年超过销售额 10% 的比例进行研发投入。

由于华为专利增长迅猛，令国外厂商越来越不能小视，这是华为与国际电信巨头进行合作的基础。

2011 年 4 月，时任华为副总裁宋柳平在接受《21 世纪经济报道》采访时说道："在工业标准领域，任何一家公司不用人家的技术，只用自己的技术的可能性是零，唯我独尊在我们电信领域是不可能的，你必须按照国际标准做，你必须用到别人的技术，也必须用到别人的专利，通过相互的交叉许可授权来开放已成为业界普遍遵守的规则。因此，一定要有开放性。因为现在世界的环境，尤其是电信领域是一个开放的环境，设备要互联互通，一定要按照开放接口国际标准来做。国际标准组织都是大家一起去讨论，协商形成一个比较好的方案，然后形成国际标准。这就是所谓的融合，大家你中有我，我中有你，共同把产业做大，把成本降低，用户才能得到好处，运营商才能得到好处。

"为什么 GSM（全球移动通信系统）技术这么普及，就是所有产业都支持这个标准，大家也用这个标准，才能不断降低成本，不断提高技术。这就是 20 世纪 90 年代一部 3 万元的大砖头手机现在只需要花几百元的原因。产业链的成功一定是需要一个开放的环境。所以我们的核心思想就是技术一定要有开放性，一定要有继承性，而且一定要满足客户的需求。"

开放式创新理论指出，在企业外部存在着大量的知识技术资源，所以企业必须成为积极的知识产权购买者（对外部知识技术资源而言）和出售者（对内部知识技术资源而言）。企业对知识产权的管理不仅要实现促进自身业务发展的目的，而且还要设法从别人对该知识产权的使用中获益。

通过谈判协商进行专利交叉许可，成为华为知识产权部近年来的一项重要工作。目前，华为已经和高通、爱立信、诺基亚、西门子、摩托罗拉、3Com 等领先厂商达成了专利合作协议。

时任华为知识产权部副部长成绪新算了一笔账，"虽然现在华为专利的绝对数量与国外厂商比还有差距，但国外厂商都对未来心知肚明，所以都很积极地找华为谈合作。而现在的交叉许可，由于国外企业收入规模比华为高出不少，即使你收我 5%，我只收你1%，最后算下来华为还是获得了专利的价值"。

美国早在 20 世纪 80 年代末到 90 年代初就已经开始发展互联网，在国家政策的推进下，思科成为路由器的倡导者和首用厂商。欧洲、日本等则在 90 年代中期才开始发展互联网，中国的起步则更晚。

1997 年，中国开始发展互联网，思科抓住当时既无国际标准又无中国标准的时机，获得了在中国网络市场的垄断地位。由于思科在互联网设备上的垄断地位，其私有协议事实上已逐渐演化为行业标准和国际标准。所谓"私有协议"，是指在国际标准组织为实现通信网络的互联互通而建立相关标准和规范协议之前，某公司由于先期进入市场，而自己形成的一套标准。私有协议一旦成为事实上的标准，将会导致拥有此协议的企业的垄断性行为。也正因此，华为遭到了思科的控诉。

任正非在其文章《鼓励自主创新更须保护知识产权》中写道："多年来华为一方面加大专利研发的投入，一方面真诚地与众多西方公司按照国际惯例，达成了一些知识产权的交叉许可协议，有些还在谈判并继续达成协议的过程中。思科控诉华为，只是所有这些谈判中没有取得一致意见的一例，在西方发达国家这种官司非常普遍。华为在这场诉讼中证明了自己是清白的，是讲诚信、值得客户及竞争伙伴信任和尊重的。现在这个官司已经结束了，它没有影响华为与思科继续合作。

"国际市场是一个法治环境，也是一个充满官司的环境，华为有了这些（受到国际巨头控诉的）宝贵经验，今后就不会惊慌失措了。华为以后主要的销售在海外，如果没有与西方公司达成的许可协议和由此营造的和平发展环境，这个计划就不能实现。我们虽然付出了少量专利许可费，但我们也因此获得了更大的产值和更快的成长。"

宽带产品 DSLAM，是阿尔卡特－朗讯发明的，华为经过两年的专利交叉许可谈判，已经与其他公司达成了协议，通过支付一定的费用，换来的是消除了在全球进行销售的障碍。经过努力，华为的 DSLAM 市场份额在几年内达到了全球第二。

专利侵权是需要具体分析的，说某一个产品侵权，也许 10 个专利中只有 1 个侵权，因而这种分析很有价值。如果侵犯的是对手的核心专利权，要想办法绕开。一旦找到了绕开的方法，就可以与对方谈判，如果对手坚持要收费，我们可以公开绕开的方法。

任正非说："我们还在'文革'的时候，或在'文革'后百废待兴的时候，人家有些专利就已经形成了。通过谈判，付出合理费用，就扩展了市场空间，对我们是有利的，至少可以推动制造业前进。由于技术标准的开放与透明，未来再难有一家公司、一个国家持有绝对优势的基础专利，这种关键专利的分散化，为交叉许可专利奠定了基础，相互授权使用对方的专利将更加普遍化。由于互联网的发达，创造发明更加广泛化了，更容易了。我们要在知识产权方面融入国际市场俱乐部。"

2003 年 3 月 10 日，诺基亚公司宣布与华为签署协议，双方相互授权使用与 WCDMA（宽带码分多址）有关的专利，包括在全球范围内制造和销售 WCDMA 基础设施。华为专注于通信产品的研发，在不断积累自有知识产权的同时，也积极与像诺基亚这样的世界领先制造商进行有关知识产权方面的合作。双方签署的 WCDMA 专利相互授权使用协议，证明了华为对 WCDMA 的坚实承诺。

目前，华为已成为世界通信行业主要的知识产权拥有者。在备受业界关注的 3G 领域，华为早在 2011 年就拥有 800 多项专利，并与业界知名厂商签订了许多专利协议，先后与高通公司、爱立信公司、诺基亚公司等业界知名企业签订 3G 专利许可授权协议；作为 TD-SCDMA（三个 3G 标准中的一个，是中国提出的第三代移动通信标准，另外两个标准为 CDMA2000 和 WCDMA）产业联盟的主要成员，与国内其他企业解决了有关专利的许可和交叉许可问题；和 NEC（日本电气股份有限公司）、松下合资成立了宇梦公司，研发 3G 手机；与西门子成立合资公司，专注于 TD-SCDMA 无线接入网络产品的开发、生产、销售和服务。

通过交叉授权，合理付费，为拓展国际市场铺平了道路，便于企业扩大其国际市场空间。华为以后依然要在海外取得规模收入，如果没有与西方公司达成许可协议和由此营造的和平发展环境，这个计划就不能实现。华为付出专利许可费，但也因此获得更大的产值和更快的成长。

　　由于华为销售额的扩大，华为实际支付给各大国际巨头的专利许可费数目每年仍在增加，但是随着华为专利申请数量的不断提高和累积，通过互换性交叉许可取得的专利许可比例在上升，直接付费的比例在下降。对于知识产权的理解，如果走到极端，反而是不利的，过度强调所谓的自主可能是灾难性的，华为也因此尝过很多苦头。

　　在领先企业进入的核心地带先少配置研发资源，在领先企业较少进入的边缘地带多配置研发资源，是华为作为后发企业成功进入市场的第一个理念。这里面包含两层意思：一层是技术意义上的"核心－边缘"，一层是空间上的"核心－边缘"。在大型企业已经占领的关键技术方向上，尽量减少竞争和冲突，而在边缘领域上先占据一定的地位，与领先企业形成技术互补性，增强合作；在大型企业已经占领的高端市场上，尽量减少竞争和冲突，而在边缘市场上先占据一定地位，再进入高端市场。这种结构性的资源配置方式是华为和平进入市场、获得发展机会的关键。

第二节　瞄准革命性主流技术

　　全球主流市场是指市场规模庞大、产品的技术密集度高、能代表未来趋势和方向的市场。中国企业目前在这类市场中鲜有作为，外国跨国公司占据了这类市场。这类市场的技术、资本、人力资源等门槛都很高，而且是外国跨国公司的领地。一旦出现竞争对手，它们将会倾其全力打击。因此，中国企业进入该类市场困难重重。虽然困难巨大，但并非没有机会。

华为所从事的是高新技术产业，因而华为一直把自己的技术创新的切入点，放在核心技术的创新上。在 C&C08 研发过程中，华为开始建立起研发体系的雏形。华为前常务副总裁费敏认为，在当时的国际市场上，通信厂商一致将万门级交换机作为主流技术。华为研发一开始就向主流看齐，以边缘市场作为切入点，再从主流市场中争取市场份额，并获得成功。

此后，任正非等华为高层开始大胆地预期核心技术所带来的机会。

为 3G，放弃小灵通

20 世纪 90 年代末，在 2G 还声势浩大的时候，任正非就已经做出"2G 只能活命，3G 才是中国通信设备商全球突破的拐点"的论断，他带领华为高层大胆地预期核心技术所带来的机会，并将研发目标瞄准 3G。华为明白在 WCDMA 产品的国际竞争力上，如果没有自己的核心技术就会受制于人，因而冒着很大的风险启动自己的 ASIC（专用集成电路）项目，并成功地实现了技术突破，从而在这方面有了极强的国际竞争力。任正非深知这一举动会给华为的发展带来重要影响，因为这也意味着华为的技术策略和研发方向开始寻求与市场的密切结合。在他们看来，瞄准一种革命性的主流技术，并在此之上明确自己研发的策略，可以给华为带来质的飞跃。

2002 年前后，任正非对 3G 的狂热和大力投入，以及电信业的滑坡使华为遭遇了创业以来的首次业绩下滑。至 2003 年年底，华为在 3G 上押的赌注已经高达 40 亿元，却忽视了小灵通等短期市场的机会。而恰恰是这个曾经被华为以拒绝做终端产品为理由而拒之门外的小灵通，养肥了对手中兴通讯和 UT 斯达康，给了它们后来居上的机会。

对此，任正非曾不止一次在公司高层会议上承认不做小灵通是他的失误。但是他又说："再过五年，这个失误也许不是失误，尤其是小灵通……华为没有投入小灵通的研发是明智之举，华为不能什么都做，华为的目标更加高远，华为的精力要集中在 3G 的研发上。"

华为在小灵通上的失误，部分是由于任正非对小灵通生命周期和发展规模的判断有误。他认为小灵通的生命周期很短，规模也不会很大，只是固定电话的一种补充，华为不会从中获得很大的利益。但是，如果华为介入，势必会加速小灵通的流行，反过来就可能会延缓 3G 市场的发展，而这正是已经在 3G 上投入重注的任正非所不愿意看到的。而最重要的一点是，小灵通作为中国市场上的一个"机会产品"，不符合任正非所追求的长期持续发展的战略思路。当时华为已经将战略重点转移到了国际市场，一个无法在国际市场上带来价值的产品，除非其发展空间很大，否则不可能成为任正非关注的重点。

时任华为副总裁徐直军表示："华为对 3G 的巨额投入就是希望在市场中获得更大的生存空间，当国内 3G 市场还没有发牌照时，我们加大了开拓 3G 国际市场的力度。"

2002 年，任正非在一次内部讲话中曾经非常隐晦地提到了这种想法："有压力的、有畸变的、由政策行为导致的需求，就不是真正的需求，我们一定要区分真正的需求和机会主义的需求。"

事实证明了任正非的分析。《关于 1900-1920MHz 频率无线接入系统相关事宜的通知》的工业和信息化部文件要求，为了给 TD-SCDMA 让出频段资源，小灵通等无线接入设备应在 2011 年底前完成清频退网工作。

这些年来，在无线领域华为是伴随着 3G 一起成长、成熟的。经过多年的努力，华为在 3G 上能够与世界巨头同步。华为公司开发的具有自主知识产权的 WCDMA 系统先后参加了工业和信息化部组织的两次 3GMTnet 大规模测试，华为设备在测试中均表现优异。华为 WCDMA 系统在 MTnet 第一阶段测试中率先通过，并且技术排名领先；在 MTnet 第二阶段测试中，326 项必测项全部通过，75 项可选项通过 70 项，综合通过率遥遥领先。华为全面掌握了 WCDMA 核心技术，基站系统的性能测试表明，无线性能优于 3GPP 协议（《第二代伙伴计划协议》）规定的 2-4dB，完全达到了商用的要求，部分性能处于业界领先地位。例如，一般情况业界基站系统单载波可支持 4—5 个 384kbps 数据用户同时接入，而华为基站系统单载波可支持 7 个 384kbps 数据用户同时接入。

华为开发出拥有全套自主知识产权的核心 ASIC 芯片，这是提高产品核心竞争力和保持领先优势的重要保证。在 CDMA 领域，只有高通提供基带 ASIC 芯片；而在 WCDMA 领域，华为是国内第一家

（业界也只有极少数厂家具备这个能力）能够独立开发设计并优化 WCDMA ASIC 芯片的厂商。

2003 年 9 月，时任华为无线产品线副总裁余承东在接受《人民邮电报》记者采访时披露："华为公司在 3G 主流标准 WCDMA 上重点投入。从 1998 年开始进行商用系统研发，累计投入资金超过 40 亿元，投入研发人员 3500 多人。华为公司已全面掌握 WCDMA 核心技术，成为全球少数几个能够提供全套商用系统的厂商之一。"由此可见华为公司对 3G 的重视程度。

在海外开展 3G 业务

全球 3G 网络部署已经处于建设的高峰期。在三大 3G 标准中，华为在 WCDMA 上的技术已然炉火纯青。华为早在 2002 年年底就推出了较为成熟的整套 WCDMA 商用版本产品，并参与香港移动电话运营商 Sunday 公司的竞标，而在工业和信息化部和中国移动组织的几次 3G 厂商 WCDMA 测试中均名列前茅。

综观全球 3G 发展状况，3G 技术正处于发展和完善阶段。在等待中国 3G 牌照发放的过程中，华为是最为着急的。但任正非相信国内实施 3G 标准是迟早的事情，但是，在 3G 上源源不断的投入，数十亿元的投资资金，无疑使华为背上了沉重的包袱。所以，在耐心等待的同时，华为借着它在国际市场的顺利拓展，率先在海外开展 3G 业务。

早在 2002 年 4 月，华为就与松下、NEC 等手机制造商合资成立了宇梦通信科技有限公司，涉足 3G 终端手机研发生产，华为在宇梦通信占有 6% 的股份。

华为在 3G 手机上的作为虽说打破了它在《华为公司基本法》中不涉足信息服务业的规定，但是，这并不意味着其公司业务转向多元化，恰恰相反，华为这么做其实是一个两全之策。在等待国内 3G 牌照发放的同时，为公司开拓能缓解资金压力的途径，同时也加强了公司在 3G 上的优势地位，拓宽了华为在 3G 上的业务范围。

任正非说道："我们在 GSM 上投入了十几亿元的研发经费，多少研发工程师、销售工程师为之付出了心血、努力、汗水和泪水。在 1998 年我们就获得了全套设备的入网许可证，但打拼了 8 年，在国内无线市场上仍没有多少份额，连成本都收不回来。2G 的市场时机已经错过了，我们没有停下来喘息，在 3G 上又展开了更大规模的研发和市场开拓，每年近十亿元的研发投入，已经坚持了七八年，因为收不回成本，华为不得不到海外寻找生存的空间……"

中国的 3G 市场并未启动时，华为把欧洲市场作为重点，利用自身的技术优势逐渐打开并占领市场，取得了较为有利的市场地位。自 2000 年以来，华为公司一直在欧洲销售设备，为欧洲大陆包括沃达丰、德国电信、法国电信和西班牙电信在内的所有主要运营商提供设备。

为了生产与销售 3G 手机，华为将其移动终端业务分拆出去成立了"华为移动通信技术有限公司"。华为控股有限公司持有 30% 的股份，另一家华为控制的中国香港瑞普通信技术有限公司持有 70% 的股份。而在此之前，为了能够集中力量做好主业，华为将一些非核心业务外包出去，如培训、数据恢复，以及设备的安装、调试和维护等对技术要求不高的环节。

2003 年，华为与德国英飞凌、美国高通公司合作，开发更加便宜实惠、基于 WCDMA 标准的 3G 手机开发平台。华为在 3G 手机上的最大优势在于，能够向运营商提供系统设备、软件服务、移动终端的一揽子服务，这对于强调定制服务和目标消费者体验的 3G 手机业务无疑是至关重要的。

因此，在包括中国香港、马来西亚、欧洲、非洲等多个国家和地区，华为都收获了很多 3G 终端订单。

华为通过销售设备同沃达丰等国际运营商合作多年，2006 年，两家公司再次携手合作，签订 3G 手机战略合作协议，由华为定制沃达丰自有品牌的 3G 手机等无线终端，时间跨度长达 5 年之久。

华为在国内市场迟迟没有大的斩获之后，最终在海外市场打开了局面。华为宣布，截至 2008 年 9 月，华为 WCDMA/HSPA 已在全球获得共计 121 个商用客户，全球超过半数的 WCDMA/HSPA 运营商选择了华为，第四代基站正在成为华为在全球移动市场攻城略地的利器。综合 2007 年以来的网络建设公开信息，伴随华为快速崛起的同时是部分传统优势厂商的逐步衰落。

作为 2G 时代的后来者，华为早早就在 3G 上起步，1998 年开始在 WCDMA 上投入重兵。3G 标准 WCDMA 的研发，华为前后投入已超过 50 亿元，为华为从 2G 时代的跟随者，成长为 3G 时代的同路人夯实整体实力。截至 2009 年第一季度，华为累计获得 139 个 WCDMA/HSPA 商用合同，服务全球超过半数的 WCDMA/HSPA 运营商。

在中国"3G 时代"大有作为

2009 年 1 月 7 日，我国发放 3 张第三代移动通信经营牌照。这意味着我国由此步入"3G 时代"。业内更将 2009 年称为"3G 元年"。3G 在中国的全面启动，成就了设备制造商展开新一轮角逐的大空间。然而不单设备制造商，整个通信产业链都将从 3G 中获益。

新设备替换老设备，是华为切入中国 CDMA 市场的契机。整个CDMA 产业从诞生至今已经发生了翻天覆地的变化，原来在 CDMA方面做得比较好的厂商，现在不一定很好；原有的 CDMA 设备是 10多年前开发的设备，几乎无法支持新业务，特别是 3G 业务。

那时，华为已经是全球最大的 3G 上网卡供货商。据国际著名咨询公司 ABI/Research 的统计数据，2008 年华为上网卡产品在全球占据了 55% 以上的份额，在使用上网卡的用户中，几乎每两个人中就有一个人在使用华为的 3G 上网卡产品。

第三节　领跑者：自己把握方向

在全球专利竞争中，华为公司已从 2G 时代的跟随者，跃进为全球 3G 的同行者，并积极布局成为 4G 的领跑者之一。

2007 年 10 月，在 3G 时代即将到来，但还没有实现普及的环境下，人们就已经开始呼唤 4G 手机。华为人表示："4G 的华为试验机已经面世。"从民族产业的角度来看，在 2G 时代，中国技术专利落后于西方发达国家。但在 3G 时代，中国凭借 TD-SCDMA 挤得了栖身之地。同理，如果先下手为强，在 4G 时代，中国的企业，将不仅仅拥有"栖身之地"。

华为在前瞻性领域舍得投入，全球 6 项 4G 候选技术标准，华为的布局是"一个都不能少"，同时在主流的 LTE 技术上，更是布下重兵，以 168 项申请专利遥遥领先，按华为 LTE 产品负责人的说法，华为卡位 4G 的速度至少领先同行半年。不要小看这半年的优势，只要保持这半年的优势，随着 2011 年 4G 网络大规模商用时代的到来，华为可以将领先优势进一步扩大。

华为以前是在向行业的领先者学习，现在在产品技术上华为学习的标杆少了，就需要自己把握方向。作为 2G 时代的追赶者与 3G 时代的参与者，华为对在 3.9G 乃至 4G 时代成为领跑者充满渴望，并为此投入了相当多的资源。华为有个理念是"用未来的技术做现在的产品"，即对客户需求提前预见、提供有一定前瞻性的解决方案和技术。这个理念在 LTE（4G）领域显得尤为突出。

华为参建了世界上首个商用 4G 网络。在未来的 LTE（4G）领域，华为凭借 147 件专利跻身全球第四，在全球电信设备商中位居第二。截至 2009 年 8 月底，1272 件全球 LTE 专利申请总数中，华为占到 12% 的份额。

据华为方面表示，至 2010 年 3 月，华为已在全球部署了超过 9 个 LTE 商用网络和 60 个 LTE 实验室、外场试验网。该数字刷新了此前华为官方公布的 2009 年底 42 个 LTE 网络的纪录。除此之外，华为已向 3GPP（第三代合作伙伴计划）等标准组织贡献了超过 3300 篇 LTE/SAE 标准提案。

与华为在 LTE 领域战略合作的全球顶尖运营商为数众多，包括中国移动、沃达丰、德国电信 T-Mobile、西班牙电信 Telefonica、意大利电信 TIM、挪威电信 Telenor 等，"几乎所有欧洲亚太顶尖运营商在 LTE 上都在和华为紧密合作"。

2010 年 3 月，在美国拉斯维加斯举行的 2010 年 CTIA 无线展会上，华为打破了爱立信在 2010 年 2 月创造的 LTE 传输速度纪录，将基于 LTE-Advanced 技术的移动宽带速度提升到了 1.2Gbps。不过，华为在 Verizon Wirelss 和 AT&T 订单争夺战中输给了爱立信和阿尔卡特－朗讯，但获得了中国移动的 TD-LTE 订单。如今，"比 LTE 更具前瞻性的技术"华为也已开始研究。

在 4G 的竞争中，中国也迈出了坚实的一步。2009 年 10 月，ITU（International Telecommunication Union 国际电信联盟）在德国德累斯顿举行 I-TU-RWP5D 工作组第 6 次会议，征集遴选 4G 候选技术。工业和信息化部组团参会并提交了我国具有自主知识产权的 TD-LTE-Advanced 技术方案。最终，ITU 确定 LTE-Advanced 和 802.16m 为 4G 国际标准候选技术。

国家科技重大专项"新一代宽带无线移动通信网"专职技术责任人、中国工程院副院长邬贺铨院士表示："中国在具有自主知识产权的第三代移动通信（3G）技术标准——TD-SCDMA 的基础上，研究开发出 TD-LTE 技术，形成了 4G（TD-LTE-Advanced）技术标准提案，并已成为国际电信联盟（ITU）确定的国际 4G 候选技术标准之一。"

2011 年前后，全球 3G 的发展正处于上升期，也许说 4G 时代还为时尚早，但不得不承认移动互联网的发展推动了移动通信技术加速向下一代演进，移动数据流量的持续增长使运营商网络压力倍增。而要解决庞大数据对网络造成的压力，4G 必然是运营商所倾向的。因此，当 2G 尚未走远，3G 也正值青春年少，4G 却脱离襁褓快速地成长起来了。

2011 年 LTE 北美大奖揭晓，华为荣获"LTE 研发最佳贡献""LTE 标准最佳贡献"两项大奖。这是继在 2010 年 LET 全球峰会、2010 年 LTE 北美大奖峰会上连续获奖后，华为第三次荣获 LTE 标准研发贡献类奖项。

第四节　把握技术发展的趋势

奥巴马的总统竞选演说通过 YouTube 在全美发表，互联网已然影响到美国政治，奥巴马上台后也继续影响互联网发展。时任国务院总理温家宝在全国节能减排工作会议上的讲话，也通过网络现场直播。不少人喜好的"人肉搜索"开创了另外一种行政监督和廉政的渠道，"范跑跑""华南虎""毒奶粉"等公共事件的揭露，"长尾经济"又诞生出了"长尾政治"的效果。

互联网的力量从未如此巨大，可以推选总统，可以把官员拉下马，可以影响人生观和价值观，可以实施人道救助，可以创造虚拟经济，可以对金融危机推波助澜。实际上，互联网已经比电信和电视更深入地渗透到社会生活的各个角落，其影响力已逐渐超越电信和电视，发挥出我们无法预测的力量，并向人类提出了更多的尖锐问题。

可以说，进入信息时代，在互联网这个原动力的推动下，电信业转型已经成为一种必然的趋势。现在，BT（英国电信）、FT（法国电信）、SBC（美国西南贝尔电信）等全球主要电信运营商都在努力推进企业的转型工作。

网络是广电运营商向全业务运营商转型的基础，实现网络双向改造是其业务发展必须经过的技术门槛，虽然网络双向改造的技术种类多样，但最终的发展方向是 IP（网络互联协议）。

多年来，设备制造商和运营商都在积极探索如何实现多网融合，而 IP 技术的出现恰恰使得多网融合成为可能。正是由于 IP 技术的开放性，各种新的增值业务都是架构在 IP 网络的基础上。然而目前的困难是，面对下一代电信业务商业运营的要求，传统 IP 基础平台难以适应 NGN/3G 规模部署和全业务运营，在端到端的管理、端到端 QoS、端到端安全和运营模式等方面面临巨大挑战，如何克服 IP 网络自身的不成熟性，实现 IP 网络适应下一代电信业务商业化运营的目标，是业界都在积极努力解决的问题。

电信业转型的一个重要驱动力是向以 IP 为核心的下一代网络转型，涉及网络的各个方面和层面，总体设想是用分布式、软件驱动的扁平化架构来替代现有的复杂的多层网络架构。就核心网而言，关键技术是 IMS（信息管理系统），目标是建设成一个利用单一的业务架构、服务于各种不同接入网的统一核心网和主要以 Web 为基础的应用平台所构成的下一代网络。这里主要的争议点是业务驱动还是网络驱动，显然，仅仅考虑网络驱动所带来的有限运营成本的节省，而没有带来新业务收入的建网方式很难行得通。简言之，业务驱动将是网络转型考虑的中心，这是迄今为止基本达成的业界共识。

可以说，电信业向全 IP 转型是一个发展趋势。2010 年 3 月 31 日，华为在其官方网站上发布了 2009 年年报。任正非在华为官网上发表了祝贺致辞，他说道："我们始终坚信，只有客户的成功才有华为的成功。回顾过去，正是由于我们始终坚持以客户为中心，理解和把握了全 IP 融合发展的趋势，才使华为成为融合时代客户的最佳选择，不断获得成长。"

从全球来讲，最领先的运营商里有 31 家成为华为的伙伴。客观来讲，30 多年来全国通信的发展，也包括了华为的发展，尤其在近 10 多年来，信息产业面临转型期，转型期的核心所在就是我们传统通信消费方式要转移……

从全球信息产业的转型来讲，融合成为转型的主旋律，电信、IT、互联网和媒体正在融合为数字产业。原来传统的获取信息的方式和渠道，传统的做广告和获取广告的方式正在改变。由于互联网产业兴起，形成新兴的媒体。有线的宽带、终端无线接入的便捷，以及丰富的业务成为融合体验的关键。IP 技术成为运营商融合网络基础设计的共同选择。

华为面对未来产业的转型和发展，进行了深刻地研究。2010 年华为提出了未来的整个产品投资战略，未来 5 年主要为信息网络提供基于 IT 的服务，来帮助客户和伙伴，确保客户在任何时间、任何地点使用任何终端都能享受到无差别的通信服务和体验。

从网络角度来看，基于全 IP 架构的 FMC（固定与移动融合）是未来网络发展的目标。届时，电信网络的各个层面都将发生巨大变化，包括业务网、控制网、承载网、接入网、运营支撑系统和终端等各个层面，甚至运营商的定位和商业模式也会随之改变。全 IP 的趋势将使得现在以技术和业务来划分的"垂直网络"向"水平网络"转移，扁平化是下一代网络的关键特征。FMC 最直接的驱动力来自于用户对体验需求的提升，即任何用户在任何时间、任何地点都可以通过任何终端获得一致的和无缝的体验，其次才是降低运营成本和提升效率。FMC 包括产业融合、业务融合、运营支撑系统融合、网络融合和终端融合等多个方面，而不是简单的某个技术和某个特征。因此，基于全 IP 架构的 FMC 不仅是网络、运营支撑、终端能力的变革和提升，更是运营商定位和商业模式的改变，需要端到端进行整体、全面考虑。

同时，运营商战略转型基于全 IP 的 FMC 网络展开，运营商向综合服务提供商方向发展，为用户提供融合的多媒体通信服务和信息媒体服务。在此过程中，需要进行价值链的延伸，聚合信息服务，构建新型的以利益相关群体为核心的商业模式。

为了顺应中国信息产业的发展，华为主动调整了战略方向，开始向全 IP 的技术方向发展。

为什么说华为公司把全 IP 作为华为的网络战略？从一个全运营的运营商网络变成一个全 IP 的运营商，第一做企业的 SAP 系统（企业管理解决方案的软件）和媒体服务，第二做电信和 Web 的融合。如果不做的话，变成一个管道运营商；如果转型的话，变成一个新型服务提供商，这是非常关键的。运营商在转型之后，网络如何走，要看看在这样的背景之下，电信和互联网怎么融合。全球绝大部分运营商纷纷提出自己的互联网战略，尤其在 2007 年初，包括中国移动都发布了互联网的战略。在互联网上基本整合，目前以 Web2.0 为主的运营商的业务的集成能力来看，互联网的业务集成能力比较弱，但是从互联网运营商的角度来看，从对用户的掌控能力来看，有什么特征呢？绝大部分的运营商对用户的掌控是一个非常浅度的掌控，移动运营商要想做互联网的融合的话，关键是平台的缺失，这种缺失怎么办呢？Web2.0 的一些企业，包括 Myspace（聚有网）、脸书从 Web1.0 的门户到 2.0，都是抓住了用户的行为。脸书 和 聚有网抓住了用户之间的社会关系，如果移动运营商想要在电信的互联网融合上有所作为的话，首先要解决如何构建一个社会化网络，核心的问题类似于 脸书，把用户日常所有的社会交往关系利用起来，并结合通信网的优势，才可能实现整个业务的转型。

在过去的 30 多年，随着移动通信和互联网的快速发展，一个共同分享信息的"地球村"正在到来。全球电信服务的普遍接入即将实现，世界各地无数人的生活因更便捷的沟通而变得更加美好。作为这一具有重大历史意义进程的见证者和推动者之一，华为的产品和解决方案已服务全球 1/3 的人口。

时任华为董事长孙亚芳表示："在这一进程中，基于对行业融合趋势的判断和客户需求的深刻理解，我们持续推动了电信网络向全 IP 的转型。通过不断为客户创造新的价值，我们自身也获得了成长。2009 年，尽管受到复杂宏观经济形势的影响，我们的销售收入仍然增长了 19%，达到 1491 亿元（218 亿美元）。由于在各个运营环节采取了有效的成本降低措施，我们在帮助客户降低 TCO（总拥有成本）的同时，实现了 14.1% 的营业利润率，比 2008 年提高了 1.2 个百分点。与此同时，我们实现了 217 亿元（32 亿美元）的较充裕的经营活动现金流，财务稳健健康，有利于与客户一道拓展和把握新的市场机遇。"

2011 年年初，华为将原来按照业务类型划分的组织构架变为按照客户类型划分，成立面向企业、运营商和消费者的三大 BG 组织架构，华为开始了向跨运营商网络、企业业务、消费者业务的端到端的 ICT 解决方案供应商这一角色转变。

从那时起，"我们会变得更透明"就是华为向外界释放出的强烈信号。时任华为副董事长胡厚崑说："现代商业社会基本规则之一是公平竞争，公平竞争的前提是开放、透明，这也是作为全球企业公民的华为所必须要承担的责任。"表态的背后其实是华为内外的重重挑战——赖以为生的运营商市场的空间已愈发逼仄，唯有出击新的领域并做到深入人心，才有更广阔的视野和前景。可是，光开放是远远不够的，如何通吃企业和消费者市场，是一个大考验，并且这样一种全新的商业形态并无先例可借鉴。

华为以高速发展的态势让业界为之瞩目。2013 年 6 月 26 日至 28 日，华为三大 BG 携手亮相亚洲移动通信博览会，展示了华为在新移动时代构筑无所不在的移动通信解决方案的能力（见图 2.1）。

2014 年 12 月 31 日，时任华为轮值 CEO 胡厚崑发表新年致辞，他指出以移动宽带、云计算、大数据、物联网为代表的

图 2.1 2013 年 6 月 26—28 日，华为三大 BG 携手亮相亚洲移动通信博览会，展示了华为在新移动时代构筑无所不在的移动通信解决方案的能力

ICT 技术正成为各个行业加速转型的引擎。工业 4.0、智能交通、远程医疗、在线教育、智慧城市等领域的发展意味着传统产业需要依靠 ICT 技术进行新一轮的"进化"，ICT 基础设施已经由过去的支撑系统向驱动价值创造的生产系统转变，成为继土地、劳动力、资本之后新的生产要素。"我们预测，到 2025 年全球将有超过 1000 亿的连接，这将是一个规模空前的市场，如何存储和处理、传送与分发、获取与呈现这些庞大的数据流量，既是一个巨大的挑战，也是我们面临的战略机遇。"

华为在 2014 年进行了广泛的组织变革，为适应 ICT 技术加速融合的趋势，新成立了 ICT 融合的产品与解决方案组织，以保持 ICT 技术领先的创新优势。华为此前设立了面向三个客户群的 BG 组织，以适应不同客户群的商业规律和经营特点，为客户提供创新、差异化、领先的解决方案。华为优化了区域组织，加大、加快向一线组织授权。2014 年以来，华为持续夯实面向未来的电信网络架构 SoftCOM，深入融合云计算、SDN（软件定义网络）、NFV（网络功能虚拟化）等理念，形成了业务、运营、网络功能、网络架构等四个方面重构电信业的解决方案，努力帮助运营商实现全面网络演进和商业转型。与此同时，华为还发布了业务驱动的分布式云数据中心解决方案 SD-DC、业界首创的 OceanStor 融合存储、面向物联网的敏捷网关 AR511、敏捷数据中心网络和敏捷分支等解决方案，帮助客户构筑云时代业务创新的技术基石。华为致力于在 ICT 融合的过程中建立一个开放、创新的产业生态体系，实现产业价值聚合。

　　未来二三十年，人类将会进入一个以"万物感知、万物互联、万物智能"为特征的智能社会。2017 年，华为发布了新的公司愿景和使命："把数字世界带给每个人，每个家庭，每个组织，构建万物互联的智能世界。坚持以客户为中心，聚焦 ICT 基础设施和智能终端，通过技术创新和持续满足客户需求，推动行业发展，在和客户一起不断探索和创新中，走向未来的智能世界。"由此可见，技术型公司一定要关注未来的技术趋势和应用趋势，这是至关重要的。

延伸阅读

华为人勇者无疆

这是一个给华为带来巨大贡献的产品，多年来实现了上百亿美元的销售收入，人均效益处于公司前列。但它曾经却几度受挫、几经生死，甚至还被贴上"夕阳"标签准备放弃……

当我把 A 产品的故事讲述给一位在公司工作了 12 年的同事听了之后，她很坚定地对我说："这不可能。"一般人的确难以置信，但这确实是一个真实的、让人惊叹的故事。我更希望它成为一个能被复制的传奇。

第一代，不服输迎来柳暗花明

第一代的 A 产品很"牛"，一上市就取得了很大成功。但在 2000 年前后，国内宽带技术的转型导致客户需求发生巨大变化，A 产品的销售业绩节节败退。一次，A 产品的开发经理老霍和所有团队成员聚在一起讨论产品改进方向，最后一个同事叹了口气，郁闷地说："A 产品在高质量上有优势，但在海量传输上不行。从客户角度来看，的确不适合了。"

A产品作为当时的主力产品，其拓展受挫直接导致了整个产品线销售业绩的下滑。一时间质疑和压力如潮水般涌来，A产品团队的士气也低迷到了极点。就此放弃A产品，还是继续前行？基于对市场和产品的客观仔细分析，老霍和其团队成员相信，自己的产品还远没有到穷途末路的时候，一时的市场变幻偏离不了行业发展的大趋势。抛弃荣辱和利益，他们默默地将产品特性"雕琢"到极致，持续提高产品竞争力，等待柳暗花明的那一天。

机遇往往留给有准备的人。两年后，移动承载市场兴起。A产品特别强化的分组特性成为撒手锏，一路攻城拔寨，在移动承载市场的收获甚至比之前丢失的宽带市场还要多，同时在数据专线市场上也取得了很大的突破。

第二代，满足客户需求，占据优势格局

2002年，为了进一步拉开和友商的差距，A产品团队引入新技术，着手开发第二代产品。

新技术其实并不"新"，因为业界早已提出。但是由于实现难度大、稳定性差，没有厂家愿意率先商用。A产品团队决意第一个吃螃蟹，这无疑会面临许多风险。

果然，二代产品一上市就问题不断，多次故障，一个大运营商甚至要求产品全部下网。一时间，从客户到一线销售人员，都对二代产品怨声载道、不愿接纳，纷纷要求退掉新产品买老产品。如果此时放弃，也是客观形势下不得已的选择，很多新产品的开发就是这样放弃的。但A产品团队成员在开发经理老吴的带领下，顶着巨大的内外部

压力，再一次选择了坚持。

而支撑他们坚持下去的原因，是海外客户的需求：在一些土地私有化的国家，客户很难新铺设光纤，已有的光纤不仅老化易断，还经常被人为挖断，频频引发网络问题，而二代产品能在光纤断了后启动多级自我保护，十分符合这些市场的需求，并且绝大多数的客户也都纷纷表态，新特性符合未来的技术发展趋势，如果产品性能质量真能稳定下来，他们就愿意买单。

老吴带着团队成员夜以继日地攻关，终于将二代产品性能稳定下来，华为拉开了与友商的差距，开始占据优势格局。

2003 年到 2007 年，二代 A 产品市场捷报频传，份额大幅提升。

巅峰之后的悬崖

老王正是在 2007 年这个巅峰时刻，来到 A 产品团队担任研发主管的。但他刚到任就得知代表未来技术发展方向的 B 产品将很快推出。产品线已经决策，把 A 产品搬迁到研究所，今后可能以维护为主。正在大家考虑何去何从时，另一个坏消息传来，一个海外重点项目由于 A 产品报价比友商高出两倍，丢单了。研发领导发话：成本降不下来，就换主管。当时 A 产品作为产品线的标兵产品，质量和成本一直都控制得很好，降成本的难度非常大。老王回忆道："那时我刚接手 A 产品团队，还没什么威信。但这个团队成员真是非常团结，所有成员都给了我很大的支持，没有一个人抱怨或者不满，都铆足了劲地查、想、改，后来还真发现了自身的问题——产品的芯片，已是十年前的产品，性价比太低！还有我们的产品架构，和友商相比还有不少可改进的空间……"秉承"审视自身，追求极致"的态度，他们终于将本以为"降无可降"的成本又硬生生降低了50%，产品竞争力大幅提升。

就在众人击掌相庆的时刻，公司的 B 产品成功上市，A 产品被正式列入"非主流解决方案"。好不容易炼制出来的"攻城利剑"真要被就此雪藏？失落和茫然的情绪在团队中蔓延开来。老王认为，公司的整体策略必须遵守，A 产品必须尽快重新明确价值和市场定位。

绝地坚守，自己做自己的救世主

老王早年担任过研发经理，又在行销一线摸爬滚打了七年，最大的收获就是学会了从外部看内部——先关注客户、市场、产业，再看华为和团队。

铺开世界地图，他们的眼光从国内转到海外，通过对产业环境、市场形势和客户需求等各方面进行深入调查和研究，他们发现海外众多的主流运营商并未舍弃 A 产品解决方案，仍存在大量的市场空间，同时公司 A 产品的优势格局和存量市场也是一笔巨大财富，只要开发出引领未来的新特性，将产品进一步优化，使其更符合客户需求，给公司带来的价值将非常可观。

方向有了，老王直接找到产品线总裁，立下军令状：未来三年内，A 产品一定能保持公司要求的人均效益指标！终于得到了总裁的支持，保全了 A 产品的现有队伍，但也不给再加人员和资源。

每个人都知道，升级产品是他们唯一的机会，绝对不容有失，于是他们把新产品当作"老产品"来开发，坚决保证高质量和稳定性。在交付南太某项目时，客户怀疑A产品单板有问题，A产品开发团队立刻成立了"10人攻关组"，在实验室闭关了六天六夜，终于发现是因为供应商更改设计导致的问题。大家百感交集："为了保住产品，绝不能出任何质量事故。"然而，由于有了B产品，A产品很"尴尬"：对外，能参与市场竞争的机会不多，有些项目甚至都不允许A产品的销售人员去做客户宣讲。而对内，情况更加微妙，为产品"延寿"的未来特性与B产品是什么关系？与新技术演进又是什么关系？产品线内部争论一直在持续。而在得出定论之前，怎么投入人力，是否可以投入，都成了问题。局面尴尬，资源匮乏，那时很多人都觉得他们太犟了，说上面领导都不置可否，你们何不顺着KPI（关键绩效指标）导向"就坡下驴"，为什么非要"拧着来"呢？但一直都很"犟"的A产品团队再次选择了坚持，终于开发出了质量过硬的升级产品，并一举突破多个海外主流运营商，带动整个A产品系列实现了数十亿美元的销售额。那一年，他们拿了包括最佳SPDT（超级产品开发团队）、最佳PDT（产品开发团队）、最佳LMT（产品生命周期管理团队）、最佳成本、最佳效益、最佳质量等公司授予产品线的众多奖项。

2010年老王离任，继任者带着团队成员深耕细作，精益求精，在没有外援、销售受限的情况下继续倔强地"孤军奋战"。终于，众多主流运营商越来越意识到 A升级产品易维护、易使用、高安全性、高可靠性的价值，产品线也给予了 A产品一些肯定和支持。2012年，A产品在困难的市场局面下做出了超出期望的业绩，海外市场销售维持了稳定，专业服务的增长率超过30%，并成为企业网市场的尖刀产品。

回顾 A产品十多年来走过的路，无论是一败涂地、命悬一线，还是巅峰后的绝境，这个团队一次又一次地与命运抗争，不断找寻自己存在的理由，并创造价值，敢于坚持到最后一刻。无论岁月流逝，人员更替，团队的精神都始终不改，永难磨灭。

（本文摘编自《勇者·无疆》，来源：2013 年《华为人》）

第三章

研发原则

　　确权、合作与需求导向是华为研发的三大基本原则。遵循知识经济规律，为知识确权，成为创新市场上的真正主体是华为进入国际研发市场的原则；广泛与一切可能的合作伙伴合作，不断构筑华为的知识产权壁垒，是研发加速度的来源；以客户需求为导向，加快知识产权的产业化，是华为研发的最终牵引力。

第一节　尊重与保护

　　改变一个国家、一个产业的形象是困难的，企业必须首先做好自身的工作。这工作分为两部分，一部分是修好自己的墙，另一部分是不要踩别人的线。这二者其实是一体的。只有尊重别人的知识产权，才是尊重自己，也才有权利要求别人尊重自己的知识产权。因此，知识产权和专利的保护有两层含义：一是保护自己，二是尊重别人。

　　尊重知识产权是构建健康商业生态环境的基础，只有尊重和保护知识产权，才能激发全社会的创新活力。华为尊重他人的知识产权，也致力于丰富自身的知识产权积累，每年支付 3 亿美元左右的专利许可费，以获得业界其他公司专利技术的合法使用权；同时，每年按 10% 的销售收入拨付研发经费，2017 年华为持续投入未来，研发费用达 897 亿元，同比增长 17.4%，近 10 年投入研发费用超过 3940 亿元。

在充分尊重和保护知识产权的基础上，华为积极开展知识产权的开放合作，通过知识产权有偿使用和交叉许可的方式，可以有效降低创新成本，塑造良好的产业环境。至 2012 年，华为已经与业界主要厂商和专利权持有人签署了数十份知识产权交叉许可协议。2016 年 1 月 14 日，华为宣布与爱立信续签全球专利交叉许可协议，该协议覆盖了两家公司包括 GSM、UMTS（通用移动通信系统）及 LTE 蜂窝标准在内的无线通信标准相关基本专利。根据协议，双方都许可对方在全球范围内使用自身持有的标准专利技术。

任正非认为在鼓励创新的同时更需保护知识产权："如果没有一种世人公认的激励措施，就不会有人前赴后继地去探索创造发明。所以，我们一定要尊重知识产权，无论是自己的还是别人的，无论是中国的还是外国的。"

在知识产权方面，华为希望非常快速、高效地与跨国公司处在同一水平。华为始终以开放的态度学习、遵守国际知识产权规则，多方位、多角度地解决知识产权问题。

华为强调，要自始至终真正地保护他人的知识产权。只有保护他人的知识产权，在整个国际市场竞争中才能得到尊重，否则，人家就不会尊重你。同时，要保护自己的知识产权。面对知识产权官司，华为也在积极应对，以实力证明自己。

2011 年 4 月，摩托罗拉和华为之间的专利诉讼很快地和解了。人们本以为这将是一场持久战，但是没想到最终却是摩托罗拉向华为支付转让费后，将摩托罗拉与华为之间的商业合同转移给诺基亚 – 西门子，使诺基亚 – 西门子能获得及使用华为的保密信息，为摩托罗拉通过华为产品和技术在全球部署的网络提供服务，从而解除对摩托罗拉和诺基亚 – 西门子的指控。对于华为而言，这场关于知识产权利益的诉讼案最终获得了完全胜利。

华为清晰地认识到知识产权在全球发展的重要性。为了更严密地保护公司的知识产权，华为制定了全面、严格的知识产权、版权保护制度和流程，以及管理公司知识产权的操作指导书及手册，包括有关专利开发及申请、版权及软件管理的流程。

华为 1995 年专门成立了知识产权部，成立 20 多年来，在知识产权的保护和使用上开展了专业而富有成效的工作，为全球业务的开展提供了有力的支撑。截至 2017 年，华为已拥有几百名专门从事知识产权相关工作的专利律师和工程师。华为在美国、欧洲以及全球范围内设有 15 个海外法务部，有近 200 位法律律师，其中包括全球各地的本地律师。

第二节　国家之争就是知识产权之争

1980 年 3 月 3 日，我国政府向世界知识产权组织（WIPO）递交了加入申请书，同年 6 月 3 日起，我国成为这个组织的成员国。时至今日，我国的知识产权保护已走过 30 多个年头。在这 30 多年中，人们对知识产权的认识不一而足：有人说知识产权是发达国家给中国企业设下的"陷阱"；有人说知识产权是跨国公司手中挥舞的"大棒"；还有人说知识产权对于中国企业来说是一把"利刃"。那么什么是知识产权？ 知识产权对中国企业究竟意味着什么呢？

任正非认为国家之争就是知识产权之争。

2005 年 4 月 28 日，任正非在题为"华为公司的核心价值观"的专题报告中说道："在车轮发明前，人们主要靠步行进行交流，靠声音进行转播，那时候谈不上什么经济。在车轮发明后，人们学会利用车和马进行交流，诞生了方圆五六十公里的小区域经济，产生了小农经济的集市贸易，使封建统治成为可能。在火车、轮船发明后，产生了工业经济，由于金融的载体作用以及产品的远距离运输，使资本主义成为可能。在航空器发明后，工业经济加速发展，到 20 世纪 70 年代末达到了高峰。那时的经济是以制造为中心的工业经济，经济的附加值主要在产品的制造上。那时，日本、德国的经济达到了顶峰。后来由于处理器（CPU）的发明，计算机开始普及，又由于光传输的发明与使用形成了网络。由于网络及管理软件的应用，使制造可以被剥离，并转移到低成本的国家，而且制造不再有高的利润。发达国家正在从工业化走向去工业化，从而导致核心制造时代结束。20 世纪 90 年代，日本、德国开始衰落，美国开始强盛。这时主要附加值的利润产生在销售网络的构造中，销售网络的核心就是产品的研发与 IPR（Interllectual Property Right 知识产权）。因此，未来的企业之争、国家之争就是 IPR 之争，没有核心 IPR 的国家，永远不会成为工业强国。"

专利技术的拥有量、水平的高低，一定程度上反映了企业技术创新能力的强弱，决定了企业的市场竞争力。目前许多企业，尤其是发达国家的企业，往往把实施专利战略作为提高技术水平、保持自身优势、开拓并占领市场的重要手段。日本的日立公司、丰田公司等大企业每年都要申请两三万件专利；IBM 把专利作为它在全球 IT 领域取得领导地位的一个重要工具，每年有 2.7 万多件专利，平均一个专利一年为它带来 10 亿至 20 亿美元的收益。

"10 年之后，世界通信行业三分天下，华为将占'一分'。"任正非当年的豪言犹在人耳。如今，华为离这一梦想已越来越近。

从一家做海外产品代理的小公司，到能与世界顶级电信巨头同台角逐，并成为全球第一，华为只用了 30 年时间。其成功的背后，是华为独特的发展模式：把宝贵的资源都押在"开放式创新"上。

2009 年 1 月 27 日，世界知识产权组织在其网站上公布 2008 年全球专利申请情况时表示，第一次，一家中国公司在 2008 年名列 PCT（专利领域的一项国际合作条约）申请量榜首。华为技术有限公司，一个总部设在中国深圳的国际电信设备商，2008 年提交了 1737 项 PCT 国际专利申请，超过了第二大国际专利申请大户松下（日本）的 1729 项和皇家飞利浦电子有限公司（荷兰）的 1551 项。

全球经济遭遇的冲击为中国知识产权事业发展提供了契机。2008 年 6 月 5 日，我国正式颁布《国家知识产权战略纲要》，标志着知识产权战略已上升到国家战略层面，成为支撑我国实现全面协调可持续发展的重大战略之一。

世界知识产权组织总干事弗朗西斯·加利曾表示，当前经济气候（经济衰退）下，人们更加重视效率，少花钱多办事，提出更精明的经营方法，而技术创新为恢复经济等创造了机会，具有十分关键的重要意义。

受金融危机影响，2009 年，国外企业来华申请专利同比下降了10.9%，但在信息技术等新兴领域，国外在华专利申请却呈现两位数增长。时任国家知识产权局局长田力普说："发达国家试图通过新兴产业的知识产权布局控制国际市场战略制高点的意图十分明显。"

从 1999 年开始，西方一些跨国公司有计划、有规模地在中国内地申请专利，尤其是在高科技领域，包括通信、生物、电子领域等。跨国公司申请的大量专利构成了严密的"专利网"，借助于技术标准的特殊地位，强化相关知识产权的保护，借助于知识产权的专有性以实现对某些技术标准事实上的垄断，使不断壮大的中国企业成为被打压的对象。从打火机到手机，从空调到汽车，从彩电到 DVD（数字影碟）……众多中国企业均有被国外企业设置专利壁垒或引发专利纠纷的案例。

据统计，2009 年，共有 22 个国家和地区对中国产品发起合计166 宗"贸易救济调查"，涉及金额 127 亿美元；2009 年，中国企业在美被诉专利和商业秘密侵权案件数量大幅上升，全年共对中国商品提起 8 起"337 调查"诉讼，涉及金额 4 亿美元。

时任国家知识产权局局长田力普认为："知识产权与世贸规则、减排责任，已共同成为发达国家打压竞争对手的利器，并且很可能成为今后国际竞争的一种常态。从我们自身来说，中国经济要实现可持续发展，需要知识产权提供强大的内在动力。中国企业实现由危中寻机、化危为机到赢得市场先机，更需要知识产权这一核心竞争力。"

未来的竞争，是科技的竞争。不论是最近十年狂砸4000亿元用于研发的华为，还是近年持续加大研发投入、转型的高科技公司"BAT"（百度、阿里巴巴、腾讯三大互联网公司首字母的缩写）巨头，都在试图借技术之力实现"弯道超车"。云计算、人工智能、量子计算、物联网、大数据……巨头们的赛道遍布各个领域。虽然与亚马逊、谷歌、英特尔、微软、苹果等每年近千亿美元研发投入的国际科技巨头相比，"BAT"巨头们差距明显，但它们已经大胆地迈出了"追赶"的脚步，华为在奋起直追的中国企业中是当之无愧的佼佼者。

在欧盟委员会此前发布的"2017全球企业研发投入排行榜"中，华为以104亿欧元的研发投入居于中国第一、全球第六。根据华为2017年年报，其全年销售收入6036亿元，研发投入897亿元，研发占据销售收入的14.9%。

在2018年4月17日—4月19日举办的2018年华为分析师大会上，华为轮值董事长徐直军表示，2008年到2017年10年间，华为累计研发投入达到3940亿元，预计未来10年会保持每年基于销售收入15%左右的持续研发投入，支持华为以创新驱动未来发展的战略。

第三节　以产品的竞争力为出发点

中国企业和国外企业面临越来越多的知识产权争端，正当中国企业开始考虑把知识产权管理提上战略日程之际，国外企业早已先行一步，它们的知识产权管理已经进入另一个层次，即把知识产权作为一项重要的利润来源。

各大研究机构、全球顶尖公司往往是主要知识产权的拥有者，它们通过"卖知识"获得巨大的利润，进行技术授权、出售一部分知识产权或者通过建立拥有产权资产（IP-BACKED）的合资公司，来坐收渔利。而且这一部分收益的比例也越来越大，哈佛大学、斯坦福大学等大学，国际商业机器公司、西门子等大公司，都是这方面的高手。

2000 年在国际商业机器公司的 81 亿美元利润中，专利转让费就高达 17 亿美元，专利转让收入已成为国际商业机器公司增长最快的利润来源之一，专利战略已成为国际商业机器公司商务战略的重要组成部分。

2004 年，飞利浦消费电子产品的净利润是 2.49 亿欧元，而技术转让费带来的净收入就高达 0.97 亿欧元，已成为飞利浦最大的利润来源。

微软公司也在有计划地实施"技术输出战略"，原因如下：第一，由于技术市场不确定性的增加和技术生命周期缩短等原因，原有技术的贬值过程加速；第二，由于企业内部研发人员离职创业等因素，技术保护更加困难；第三，随着风险投资企业和技术中介公司的发展，通过技术创收的路径增多；第四，由于技术维持费用增加，"技术库存已经不是财富而是包袱"。

"我相信在中国企业里，联想是能够从专利里赚钱的为数不多的企业之一。我们现在一年至少也有三四千万美金的收入。"时任联想总裁杨元庆说。联想现已建立了以公司级专利管理部门为核心，以各部门专利管理人员为基础的专利管理模式。统一的专利管理机构能够从宏观上、从公司的总体研发发展方向上部署整个公司的专利战略，同时推动专利管理渗透到各部门的研发过程中，为技术创新助力。

华为在知识产权方面的投入也产生了巨大的价值，2001年，华为将旗下"安圣电气"连带附属知识产权出售给"全球电气大王"艾默生公司，一举获得60多亿元的回报。在与3Com的合作中，华为也是以知识产权作价，占据了合资公司51%的股份。当然也存在一些只希望自己的知识产权转化为产品的企业，例如英特尔。英特尔中国执行董事戈峻在接受《中国经济周刊》记者采访时说道："英特尔在知识产权方面的战略是：我们不是用知识产权本身去盈利，而是要把这个知识产权植入到我们的技术里面最终演化成产品，然后通过产品来满足消费者的利益，这是我们的目标。"

"而有些企业可能纯粹是以它的知识产权通过许可来获得利润的，这个不是英特尔的目的。我们的知识产权保护的理念是：第一，保证我们的投入有相应的法律保护，投入了这么多，每年都是上百亿美金的投入，应该要有保护；第二，我们的知识产权战略并不是挥舞'知识产权大棒'打击对手，英特尔不会这么做。我们是要把这个知识产权演化到我们的产品中间去，通过我们的产品来满足消费者。我们的策略是保护我们自己，而不是采取出去找人算账的模式。"

到底是自己开发好，还是买人家的好，还是被人家许可好，其实最重要的决策因素是企业最后提供的产品是否有竞争力，卖到市场上是否有一定的利润空间。有很多人强调自主创新就是百分之百要自己做，那是自给自足的自然经济的做法，成本也高得不得了。如果没有市场竞争能力，自主有什么用？决策的依据是要归根到四点上：质量好、服务好、运作成本低、满足客户需求。华为衡量如何做事的一切标准是这些，而不管它是不是自主创新。

比如说做手机，手机芯片是购买来还是华为自己做，华为会这样计算，如果自己做，芯片要做五年，人家一年就要产品，那怎么办？只能通过买。华为有一项技术叫长距离光传输技术，是整套从美国买过来的，这就保证了上市周期。华为会衡量是买来好还是自己开发好，还是许可方式获得好，还是跟人家联合开发好。华为并不关心这个东西是集成创新还是自主创新，华为关心的是竞争力的问题。华为 2010 年付出的许可费是 2.2 亿美元，换来了 280 亿美元的销售额。

对于是买美国的芯片，还是自己研发芯片，任正非曾在 2012 实验室有一段精彩的论述，值得我们反复思考："我并不反对你们买美国的高端芯片。我认为你们要尽可能地用他们的高端芯片，好好地理解它。只有他们不卖给我们的时候，我们的东西稍微差一点，也要凑合能用。我们不能有狭隘的自豪感，这种自豪感会害死我们。"

任正非的这番话，一方面体现出他认为华为不应该做成一个闭合系统，理由是闭合系统总有一天能量耗尽，就会死亡，开放才能能量交换，才能自我优化；另一方面也反映他一贯居安思危的风格。他还说："我们现在做终端操作系统是出于战略考虑，如果对方突然断了我们的'粮食'——Android 系统不给我用了，Windows Phone 8 系统也不给我用了，我们是不是就傻了？……我们不要狭隘，我们做操作系统和做高端芯片是一样的道理。主要是让别人允许我们用，而不是断了我们的'粮食'。断了我们'粮食'的时候，备份系统要能用得上。"

2018 年上半年，美国对中兴通讯进行制裁的事件发生后，人们纷纷反思中兴通讯事件暴露出中国在一些关键核心技术上受制于人的软肋。任正非曾谈到的那句话——"芯片即使自己不用也得做"，其中的含义极为深刻，对中国企业有巨大的启示作用。

创意"王"的诞生

十多年前，当我第一次接触物理和化学课程的时候，感觉进入了另外一个世界，特别是丰富多彩的实验课让我兴奋得忘乎所以：利用铜棒电解水并把氢气点燃炸碎了量杯、玩硫酸结果腐蚀了新买的棉衣、吸入乙醚想尝尝味道结果昏倒在实验室……也是从那时起，我开始对科学技术、对实验充满了痴迷，并一直痴心不改。

从独孤九剑到变形金刚天线

2012年我毫不犹豫地应聘了华为成都无线网络研究二部天线工程师一职，开始了工程师的职业生涯。其实天线工程师是个有趣又痛苦的岗位，有趣在于，常用的天线类型有100多种，每一款天线都有自己的"长相"：板状的、鞭状的、锅状的、蘑菇头的、圆筒形的等等，用于适配各种场景和环境的需要。每搞懂一种天线，就好像学会了一种武功，感觉自己的能力每天都在增长。但痛苦也恰恰源于此，因为天线种类繁多，小伙伴们往往面临巨大的开发和维护工作量。我常常想，有没有一种"独孤九剑"式的解决方案，可以只用一招就击败同类型所有武功？

　　于是我开始找主管和专家讨论可能性，发现早就有人提出过类似的想法，但是困难太大了：天线的覆盖范围、辐射的方向、发射的效率、工程化实现等都是拦路虎，基本上大家先开了个头，然后觉得没搞头，最后就放弃了。我想，既然那么多牛人都搞不定，我这种新兵蛋子多半也没戏，也就算了。但是思考的记录和材料还是整理下来了，也给后人作个参考，说不定将来也能发挥点蓝军的作用。

　　就这样两年过去了，在天线领域的摸爬滚打让我积累了更加宽广和深入的知识，让我逐渐成为这个领域的一把好手。一次偶然的机会，我翻看到两年前的笔记，不禁自嘲起当年的天马行空，也想看看经过这几年的沉淀能不能解决之前的问题。

　　天线的覆盖范围要能够灵活变化，可以通过机械的方式转动天线改变辐射范围，实现精确覆盖，但机械的方式转动非常缓慢，而信道的变化速度是毫秒级，转动速度根本赶不上变化，还是死局。

　　当时中俄海上联合军演正如火如荼开展，我脑海里突然蹦出一个想法：战斗机飞得多快，但雷达系统照样能同时跟踪多架飞机。有没有可以借鉴的东西？经过研究我发现，完全可以通过基带改变相位来改变方向图，以快速调整覆盖范围，于是我的数字化天线方案应运而生了。

　　但方向图只是第一步，接下来还需调整天线极化、频率等关键参数，那就要求天线的物理形态也能相应地发生改变。我想将天线分解为多个金属模块，模块之间通过连接器互连，再通过机械的方式就可以任意改变形态了。我自觉创意很赞，还取了个霸气的名字叫"天线变形金刚"。但这个方案迅速被毙掉，因为无论是设计成本还是实现代价都太高。

这个时候，电影《终结者》里面的液态金属机器人随意变换形态的场景浮现在我脑海里，要不试试更科幻点的高科技？经过调研，我们发现液态金属已经有应用了。那么我们自研一套算法，将天线极化、频率等参数作为输入条件，控制电压灵活变化，再通过电压控制液态金属变成我们预设的天线形态。如此一来我的终极"天线变形金刚"诞生了，可以适配各种场景（见图3.1）。

至于辐射方向不一样怎么办？自适应算法调整发射角度实现全覆盖。部署环境要求高怎么办？超薄共形单元与物体表面融合一体化不占用空间。两年前的各种问题终于找到了答案！

时值无线第一届创意大赛鸣锣开赛，"创客"们有了一个展示自己想法的舞台。于是，我就把这个方案取了个牛哄哄的名字"天线变形金刚"提交了上去。

图 3.1 软件天线和压控液态金属

后来的结果大家都知道了，"天线变形金刚"一路过关斩将，从上千个点子中脱颖而出，我拿到了第一个无线创意大赛金奖。

从把长颈鹿放进冰箱到智慧灯站

2015年，智慧城市的概念异常火热。大家都在尝试着通过智能控制的方式让这个城市更加Smart(智慧)。数量上的优势使路灯成为一个非常重要的载体，比如在路灯上叠加物联网网关、叠加充电桩、叠加人流量监控装置、叠加雾霾检测，等等。

我们的无线通信基站能不能也抱抱路灯这条"大腿"呢？站址难以获取的问题也许就能迎刃而解。有了这个想法后，我和规划部的专家一起开始了对路灯基站的畅想：将基站与路灯融合，并借助路灯站点实现华为无线基站的部署，就叫"智慧灯站"吧。

然而一开始调研，我们就傻了，因为这个"创意"也算不上创意了，业界甚至已经有了一些成熟方案。比如当时E公司提出的"ZeroSite"，就是将RRU（无线拉远单元）和天线融合于路灯杆；而华为也提出了微基站灯，也是将RRU融合于路灯杆，集束天线融合于灯头。当然这些方案的融合方式都有一个共同的诉求：需要置换路灯杆。这将带来海量的施工成本，限制了路灯站的规模商用，一直没有规模推广起来。

那能不能不换灯杆解决部署问题？我最直接的想法就是改造旧路灯杆，把基站设备放进去。但是每个灯杆下面的设备操作口实在太小了，且灯杆直径也非常小，基站根本塞不进去，改造灯杆的成本也巨大。

当我为了这个点子茶不思饭不想、一筹莫展时，老婆对我开了个玩笑:"你知道怎么把长颈鹿放进冰箱吗?"

本着科学严谨的态度,我下意识地告诉她:"长颈鹿放不进冰箱。"

老婆呵呵笑道:"笨蛋,先打开冰箱门,然后把长颈鹿放进去,再关上冰箱。你只要先开门就行了。"

当时的我想到的只是怎么把基站放进路灯,也算是灵光一现吧:也许笨老婆是对的,能不能放进基站还是要先"打开"路灯才知道。

于是我开始分解"路灯"。一般的路灯主要分为两个部分:灯杆和灯头。灯杆主要是支撑体和内部走线;灯头则主要是灯罩和灯泡等。基站放不进灯杆那么能不能放进灯头?2015年节能减排的概念火热,恰逢LED灯改造高速增长时期,大量的路灯正被置换为LED灯,借此东风低成本实现"智慧灯站"的规模安装部署似乎大有可为。

有了这个契机,我开始投入更多热情去拆解LED灯头。我发现LED灯头主要就是三个部分:LED电源仓、LED灯光源组和灯罩。如果将基站的RRU模块化替换掉一组光源模块,然后再将天线与灯罩进行融合,最后利用拉远将BBU(基带处理单元)等较大的基站模块埋入地下,这样不仅没有多占用空间,还真将"长颈鹿"放进了"冰箱"。

后来的结果大家可能知道了,又一次过关斩将,又一次从上千个点子中脱颖而出,连续第二年拿到了无线创意大赛金奖。同时还产出了一项非标重要专利:一种新型路灯基站一体化设备。

从诺贝尔化学奖到超分辨天线

2017年无线创意大赛之前,我又有了一个关于超分辨天线的创意。

这个创意其实是为了解决多天线领域的一个难题，当时我偶然从一个诺贝尔化学奖中获得了启示。

多天线之间的耦合效应是这样的：如果两个天线离得比较远，我们能够获得较好的信号分辨率；但当两个天线逐渐靠近时，因为双方电磁场的相互干扰，分辨率就会逐渐下降；如果两个天线之间的距离小于半波长，电磁场能量基本就合并了，从远端看其实就是一根天线（见图3.2）。天线靠得太近接收到的信号就会傻傻分不清，信噪比下降，导致无线空口性能恶化。这也就是为什么教科书告诉我们多天线系统天线的间距需要至少半波长。

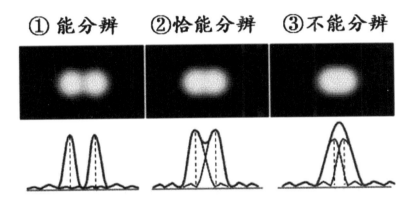

①能分辨　②恰能分辨　③不能分辨

图 3.2　多天线之间的耦合效应

随着无线通信系统不断的演进，越来越强烈的速率要求越来越多的天线、阵列天线。但天线多了，要求的空间会越大。因此缩小天线间距，缩小占用空间，但同时提升分辨率，是硬币的两面。

一次偶然的机会，我看到了2014年诺贝尔化学奖的成果：光学显微镜的分辨率被认为不会超过光波波长的一半，被称为"阿贝极限"。但化学家Stefan W. Hell（斯特凡·W·赫尔）利用荧光分子着色，不断叠加图像增强的方式将细胞活动从模糊到清晰并最终看到生物细胞内纳米级别的粒子运动情况，提高了显微镜的分辨率。我们便想光其实就是电磁波，既然显微镜分辨率可以打破限制，那这些原理在天线分辨率上能借用吗？

于是我开始研究Hell的这套方法。本质上Hell是通过荧光对细胞分子着色，照亮细胞不同的部分，再通过叠加的方式来提升分辨率。过程就有点像使用谷歌地图一样，让图像从模糊到逐渐清晰是通过牺牲时间来置换的。但在通信中，时间和空间都是最重要的资源，置换是不可接受的。

那怎么办呢？Hell给细胞加料做标记，但是我们没法给终端信号加料，要不逆向思维试试给天线加料？对！这似乎是个突破口。我们的设想就形成了——通过在天线前端加点料，达到天线逻辑上的距离变远，但物理上的距离变近，简直不要太完美。

但部门搞算法的同事给我们泼了一盆冷水：天线物理间距太小，"加料"只能解决天线间的耦合，但空口信道的相关性依然太高，性能肯定大幅度下降。而且事实是，在公司当前的系统仿真平台中，如果将天线间距拉近，吞吐率性能也会大幅下降。

技术遇上了瓶颈，理论遇上了死结，妄想者遇上了专家，似乎这仅仅只能是一个空想罢了。

然而Hell的实验却在我的脑海里不断浮现，也许还是心里不服输的一口气吊着，我想，还是要做实验，我要亲自看到结果才认。经过2个月的设计和制作，我和团队按照构想制作出了我们的超分辨"原型天线"，我们在天线的前端和周围放置非常多的金属谐振环，谐振环将天线上的信息一点点地成像，从而提升了分辨率。简单地说就是，在天线头端加上了一个"电磁放大镜"，它的作用就是人为地扩大天线逻辑距离。实验室测试的效果超越了所有人的想象，不仅按我们预期提升了天线分辨率，甚至几乎没有理论上的信道干扰。但我和小伙伴们一点都不高兴。因为我们知道我们对了，但是仍然不知道为什么是对的。我们开始站在对立面：这个"超分辨天线"很没有道理啊！

带着疑问，我们拉上相关领域的专家，一方面审视我们的"原型天线"，一方面逆向作理论解释。经过两周的不断讨论和研究，我们终于找到了理论依据。在多天线场景下，同时在我们"加料"的情况下，竟然真的解决了天线耦合的问题，我们十分幸运地解决了信道干扰的问题。

后来的结果大家不难猜测，我们再一次过关斩将，再一次从上千个点子中脱颖而出，第三次拿到了无线创意大赛金奖。2017年12月，这个创意通过了无线研发专家组评议，允许立项。创意走出关键的一步了，期待后续能落地，实现产品化（见图3.3）。

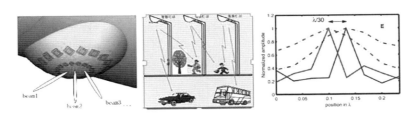

图 3.3　从左到右分别是："天线变形金刚"、智慧灯站、超分辨率天线

创新：从思考、践行、坚持到成功

我想，创新首先需要天马行空的想象力，但想象力不是凭空出现，它需要你的知识积累，需要你的知识面既要广又要深。我想这跟每个人的学习习惯、兴趣都相关。

我想，创新更需要脚踏实地的态度，有了一个想法以后要能够静下心来验证，毕竟科学技术本身就是严谨的。

我想，创新还需要坚持不懈，它不仅仅是个创意 idea，而且具备应用价值。创意的孵化周期很长，需要耐得住寂寞，丑小鸭要经过成长才有成为美丽天鹅的可能性。

我想，也许这些就是每次我都能被幸运女神眷顾的原因！

（作者简介：王强，31岁，2012年毕业于电子科技大学，成都无线网络研究二部员工，参加过的三届无线创意大赛均获金奖，加冕无线创意"王"。目前是参赛必获奖，获奖必夺金。）

（本文摘自《创意"王"的诞生》，作者：王强，来源：《华为人》2018年1月第334期）

第四章

研发流程

华为通过流程管理实现研发资源有效配置及产出绩效，以市场导向的组织变革保障了研发和创新的有效转化率。

其中，对于参与国际创新竞争的企业来说，华为研发流程管理有"三大法宝"可供借鉴：预研、集成产品开发和制定专利地图。

第一节　预研：专利转为商品的必经之路

1997 年年初，华为在珠海召开战略规划委员会会议，会议上明确了战略规划的核心是抓住机会，每年要拨出一定数量的科研经费用于战略性预研，区分了规划办与总体办的职责，规定了重大项目的审议流程。任正非对预研作了明确的阐述：在混沌中寻找战略方向，抓住战略机会，迅速转向预研的立项。1998 年下半年，华为成立了预研部。

国外大公司确实是按照项目管理流程来组织产品开发的，做产品讲究团队合作，没有一个流程，不就乱成一团了吗？但是，对于高端的新产品，他们会先进行预研，而不急于立项，一旦立项，就要按流程走了。国外大公司一般都有专门的预研部门，如微软的中国研究院。

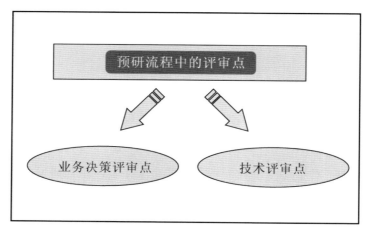

图 4.1　预研流程中的评审点

产品预研，是产品在市场前景尚不明确、技术难度较大且暂无良好解决方案、较难发挥公司总体营销研发能力或以上原因之一时，但同时该产品与公司战略相符且有可能成为市场新的增长点，此时产品进入预研阶段，即产品预研。技术预研，是为增强公司产品竞争力，充实技术货架，解决现有产品中的关键技术或以技术突破来孵化新产品而进行的关键技术研究。

预研流程是技术预研团队实施项目的依据，分为四个阶段：概念阶段、计划阶段、开发阶段、验收阶段。在流程中预设了业务决策评审点和技术评审点（见图 4.1）。业务决策是从投资的角度进行评审，技术评审是关注技术风险。业务决策评审点包括概念决策、计划决策和验收决策。技术评审点包括需求评审、总体方案评审、概要设计评审、功能样机评审、性能样机评审。由于预研项目的技术风险比较大，因此预研流程可能有多个计划阶段，只有最后一个方案通过后，才进入开发阶段，是一个螺旋式的开发方式。

华为把知识产权视同企业的核心能力，每年将不低于销售收入的 10% 用于产品研发和技术创新，其中的 10% 用于技术预研。

任正非曾明确说过："我们的预研部，只有在基础研究出现转化为商品的机会时，才大规模扑上去。"

在思科起诉事件后，华为加速了在国际上的专利申请工作，在各个产品线正式成立了预研标准部，下面一般还分设标准专利部、预研一部、预研二部、预研三部、规划部等等，希望通过加大专利申请提高专利交叉许可授权，减少购买专利的费用。

从 1998 年开始预研部做了近百个预研项目，直到 2009 年华为公司中研部 80% 以上的人员在做预研部输出的项目。预研工作搞得好不好，是很难评价的。于是预研部的口号就是，预研成果转化率要保持在 70% — 80%（按投入计算）—— 太低了不行，说明你离市场太远；太高了也不行，说明预研工作太保守，容易漏掉可能有市场的产品方向。

华为的预研也有失败之处。从万门交换机到瞄准 3G 的过程使华为从原有的单一产品开发方式过渡到基于系统技术开发的研发体系，华为实现了通过瞄准主流技术提升技术研发能力的目标。但是，华为在 3G 投资中所历经的曲折恰恰表明，在技术能力的积累后，华为需要辩证地面对市场变化的因素。

瞄准 3G 并从中吸取经验教训是华为研发体系全线铺开的过程。

华为的研发目标从基础电信技术开发扩展到基于业务层面的应用开发。时任华为公司首席运营官洪天峰在接受《商务周刊》采访时说道："3G 的教训已经告诉我们，研发需要时刻考虑将投入转化为现实收益的可能性，应用开发将会增加华为从市场中获利的机会。"

第二节　IPD：集成产品开发

集成产品开发（Integrated Product Development，简称 IPD）的目标是建立基于市场和客户需求驱动的集成产品开发流程，将产品开发作为一项投资来更有效地管理，以此加快市场反应速度，缩短开发周期，减少报废项目，提高产品的稳定性、可生产性、可维护性。

IPD 的要求是做正确的事，一次性把事情做好，要求第一次为用户提供的系统就是成熟和稳定可靠的。同时，IPD 的管理思想要求产品严格按照业务计划来运作，市场发布必须在产品经过严格测试、验证后方能进行，因此在 IPD 中市场发布意味着产品已经可以批量供货。

IPD 可以确保获得真实有效的市场信息和客户需求。通过需求管理流程，尤其是利用需求管理的工具和方法，收集来自市场和客户的有效需求，其中的关键是对需求的准确把握，市场人员必须了解什么是真实的需求，要挖掘客户需求背后的真正利益机制，这样客户不仅可能会因"惊喜"而满意，企业也可以获得更多的市场机会。

IPD 的关键是"I"（Integrated，集成）。IPD 并不是一套简单的产品开发流程，它实际上是一套综合的流程和管理体系，该体系的卓越之处突出表现在"集成"上面。在以 PDT（Product Development Team，产品开发团队）经理为核心的团队中，包括了来自市场、采购、制造、研发、财务、质量和技术支援等各个功能部门的专家，团队的目标只有一个，那就是确保产品在市场上能够盈利。团队要确保产品是符合公司战略与客户需求的，是低成本的、符合质量要求的、方便安装和维护的、可追踪的。另外，这样的组织体系还可以保证来自上游业务部门的信息顺利且完整地传递到产品的研发过程中，并随时跟踪外界环境的变化。

到 2002 年，华为所有产品线全面纳入 IPD 流程。有人说，这是国内投入最大的一个管理变革项目。

华为研发体系普遍实施 IPD-CMM 管理，并于 2003 年 8 月正式通过 CMM（软件成熟度模型）五级国际认证。CMM 是一种通过过程控制提高软件产品质量的系统，国内外很多软件企业都采用它，是一种事实上的软件业界标准，能够较为准确地反映一家企业的软件质量管理水平。这说明华为的软件开发过程管理和质量控制能力已达到业界最高水平。而 CMMI 是在 CMM 的基础上，增加了集成的产品和过程开发（IPPD）等流程，也适用于硬件开发。

2003 年，对于华为而言是以客户为本，纵深推行端到端 IPD、ISC（集成供应链）等管理变革，提高人均绩效的一年。华为在客户服务、产品技术进步、管理业务变革、国际竞争力等方面均取得均衡发展。

历经十多年的持续投入，华为已建立了完备的基于 IPD 的流程化组织，IPD 流程也在产品生产中成熟应用。

时任华为产品与解决方案预研部部长舒骏在一次演讲中，以软件为例说明了华为的 IPD 流程。"就一个软件来说，粗略地看 IPD 就是需求定义，到底需要做什么东西，根据这个需求做高层设计。如何做编码，如何做测试，怎么按时间保证质量。需求定义我觉得是很不容易的，用户提出来的一个需求，虽然也叫需求，但是当把它变成一个产品，用户需要什么样的功能。功能是个表述性的东西，如何变成产品定义和规格，如何对用户的需求进行定义、分解，包括操作、性能，这些用户不会给你提出来的，他需要这样的功能，我认为是非常难的事情，也是非常重要的事情。这其中有两个关键，一个是方法，另外一个是真正了解用户的需求，用户真正的意思是什么。我们很重视从客户中来到客户中去，我们经常会到客户身边，了解他们日常是怎么工作的，他们的需求背后真正的原因是什么"①

"关于设计的编码测试相对比较成熟，各个公司有自己的方法。刚才我说了需求的分解，定义清楚了以后，我们进行详细的设计，这个过程当中一定会有一些考虑，包括风险、人员技能准备、时间的影响、工作量（因为工作量和风险是相关的）等等，这是非常重要的，把合作的设计提前了。单元测试与系统测试我们也会提前。做设计的时候，相应的测试都应该做准备，这样的好处是会有多余的时间。项目的时间非常重要。在设计之前就把测试的要求提出来

① 华为产品与解决方案预研部部长舒骏演讲 [EB/OL].(2007-10-10).http://tech.sina.com.cn/it/2007-10-10/10581783567.shtml.

可以保证质量，当然还有其他质量保证的方法。每做完一项工作我们都会反思是不是满足了要求，是不是达到了质量标准。总之我认为应该有一个很好的项目管理。不同的情况下应该有不同的模式，因为华为所处的市场地位不同，我们是跟随者，很多情况下是市场上已有的一些东西需要我们做出来，所以我们的时间非常短。开发模式和全新做一个东西是不一样的，因为对时间的要求是不一样的。"

市场管理流程是 IPD 流程的上游流程，一旦确定市场需要什么产品，就会启动 IPD-CMM 流程。IPD 关注整个产品的开发管理，是产品开发过程规范的理论指导。IPD 强调在开发全过程的每个环节，都要关注市场、采购、生产和财务等相关领域的要求，而不仅仅是把产品开发出来。CMM 是业界领先的软件质量控制标准，其核心理念是在过程中控制质量，把尽可能少的问题遗留给下一个环节。

华为引入 IPD-CMM 管理流程，确保提供稳定、可靠的产品。A 国运营商的反馈意见就是一个很好的佐证。A 国属于强雷暴国家，在雨季时雷击频繁，在瞬时雷电流作用下，会产生干扰电磁场，形成外部强干扰。2005 年 4 月 11 日，运营商某地设备机房遭受强雷击，该机房另一厂商的 WCDMA 设备随即瘫痪，而华为的 WCDMA 设备运行正常，客户对华为设备的表现非常满意。这充分说明，通过严格的 IPD-CMM 流程保障，华为产品和设备在可靠性方面，已经达到与全球领先供应商同台竞技的水平。

第三节　专利地图

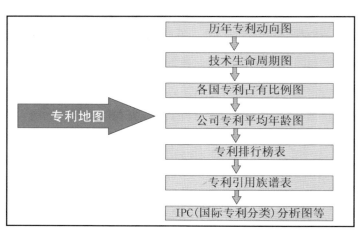

图 4.2　专利地图

当一个人来到陌生城市旅行时，首先要有地图，从甲地到乙地可能不止一条路可供选择，根据地图可以选择最短路程、最快路径或最好走的路，究竟怎么选要看个人需要。

专利地图（Patent Map）就是将专利信息"地图化"（见图4.2）。专利地图是由各种与专利相关的资料信息或者专利公开出版物以统计分析方法加以缜密及精细剖析，而整理制成的各种可分析解读的图表讯息，使其具有类似地图的指向功能。专利地图为企业指明技术发展方向，总结并分析技术分布态势，特别是可用于对竞争对手专利技术分布情况进行监视，使企业做到知己知彼。

专利地图作为一种专利信息分析的方法，在发达国家和地区很早就受到了重视并加以利用。日本于 20 世纪 60 年代就开始了专利地图的研究。1968 年，日本专利办公室出版了日本第一份专利地图，该专利地图能显示出技术功能性和应用方面的扩展方式，并能通过专利随时间的变化关系找出它们之间的联系。1997 — 1999 年间，日本发明与创新研究所亚太工业产权中心陆续针对日本重点技术领域制作了 66 种技术的"技术领域专利地图"，将专利情报提供给产业界。

据世界知识产权组织估算，如果能够有效地利用专利信息，可使企业研发工作平均缩短技术研发周期 60%，节约科研经费 40%。作为收集、整理、利用专利技术信息的专利地图将在未来信息世界中扮演着举足轻重的角色。

在中国内地，相关机构已经开始了专利地图的研究，比如，工业和信息化部的手机行业专利地图已初具雏形，但国内对专利地图的研究目前仍处于起步阶段。

过去十多年来，跨国公司已经向中国企业挥舞了专利大棒，矛头直指华为、联想、浙江吉利汽车等国内技术较先进的企业。这一切无不告诉我们外国公司正在应用专利战略，企图以此来瓜分和占领中国市场，制约我国企业的发展。专利地图作为一种搜集、整理和利用专利信息的重要工具，在专利战略中发挥着不可忽视的作用。

在思科与华为的诉讼之后，华为的专利地图已经具体到某一条特定的生产线了。对于高科技企业而言，作战武器就是技术，而专利地图就是他们的作战地图。它通过对行业内竞争对手持有专利的情况进行分析，以清楚自己在整个行业里的位置：往前走的路在哪里？有山要绕，有河要架桥，要设置拦截点阻击对手前进。如果没有专利地图，就不知道敌人是谁、在哪里、用的是什么武器，这样怎么可能打赢战争呢？专利地图是需要专业人士来制定的，比如专利律师和咨询公司。尤其是进行专利侵权和有效性分析时，一定要由专业的专利律师来做。专利战略最重要的就是专利地图。专利战略是研发战略和市场战略的基础，很多企业不进行专利分析就直接投钱做，结果研发、制造出来的产品要么是别人已经有了的，要么就是技术相似，这是很大的研发浪费。有的企业要进军欧洲市场、美国市场，投入巨大的资金做好市场准备后，发现推广产品的核心技术专利掌握在欧美某些企业手里，而专利就是国家在一定时期给予的垄断，是禁止别人进入的权利，结果造成巨大的财务上的浪费。为了省一点律师费遭受更大的损失，中国的企业在这方面吃的亏太多了。

专利地图通常包括历年专利动向图、技术生命周期图、各国专利占有比例图、公司专利平均年龄图、专利排行榜表、专利引用族谱表、IPC（国际专利分类）分析图等。

华为研发项目的管理精髓

华为公司研发项目管理模式，是从国外引入的，要追溯到 20 世纪末期，当时华为公司销售额已经达到几十亿元，为了谋求更好的发展，任正非取经于国内外，请人民大学的教授起草制定《华为公司基本法》，对公司的文化理念进行了系统阐述。后来，由于基本法的高端性，解决不了产品开发中遇到的质量和成本等具体问题，1998 年任正非的美国之行为这个难题的解决打开了一片天空。

1999 年，华为公司正式引入 IPD（集成产品开发）咨询，在产品研发管理方面和西方发达国家走到了一起。有人说任正非的产品研发管理是东方文化和西方科学管理的结晶。

IPD 咨询开始于 1999 年，第一期合同额 3000 万美元，合作期为 5年。在这 5 年期间，华为公司在 IBM（国际商业机器公司）咨询顾问带领下，对公司的产品和流程进行重整，对项目管理体系也进行了细致梳理，下面对华为公司的研发项目管理特点进行比较详细的介绍。

1. 基于流程的产品开发

华为公司提倡流程化的企业管理方式，任何业务活动都有明确的结构化流程来指导，如产品规划、产品开发、供应链等业务活动。

产品研发项目是企业最常见的一种项目方式，华为公司也不例外。为了把产品研发活动管理好，华为公司建立了结构化的产品开发流程，以 LPDT(产品开发项目领导)管理项目工作。

华为公司的产品开发流程分为6个阶段，分别是概念阶段、计划阶段、开发阶段、验证阶段、发布阶段、生命周期管理阶段。为了让大家了解产品开发的总体概况，华为公司首先建立了产品开发流程的袖珍卡，袖珍卡就是一个产品开发概略图，给人一个产品开发的全貌。因为做成像卡片一样，放在口袋里随时可以拿出来学习，所以叫产品开发袖珍卡。

因为袖珍卡在指导产品开发项目团队方面还不足以具体化、可操作，所以针对袖珍卡的每个阶段又进行了展开，制作了阶段流程图，针对流程图中每项活动描述了活动含义，针对项目文档，制作了文档的模板。

按照IBM咨询顾问指导设计的产品开发流程和原来华为公司产品开发模式进行对比，其中一项比较大的差别是：概念阶段和计划阶段明显比原来的流程周期长，更加重视概念阶段对产品的定义及各领域策略的制定，重视计划阶段对技术方案的制定及各领域实施方案的制定，后来华为公司经过几个PDT项目的验证，反而让整个产品开发项目的周期缩短了。其原因是在引入IPD之前，由于概念阶段和计划阶段时间短，产品定义模糊、方案不具体就进入了开发阶段和验证阶段，导致开发阶段和验证阶段周期加长，反而导致整个项目开发周期延长。

因此，华为公司的产品研发项目是基于产品开发流程的项目管理，LPDT带领项目团队成员实施产品开发，要按照公司定义的流程来完成项目目标。

2. 对产品开发项目实施"端到端"的管理

有些企业由于对产品开发没有实施"端到端"的管理，出现了许多问题，如某医药企业，产品开发完成了，要去销售时才发现注册工作还没有做；还有一些企业，产品开发是串行的，一个部门传递至另外一个部门，各个部门都保证部门利益最大化，导致产品开发项目进度延迟等现象不胜枚举。在这些企业中缺少了"端到端"管理项目的特征。

在华为，"端到端"在国际商业机器公司顾问引入后是非常常见的一个术语，它提示我们做产品开发要从市场中来，最终通过项目活动满足市场需求。就是说，产品开发项目不仅是技术部门的工作，而是需要其他部门参与、形成跨部门的团队才能完成产品开发目标，以保证市场的需求。

为了完成最终的产品开发目标，我们需要市场人员参与(提供产品需求定义、制定产品宣传方案和实施等)、销售部门参与(销售预测及销售渠道建立等)、注册部门参与(注册方案制定及实施)、技术部门参与(产品技术实现及目标成本达成等)、制造部门参与(产品试制及生产测试设备开发等)，等等。只有各个部门都参与了，我们才算完成了产品开发的任务。丢三落四、顾此失彼的开发模式不是"端到端"的产品开发管理模式。

为了完成产品开发项目"端到端"目标，需要产品开发项目团队成员是跨功能部门组成的，项目经理是这个团队的领导。

3. 建立跨部门的项目管理模式

在 IBM 咨询引入之前，华为公司也是采用职能式的产品开发模式，将产品开发任务按照职能分配到各个职能体系，没有明确的产品开发项目经理，或者最多指定一个协调人，由于项目成员沟通不顺畅，产品开发周期和竞争对手相比较长，因此必须改变这种按职能模式进行产品开发的现状。

1999 年，IBM为华为公司做咨询的顾问对华为人说："我们这次不光是带给你们一种产品开发的管理模式，更重要的是带给你们做事的文化，那就是跨部门沟通的文化。"IBM 咨询顾问说到也做到了，他们在 IPD 咨询过程中为华为公司建立了许多跨部门的业务团队，如产品组合管理团队(PMT)、集成技术管理团队(ITMT) 等，其中产品开发团队(PDT) 是最典型的，团队成员分为核心组和外围组，分别来自市场、销售、财务、质量、研发、制造、采购、技术服务等部门，他们在 LPDT 的带领下，共同完成由 IPMT(集成组合管理团队) 下达的产品开发目标。

现在华为公司产品开发项目团队是采用重度矩阵式的管理模式，由 LPDT 和部门经理共同协商确定 PDT 成员，PDT 成员在 LPDT 的领导下完成产品开发项目目标，职能部门经理由原来既管事又管人转变为只管人。也就是说，在引入 IPD 后，职能部门经理的职责更多是关注培养部门的能力，包括对部门人力资源规划与培养、部门技术的规划及开发、部门的管理体系建设、向 PDT 团队提供合格的人力资源等。

在矩阵管理模式下，LPDT 对团队成员具有考核的权力，在考核周期内，各 LPDT 将核心组成员的考核意见汇总到职能部门经理处，由职能部门经理统一给出对项目成员的最终考核结果。

4. 依靠过程审计保证流程有效执行

为保证研发项目结果的成功，华为公司引入了 IBM 咨询研发流程，为保证项目团队成员按照流程做事，引入了过程审计的概念。

在华为有专门部门负责组织公司的流程建设与优化，建立的重大流程包括产品规划流程（又称为市场管理流程）、产品开发流程、集成供应链流程、需求管理流程等，每个流程都对应一个业务团队（或称项目团队）。流程管理部门有专门人员对流程建设、优化负责。

为保证流程体系得到执行，华为公司引入过程审计的概念，由 PQA（全程质量检测认证）承担过程审计的任务。在每个产品开发项目启动阶段，公司质量部会为项目指定一个 PQA，PQA 定位于项目中的流程专家，其具体职责为：作为项目的过程引导者培训项目团队熟悉流程和管理制度；作为过程组织者组织技术评审，包括选择评审专家、撰写评审报告；独立于项目团队之外，负责过程审计，以审计项目团队成员是否按照公司规定的流程实施项目。

在华为公司，研发管理是东方文化和西方科学管理相结合的产物，提倡"三权分立"，就是管理优化部门负责流程的制定，研发团队在执行流程的过程中接受 PQA 的审计，以保证流程得到有效执行。

5. 培养项目经理

IPD 咨询引入后，华为公司发现产品开发项目有两个角色的人员最为欠缺，一个是项目经理，另一个是系统工程师。关于系统工程师的培养，在此部分不作论述。华为公司为培养项目经理，专门成立了项目管理能力建设组，制定了培养规划，并对项目经理的资格条件进行了规定。

6. 在研发项目中技术管理和项目管理分开

华为公司的研发项目管理体现了技术线和管理线分开的思路，在项目团队中有两个非常重要的角色，一个是项目经理，另一个就是系统工程师。

PDT 经理来源于研发、市场、制造等多个领域，PDT 经理类似于一个新成立公司的首席执行官，他将业务计划提交给 IPMT，并争取获得项目开发所需的资金。PDT 经理全面负责新产品的成功开发。PDT 经理组织项目开发团队，对团队的结果负责并代表整个团队在产品开发合同上签字。

系统工程师在预测需求及指导产品开发满足这些需求方面扮演重要的角色。系统工程师与 PDT 开发代表和其他代表一起将市场需求转化成产品包需求，更进一步以技术规格表现出来。他监视整个产品的开发过程以确保开发过程一直满足预先规定的产品需求和规格。系统工程师设计产品的总体架构，并推动产品集成与测试策略和计划的实施。

因此，在研发项目中，项目经理更像是管理专家，协调各个部门与角色的关系，而系统工程师更像是技术专家。

（本文摘编自《华为研发项目的管理精髓》，作者：米拉，来源：人人都是产品经理网）

第五章

研发风险管理

　　世界上唯一不变的就是变化。历史上很多创始者最后变成了失败者。这些巨头的倒下，说穿了是舍不得放弃既得利益，没有勇气革自己的命。要在极速变化的信息与通信技术产业中顺利生存下去，就要不断地创新。创新虽然有风险，但不创新才是最大的风险。

　　华为人认定只有创新才能在竞争激烈的市场中生存，同时，华为人也相当重视研发风险管理。在科技型企业中，研发人员可能被竞争对手挖墙角，对外泄密或者恶意破坏。研发信息风险指研发信息可能被研发人员泄密或者破坏，也可能因为遭受灾难、意外事件或者别人的攻击引起风险。研发成果风险指研发出来的产品或者服务可能是过时的或者是不受欢迎的，或者研发的投入太大引致企业经营风险，或者研发的投入大于研发产生的效益。研发风险管理则是以风险为主要的控制目标，制定一系列规章制度将风险有效降低到可接受水准以下，否则就必须增加控制措施。

第一节　风险意识管理

企业提高知识产权体系构建和应用的水平，首先要强化全体员工对知识产权的风险意识。"国际国内经济技术的快速发展以及知识产权保护水平的不断提高，对我国企事业单位和个人迅速提高知识产权意识提出了十分迫切的要求。如果没有知识产权意识或意识不强，知识产权权利人的利益就有可能被他人侵犯。例如，研发出新的产品后，在未申请专利保护的情况下便推向市场，有可能被他人无偿使用而蒙受重大损失；一个企业曾长期使用的商标，也会因为没有申请商标注册被他人抢注，无法继续合法使用。这样的实际案例很多。我国著名中药老字号同仁堂的商标就曾被他国抢注。近年来我国企业因为忽视向出口国申请知识产权保护，在对外贸易中受挫的事也屡屡发生。知识产权意识不强，还会有意或无意地侵犯他人权益，并由此给自己带来经济上和声誉上的损失。"中国贸促会专利商标事务所时任所长李勇在接受《光明日报》采访时说道。

为了保护自己的知识产权，时任华为常务副总裁洪天峰有一句评论叫作"层层设防、防不胜防"。刚开始，员工并不能接受，与思科的官司改变了华为内部对信息安全制度的抵触情绪。"以前员工对于华为长期以来的保密制度、研发流程等管理满腹怨言，官司之后，他们的态度变为理解和认同。"时任华为常务副总裁徐直军说道。

尽管华为采取近乎苛刻的安全保密管理措施，但仍无法完全避免高科技领域高利润产生的竞争对手恶性挖人、资料外泄等问题。

例如，世界有名的"沪科案"。

2001 年 11 月，一家研究光传输技术的上海沪科科技有限公司（下称沪科公司）悄然在上海诞生，它给通信业埋下了一颗轻型炸弹。

"沪科案"始发于 2002 年，3 名被告此前均为华为员工，2001 年离开华为后自组沪科公司。因其产品与华为公司部分产品较为相似，2002 年秋，华为以自身知识产权受到侵害为由，通过佳木斯警方将沪科公司的 3 名主要被告拘留。经公安部委托的国家权威鉴定机构鉴定，送检的资料和物品中，包含了华为公司的核心商业秘密，沪科公司光传输产品使用了华为公司的核心商业秘密。

2004 年 12 月，备受关注的华为诉前员工公司侵权案一审宣判，以 3 名当事人被判侵犯商业秘密罪，分别被判刑 2-3 年不等而暂时告一段落。2005 年 5 月 19 日，广东省深圳市中级人民法院对"沪科案"做出裁决，驳回被告上诉，维持原判。深圳中院的此次裁决为终审判决，被告不得再次上诉。这也使华为公司成功通过知识产权阻截竞争对手 UT 斯达康进入光传输市场。因为之前 UT 斯达康准备收购沪科公司。沪科公司主业为制造光传输设备，并先后从华为挖走研发光传输网络产品的开发人员 20 余人。

对于引起纠纷的光传输技术，华为介绍说，华为于 1995 年开始研制开发，截至 2001 年 10 月已投入数亿元研发经费、1500 多人的科研力量。"华为公司光传输产品处于国际领先水平，并连续获得 2001 年、2002 年国家科技进步奖。"

同时，历时一年半的思科诉华为案给华为人上了一堂生动的

"知识产权保护"课，也让华为对专利的应用战略有了全新的认识。

据《中国企业家》的记载，在技术上，华为早已具备了同步并领先的能力。"在应用技术的层面上，我们的技术储备不输于跨国公司。"时任华为常务副总裁洪天峰说。但是华为在具体产品的市场策略上却没有完全改变。从与思科诉讼的结果看，华为路由器产品的核心源代码，与思科是截然不同的。但是在用户界面、命令接口、产品外观等边缘技术与设计上，却与思科产品完全类似。从发生诉讼后华为很快派人进行技术攻关并拿出全新版本的设计的事实来看，其实华为完全有技术、有能力拿出自己的设计方案。

加强知识产权宣传，提高员工知识产权意识已成为华为知识产权管理工作的主要内容。华为的所有新员工在上岗之前的半个月培训中，一个重要的内容就是知识产权保护，特别是保密和专利知识。针对不同的需要，华为还经常为研究开发人员和管理人员举行专题讲座。2004年，时任华为公司国际法律事务首席律师张旭廷在接受《互联网周刊》采访时说道："（与思科的）诉讼结束后，华为所有的高层都参加了两次专门的知识产权培训，一次是一个上午，一次是一整天，请国外律师事务所的专家上课，从最基本的知识产权概念讲到知识产权战略。而且华为所有的中级以上干部也都参加了这种专门的知识产权培训。这么多老总专门坐在一起听律师讲知识产权，这在国内企业里是绝无仅有的。"

在具体的工作中，华为还对单个员工进行知识产权知识讲解。例如，在专利挖掘时，详细介绍专利制度的作用、专利与商业秘密的区别和联系及各自优缺点；在专利申请过程中，详细讲解专利申请文件的内容和专利法对专利文件的要求；在专利利用时，介绍情报检索、技术转让、许可贸易、专利的失效、专利侵权的确定、防止侵权的策略等。另外，还充分利用网络资源，在公司内部网上不定期地发布一些知识产权方面的信息。

"要更安全的国际化。"这是当时负责华为研发的副总裁费敏从和思科官司中得出的一大感悟。"更安全"的含义是"害人之心不可有，防人之心不可无"。费敏说："华为在国际上要成为一个值得信赖的公司。"

还有一个小细节，可以看出华为对知识产权的重视。去华为访问的访问者，其笔记本电脑被要求进行安检登记，登记的指标包括个人的相关资料和笔记本电脑的型号、识别码。负责接待的人员向访问者解释："这样做是为了防止珍贵资料外泄，完全是出于自身安全性的考虑。"

第二节　专利技术风险管理

"技术标准"是近些年出现极为频繁的字眼，尤其在高新技术产业领域，从第三代移动通信标准到 DVD 标准再到数字电视标准等等，技术标准势头正猛。然而事实证明，这些领域的技术标准又基本上是国外企业的天下，我国的企业还处在一个被动接受的阶段。20 世纪 90 年代后期，特别是进入 21 世纪以后，发达国家纷纷制定各自的标准化发展战略，以应对经济全球化对自身带来的影响。欧

盟、美国、加拿大的标准化战略在 2000 年前后相继出台。日本为了
应对标准竞争，在 2006 年由首相亲自组织研究制定本国的国际标准
综合战略。

事实上，随着 WTO（世界贸易组织）将全球贸易规则统一，各
国的关税壁垒降低，但是 WTO 框架下的《贸易技术壁垒协议》允许
各成员国有条件地采取技术性贸易措施，实际上允许了技术性贸易
障碍的合法存在。

我国遭遇到的 DVD 事件就是一个典型的案例，据记载：1999
年，国外 6C 企业集团（由日立、松下、东芝、JVC、三菱电机、时
代华纳 6 大技术开发商结成的专利保护联盟）率先依据相关标准向
中国企业发难。6C 企业集团声明：6C 拥有 DVD 事实标准核心技术
的专利权，任何生产 DVD 的中国厂商都必须向其交纳专利许可费
用。从 2000 年到 2002 年两年时间内，中国电子音像工业协会与 6C
企业集团进行了 9 次艰苦谈判，未能达成一致意见。2002 年 3 月 7
日，中国 DVD 产品在欧盟被扣。2003 年，中国电子音像工业协会
与 6C 企业集团达成协议：中国企业每出口一台 DVD 要向 6C 企业集
团支付 4 美元专利使用费。不久，中国又与掌握 DVD 另一事实标准
的 3C 企业集团（飞利浦、索尼、先锋组成的专利保护联盟）达成协
议：中国公司每出口一台 DVD 向其支付 5 美元专利使用费。此后，
汤姆逊、杜比、DTS 等跨国公司陆续与中国企业进行了收取专利使
用费的谈判。在一次次痛苦的谈判之中，中国企业越来越深刻地认
识到：标准的作用原来是如此之大，因为在标准问题上没有发言权，
产量占全球 25% 的中国 DVD 厂商仅仅只是出卖苦力的三流企业，

而超一流的国外企业则只需手握标准收取专利许可使用费。

2003 年 3 月，北京大学法学院教授张平在接受《北京现代商报》采访时表示，他在研究中发现，我国在研究 ISO（国际标准化组织）、国际电工、欧盟的数字电视联盟、美国的 MTV（音乐电视网）以及 DVD 标准时，都发现有知识产权的内容。但是在翻译这些标准的条款的时候，却把有关专利等知识产权的问题给略过去了。这表明当时作为知识产权的小国，我们没有明了标准和知识产权之间的奥秘，以为标准公开了，就可以无偿使用了，完全没有注意到标准里的一些私有专利也是要付费的。我国的企业就在 DVD 事件上遭遇了这样的难题。国际上的几大企业在 DVD 上形成强大的联合垄断，我国没有出台反垄断法，可是我们也不能应用美国 1995 年制定的《知识产权反垄断法》。因为这些企业早早地就绕过了这些法律，它们在全世界发布的联合声明也是有效的，因此，我国企业只有"乖乖交钱"。20 世纪 90 年代，与国际大企业密切相关的国际化组织在修订自己的标准的时候，我国没有意识到问题的严重性，也没有及时在国内的企业界进行宣传，所以造成了很多隐患。可以说标准的制定是防范企业专利风险的重要手段。

在知识经济时代，市场竞争标准先行的特征尤为突出。通过标准与专利的融合，实现专利标准化、标准垄断化，可以最大限度地获取市场份额和垄断利润，故有"二流企业卖产品，一流企业卖专利，超一流企业卖标准"之说。

技术标准是目前跨国公司竞争的焦点之一，谁率先推出信息产品的新技术标准，谁就可以在市场竞争中占有优势。中国技术标准的颁布明显滞后于信息产业的发展。由于技术标准中隐含着许多专利，照搬国外标准弊多利少。

如果中国选用外国的 DVD 标准，就要为每张生产 DVD 的许可证付给外国企业 50 万美元的入门费，还要为生产每一台 DVD 付给外国企业 17 美元的专利费。各国都在利用合理、合法的手段保护自己的市场，因此中国必须学会运用标准这面旗帜。

中国需要向外国借鉴的主要是国际通行做法，而非单纯的技术标准。一方面，中国将积极采用国际标准，提高本国信息产品的竞争能力；另一方面，中国将制定具有自主知识产权的技术标准。

现代技术标准的全球技术许可战略是一个知识产权战略的系统工程，是一个管理的问题，这个知识产权的管理和规划工作，在建立标准之前就先行介入了。一些跨国公司采用"技术专利化、专利标准化、标准垄断化"的战略模式，在给企业和所在国家带来丰厚利润的同时，这种模式也已成为发达国家及其跨国垄断企业抢占市场的主要手段。

华为的知识产权战略是什么？对于众多初涉知识产权领域的企业来说，这是一个非常吸引眼球的问题。华为首席法务官宋柳平说，华为实际上并没有一个独立的知识产权战略。因为华为知识产权的一切活动都与公司的整体经营密切关联。20 世纪 90 年代中期以后，标准的制定已经成为跨国公司在知识产权领域竞争的一个重要组成部分，针对这一趋势，在华为全球化战略中，标准和知识产权的联合成为重要的组成部分。

在未来，一个在标准里没有任何专利的企业是没法生存的。华为要争取在短期内达到跨国公司的基线水平，需要积极实施专利与标准相结合的战略，并加强与业界的合作。一个时期以来，发达国家政府都争先恐后地加大力度进行标准化战略研究，试图在技术标准竞争中牢牢掌握主动权。目前，欧盟拥有的技术标准就有 10 万多个，德国的工业标准约有 1.5 万个，日本则有 8200 多个工业标准和 400 多个农产品标准。

为此，华为积极参加国际标准化组织，通过加入其中更好地进行研发。华为于 2001 年 1 月成为 ITU（国际电信联盟）部门成员，ITU 是主管信息通信技术事务的联合国机构，负责分配和管理全球无线电频谱与卫星轨道资源，制定全球电信标准。截至 2017 年年底，华为加入 360 多个标准组织、产业联盟和开源社区，积极参与和支持主流标准的制定，构建共赢的生态圈。面向与计算、NFV/SDN、5G 等新兴热点领域，与产业伙伴分工协作，推动产业持续良性发展。

华为的财报从 2008 年开始披露具体的研发费用。这一年，华为销售收入首次突破 1000 亿元。根据财报，当年研发费用 104.7 亿元，占销售收入比重的 8.4%。华为 PCT（Patent Cooperation Treaty，专利合作协定）专利申请量居世界知识产权组织（WIPO）公布的 2008 年全球 PCT 专利申请量排行榜榜首。

2011 年，华为的研发投入占比超过两位数，达 11.6%，这一年华为整合成立了"2012 实验室"，作为华为创新、研究和平台开发的主体，以构筑面向未来的技术和研发能力。

据《21 世纪经济报道》记载，在华为营收超越爱立信成为全球第一大电信设备商的 2013 年，其研发投入为 306.7 亿元，约为销售收入的 12.8%。往后 4 年该数据依次为 14.2%、15.1%、14.6%、14.9%。

最近十年，华为在专利申请上不遗余力，每年都创新高，到 2016 年 12 月 31 日，累计共获得专利授权 62519 件，累计申请中国专利 57632 件；截至 2017 年年底，华为累计获得专利授权 74307 件，累计申请中国专利 64091 件，累计申请外国专利 48758 件，其中 90% 以上专利为发明专利。

截至 2017 年年底，华为研发人员约 8 万名，占公司总人数的 45%，在全球有 14 个研究所、36 个联合创新中心。

第三节　知识产权风险管理

美、日电子企业视技术革新为企业赖以生存和发展的基础，谷歌的搜索技术，微软的软件开发能力，苹果高超的工业设计能力和软件开发能力，这些在世界范围持续成功的企业告诉我们：知识产权是企业的立身之本。而专利制度是促进企业技术革新，保护技术革新成果，使企业赢得利润最有效的工具和手段之一，因此，它们对企业专利管理给予了高度的重视。

微软把专利申请纳入了产品开发流程的一部分。在开发产品的过程当中就不断地取得知识产权保护。在微软，有一些专利方面的律师和专家，他们的工作地点就在工程师旁边。基础研发人员在进行创新的时候会提请专利专家来注意，这样，知识产权专家和技术专家可以"亲密接触"。这是一种自下而上的知识产权政策。

苹果公司专利与商标部部长保罗·卡迈克尔表示："技术开发是公司的生命，知识产权对苹果公司非常重要。我们每年投入 6.5 亿美元进行新技术和新产品开发，必须有良好的法律保护。"美、日电子企业为保证专利管理正常运行，都设立了专利管理机构或配备了专职管理人员。

可以看出知识产权最根本的风险管理就是不断地大量进行自主研发，申请专利，同时形成自己的知识产权战略。

通信业领域向来被称为"富人的俱乐部"，是欧美跨国企业以核心的知识产权和技术筑就高门槛的领地。在时任华为副总裁宋柳平看来，华为之所以能够涉足其中、参与国际竞争并获得一定优势，一个重要的前提就是华为很早就确立了一套行之有效的知识产权工作制度，即巨资投入研发领域，建立了庞大和高效的研发队伍，并通过高效的技术研发，使华为获得大量核心的技术和数千项国内、国际专利。

知识产权制度就是一种商业游戏规则，企业发展到一定规模，这个问题也就成为核心问题，必须要积极面对。而华为就是凭着拥有的知识产权，在全球市场上与对手既展开竞争也携手合作。华为最有价值的东西，不是宽大的厂房，而是拥有一系列完全知识产权的核心技术。

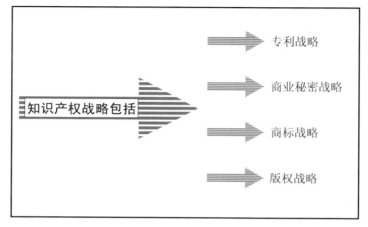

图 5.1　知识产权战略

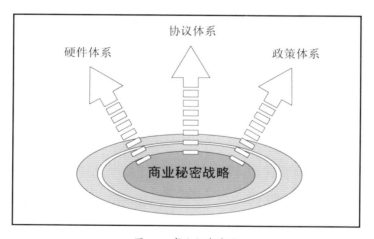

图 5.2　商业秘密战略

除了专利战略，知识产权战略还包括三个方面：商业秘密战略、商标战略、版权战略（见图 5.1）。这些战略都包含一系列非常复杂的制度。比如说商业秘密战略，包括了硬件体系、协议体系和政策体系（见图 5.2）。硬件体系要求有专门的保密室制度，重要的研发地区要设防；协议体系要求公司有一整套保密合同，比如员工进公司的第一天就要签保密协议；政策体系要求公司有一套明确公示的内部规章制度，指导员工可以做什么、不能做什么，如果员工违反规定侵犯了别人的知识产权，责任就是员工个人的，与公司无关了。

日本、美国都有知识产权的国家战略。像美国有竞争力委员会，由知名学者和知名公司 CEO 组成，他们每年考察美国的竞争力，技术是他们考察竞争力的核心，新兴国家技术上升比美国快，他们就有危机感，就会提出一系列的应对策略遏制其他国家技术发展。他们有一句话，"在美国受到保护的东西就要想办法在全球都受保护"，可见他们的野心。只有产业界的 CEO 们接受知识产权战略，从高层往下推才行。

现代技术标准的全球技术许可战略是沿用了"技术专利化—专利标准化—标准许可化"这一思路。这一思路贯穿于全球技术许可战略的始终，同时，这一思路又是以一场高水平的知识产权战略管理来实施的。因为从建立标准的初期，知识产权战略管理的工作就要介入。

美国罗格斯大学工程专利信息专家吴康妮分析道："知识产权的战略管理不仅是所有权的管理，还应该是知识资产和知识资本的管理。因而知识产权的战略管理必须与宏观的战略决策和企业的总体目标相结合，从而有效地保护企业的创新成果。与此同时，知识产权战略管理还是一个使专利、商标、版权和技术秘密的价值最大化的战略过程。

"21 世纪已成为以智力资产为主体的经济时代。现今世界上异军突起的大财团、大企业等不再是上个世纪的出版商、制造商，而是拥有巨大无形智力资产的互联网公司和计算机行业等。由于无形智力资产的迅猛增值，为了保护这些知识产权而产生的法律纠纷也此起彼伏。赢者所获得的暴利数以亿计，而输家则可能从此一蹶不振。知识产权的巨大威慑力使得很多国外企业把知识产权的战略管理提高到关乎企业生死存亡的战略决策的高度。

"显然，知识产权战略已成为提升企业竞争力的关键。企业的前景目标、主要产品和服务如果没有知识产权的支持，其战略规划便成为空谈。因此，企业和决策部门一定要制定如何进行自主创新的知识产权创造的方针（开发）、知识产权监控的方针（预警）、知识产权执行的方针（管理）、收购或转让知识产权权利的方针（战略步骤）。"

华为从 1995 年开始创建了知识产权部，最早的知识产权部只有两三个人去支撑整个研发部门，去做专利申请工作。那个时候华为公司还没有一个非常清醒的认识，不知道知识产权能够给华为带来什么，华为认为自己是一个研发性的公司，只需仔细做好自己的研发。在 2000 年华为海外市场开始成长的时候，就有西方的竞争对手向华为主张专利权。有些可能是希望华为停止销售，有些则是提出要起诉华为。曾经也有非常大规模的诉讼案发生，华为在 2003 年有一个非常大的诉讼是跟来自美国的竞争对手思科。自 2005 年开始，华为从上到下才真正意识到知识产权的价值。这个认识的过程是，华为做了多年的研发，做了多年专利的申请，但是直到 2005 年的时候才真正开始让这些知识产权发挥它们的价值。最早的价值是在华为和它的西方竞争对手谈判的过程中来实现的。当时国内的知识产权保护还没有做到相应的水平，但是华为公司先走一步，把它的设备卖到欧洲和美国去。这些欧美的竞争对手就会在本土向华为这样的后来竞争对手收取高额的许可费，或者是提出诉讼的要求，诉讼要求的结果是他们往往不给你许可，意味着你没有机会在这个市场里面发展。通信行业又是一个技术非常密集、标准非常多的领域。没有标准就没有办法实现产品的互通，很多专利用了标准，是无法规避的。在这样一个比较特殊的领域，华为唯一能做的事情就是积累自己的知识产权。当华为有了自己的知识产权，就有了谈判的筹码，就可以获得交叉许可的条件。华为在 2005 年的时候第一次使用公司自己的知识产权去解决了一些纠纷，和西方的竞争对手协商。这些事情进一步坚定了华为在自主研发方面投入的信心。2008 年华为已经成为专利申请数量全球第一的公司。

现在，华为公司已经成立了一个庞大的知识产权部，在国内，华为的知识产权部是数一数二的。目前有数百人的队伍做专门的知识产权工作，他们主要做专利的申请工作，还有的做知识产权的保护及商标版权方面的工作。华为在研发体系方面也有相应的技术组织去支撑知识产权工作，华为管他们叫专利评审委员会。专利评审委员会从技术或者从商业的角度去判断知识产权的价值。在一个企业里对知识产权给予这么大的投入，运作成本也是很高的，这需要企业家对研发工作具备十足的决心。

为了规范管理制度，1995 年，华为制定了《华为知识产权管理办法》，对智力成果、专利、职务发明、技术秘密等概念进行了界定，对知识产权管理的组织机构、专利的申请与保护、商标的命名与注册、计算机软件的保护、非专利技术及商业秘密的保护、知识产权许可贸易、无形资产的评估、奖惩制度进行了详细规定。同年还制定了《华为公司科研成果奖励条例（试行）》《关于接触尖端技术、商业秘密、管理核心机密的有关人员的管理规定（试行）》等规定。

专利就好像一道菜。首先做菜的材料，也就是你研发的项目选材要好；其次厨师的手艺，也就是专利撰写的水平要高，要把握准确，重点突出；再次就是要注重企业的成本控制、管理水平和制度的激励，等等。实际上，专利开发是贯穿从立项的竞争性环境分析、风险评估直至产品进入市场的一个全过程。

作为全球信息产业的领导公司之一，英特尔有着一套严格的知识产权风险管理流程。据介绍，如果发明人研发出创新成果，先在公司的网站上填专利申请表格，由其所在部门领导签字同意后，将表格送到公司的专利委员会。专利委员会的主席由法律部工作人员担任，其他人员包括科学家、工程师、营销人员等。专利委员会严格审查了表格之后，做出决定：或者申请专利，或者以商业秘密方式保护，或者出版发表，或者认定没有价值。如果要申请专利的话，代理人或律师要与发明人保持密切联系，同时科学家和营销人员也要参与其中，讨论要在哪些国家申请专利，申请多少专利等。

第四节　不进行技术创新是最大的风险

创新概念的起源可以追溯到 1912 年美国经济学家熊彼特的《经济发展概论》。然而，在这之后的一个世纪，连熊彼特本人恐怕都无法预料，整个世界通过持续不断的创新已经发生了怎样翻天覆地的变化。

拿通信行业来说，最近 30 年，这个行业的创新和变迁可谓日新月异：从笨重而昂贵的摇把儿固定电话，到显贵达人才能拥有的砖头式"大哥大"，再到如今连穷乡僻壤都随处可见的小巧精美的移动手机，从黑白屏幕、功能单一的功能机再到无比强大的智能手机；从以邮递书信、发送电报为主的远程信息沟通方式，到随时随地、方便及时的电话交流，乃至"面对面"的视频多媒体交互；从以印刷纸媒、电视广播为主的传统媒体传播方式，到如今以互联网为主瞬息万变、丰富多彩的电子信息发布方式……这些变化速度之快可谓一日千里，变化形式之多样令人目不暇接。

企业的国际竞争力来源于两个方面，一个是成本优势，另一个是技术创新优势，但最终是靠技术创新优势（见图5.3）。华为正是深刻认识到了这一点，因而将核心技术创新当作企业的生命线。在目前我国不少民企因为开始丧失成本优势而大为苦恼的时候，华为却已经成为拥有中国出口自主品牌的高技术企业，这真是"两种路线两重天"。

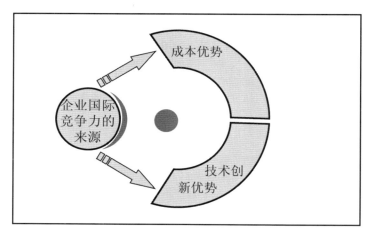

图 5.3　企业国际竞争力的来源

　　任正非把创新看作是企业的灵魂,是使企业产生核心竞争力和保持企业核心竞争优势至关重要的因素。所以他不惜在技术研发上投入大笔资金,甚至将"按销售额的 10% 拨付研发经费"写进了 1998 年出台的《华为公司基本法》,为的是在一定利润水平上追求企业成长最大化,即:"我们必须达到和保持高于行业平均的增长速度和行业中主要竞争对手的增长速度,以增强公司的活力,吸引最优秀的人才,实现公司各种经营资源的最佳配置。在电子信息产业中,要么成为领先者,要么被淘汰,没有第三条路可走。"

　　任正非提出了"不创新才是最大的风险"的论断。在任正非看来,创新与企业成长其实是一个良性循环。任正非在其题为《华为的红旗到底能打多久》的演讲中谈道:"知识经济时代,企业生存和发展的方式也发生了根本的变化,过去是靠正确地做事,现在更重要的是做正确的事。过去是资本雇佣劳动,资本在价值创造要素中占有支配地位。而知识经济时代是知识雇佣资本。知识产权和技术诀窍的价值和支配力超过了资本，资本只有依附于知识，才能保值和增值。

"过去人们把创新看作是冒风险，现在不创新才是最大的风险。社会上对华为有许多传闻，为我们的经营风险感到担忧，只有我们自己知道我们实际上是不危险的，因为华为每年科研和市场的投入是巨大的，蕴含的潜力远大于表现出来的实力，这是我们敢于前进的基础。公司十分注重内部管理的进步。我们把大量的有形资产变成科研成果和市场资源，虽然利润暂时下降了，但竞争力增强了。"

从创业之初，任正非押上华为的全部家当全力开发自己的交换机，到 20 世纪 90 年代末豪赌 3G，都充分体现了他追求创新的高涨热情。任正非表示："回顾华为 10 年的发展历程，我们体会到，没有创新，要在高科技行业中生存下去几乎是不可能的。在这个领域，没有喘气的机会，哪怕只落后一点点，都将意味着逐渐死亡。

"华为是在艰难的学习中成长起来的。十年前，华为十分落后，当时政府发出号召，要发展高科技，连我们自己都缺乏信心。十年来，在政府政策一次又一次的牵引下，华为经历了艰难困苦的奋斗，终于在 SDH（同步数字系列）光传输、接入网、智能网、信令网、电信级 Internet（互联网）接入服务器、112 测试头等领域开始处于世界领先地位；密集波分复用 DWDM（密集型光波复用）、C ＆ C08iNET 综合网络平台、路由器、移动通信等系统产品挤入了世界先进的行列；明年（1999 年）华为的宽带 IP 交换系统以及宽带 CDMA 也将商用化。这标志着在政府的领导下，一群土生土长的中国人争得与世界著名公司平等的技术地位，为伟大祖国争了光。"

任正非认为，企业创新是"因"，而提高企业核心竞争力则是"果"。

在《创新是华为发展的不竭动力》一文中，任正非指出，华为要做的就是坚定不移地提升企业的核心竞争力。他说："信息产业进步很快。它在高速发展中的不平衡，就给小公司留下了许多机会。不像一些传统产业，如飞机制造，它的设计理论已进入经典热力学，大公司充满了经验优势。而且数十年来，它们申请了无数的专利，使这种优势法律化。绕开专利，制造成本就会很高。没有竞争力，完全购买人家的专利，如何能够超越？没有一场技术革命，没有新的技术突破，超越这些传统公司越来越困难。

"而信息产业不同，昨天的优势今天可能全报废，天天都在发生技术革命。在新问题面前，小公司不明白，大公司也不明白，大家是平等的。"

原工业和信息化部电信经济专家委员会秘书长杨培芳在接受媒体采访时表示，华为此前在第三世界国家占有大量的市场份额是保障华为在日益低迷的中国通信市场环境中仍然保持稳定增长的基本原因。除此之外，近年来华为在欧美发达国家市场的逐步突破为华为的业绩锦上添花。杨培芳认为，华为价格低廉、高性价比的通信设备是华为能够逐步占领欧美市场的重要原因。据统计，华为的工程造价比爱立信和诺基亚、西门子低 15% — 16%，这使得华为在开拓海外市场方面非常成功，有巨大的价格优势。

　　华为目前的研发能力、高效的生产能力和专利的拥有量则是保障华为能够保持低成本的根本原因。

　　技术创新的成果需要用知识产权来体现。如果有一个很好的知识产权体系来保护创新成果、使用创新成果、管理创新成果的话，可以使企业加大创新的投入；而加大了创新投入之后，企业能够变得更强，就有更多的资源来投入到创新中去；要投入，当然就希望有更强的知识产权的保护。这是一个良性发展的过程。如果不重视知识产权，企业很难有这样的动力去投入，也很难有企业会对创新产生信心。

　　作为全球信息产业的领导公司之一，英特尔的理念是：不创新，就会被淘汰。自 1971 年推出全球第一个微处理器以来，英特尔一直致力于技术创新。2008 年 11 月，英特尔中国时任执行董事戈峻在接受搜狐财经采访时说道："英特尔是一家创新型公司。40 年前在硅谷起步的三个人的小公司，是凭着它的创新精神逐步长大的。尤其在 IT 领域、信息产业领域，如果没有创新的话我们很快就会被其他同行抛到后面去。所以说，产业逼着你不停地去创新。在过去的 40 年里面，英特尔也有过创新相对滞后的时候，但市场马上就对你进行惩罚。所以从这一点来讲，我们已经深深体会到，进入一个'中年'的企业要永葆青春的话，只有血液里不停地流着创新的冲动和要素，才能够在这个市场上继续生存下去。

　　"很多相对滞后的、没有把创新作为它最主要的业务核心的企业，很快就昙花一现了。英特尔每年要花 100 亿美金投入到创新，投入到新产品的开发，我们从年初到年后，产品马上就不一样了，

80% 的产品变成了新的产品。这个是创新给英特尔带来的活力，也是给整个产业、整个社会，给消费者带来的魅力。不停地有新的产品来满足消费者的需求。"

从华为对研发风险管理的经验可以看出，企业应该树立"四个意识"：知识产权意识，技术标准带来的系统性风险意识，技术管理带来的流程性风险意识，停止创新带来的可持续发展风险意识。

创新本身就是面对不确定性，并不断通过资源的重新配置降低不确定性的过程。目前，中国企业大多在标准、专利、商标、品牌等方面意识淡薄，应加强培育知识产权思维。华为从行业标准的跟随者到行业标准的制定者，从国际市场范围的开拓者到国际市场范围的界定者，这个转变是中国各行业企业国际化过程中必将面对的，未来，中国企业应在研发体系中强化这几个方面的风险意识。

和光速赛跑

十八年来，我时常想起1998年的那个夜晚，任总来到实验室问我们，"你们做的这个设备和第一名（Lucent）相比如何？"任总的话，让我们下定决心誓要开发出世界领先的产品！弹指一挥间，传送网已成立二十年，连续八年保持全球份额第一，实现了公司对传送团队的期望。

毛头小伙挑战世界难题

1997年对中国来说是个好年份，这一年香港回归，举国欢庆。对我来说，也是一个幸运年，在与香港隔海相望的深圳，我加入华为，开始了职业生涯。

那个时候，我在传送部门，负责"同步数字体系"2.5G SDH产品的开发，开发过程中遇到的困难不少，主要是提供芯片的代理商并不能提供任何的技术支持。印象比较深的是，有一次一个阻碍性的难题怎么也绕不过去，我们需要更详细的设计资料，于是决定打越洋电话向国外厂商求助。大家口语都不好，推着我上，我准备了半天，想好了先说什么，后说什么，鼓起勇气拨通对方的电话，对方一声"Hello"，我一紧张，把准备好的话全忘了，急得满头大汗，结结巴巴来了一句"Please give us a demo board（请给我们一个仿真板）"。挂断电话，大家七嘴八舌地怪我没讲清楚问题。没想到过了一天，对方居然真把仿真电路图传真过来了，我们也借此解决了难题，感到特别开心。

新产品开发出来一年后，当时我正一个人在重庆的一个小镇调试设备。突然有一天，秘书通过拨打维护设备上的电话找到我，通知我去参加莫斯科通信展。于是，我们在春寒料峭中来到莫斯科。莫斯科通信展上外国品牌厂家林立，华为是唯一的中国厂家。后来我们在波良斯克省卖出了一个局点，海外市场有了一个良好的开端。

紧接着，我们开始着手开发高集成度的10G带宽产品。这类产品在当时算世界难题，只有一流的公司才能做到。基于2.5G的成功开发经验，我被任命为产品经理，带领一群毛头小伙挑战这个世界难题。

那时华为没有任何这类设备的经验积累，业界也没有成熟资料可供参考。整个开发过程完全是摸着石头过河，需要不断地探索研发方向，设计不同的方案进行验证。除此之外，因为上市进度压力很大，还需要试产调测，没有留给团队任何机会出错。大家经常为一个设计方案吵得面红耳赤，声音很大，旁边实验室的同事还以为我们吵架了，经常跑过来劝架。吵归吵，有时候还是难于达成一致，我也就只好当一把"独裁者"来解决纷争。吵完了，有了结论，走出实验室，我们都会去公司旁边的小餐馆，炒个米粉，烤个烤串，聊天说笑。现在看来，这种毫无保留的争论，可以将各种思路及可能的风险充分暴露出来，减少了我们犯大错的可能。

在产品推向市场前，我们邀请了国内在传送方面的顶级专家来公司生产基地进行测试。测试期间，大家都没回家，晚上直接在坂田生产基地打了两周地铺。付出终于有回报，很多指标我们都还没有准确掌握测试方法，而在与专家的近距离接触中，他们耐心地给我们从原理开始解释，让我们学到了不少东西。测试的最后一项是在-10℃到55℃的环境中进行72小时连续运行观测。72小时后，看着红红绿绿的指示灯在稳定运行，我们就知道测试彻底通过了。至今还记得，2002年5月12日凌晨5点，我走出厂房，发现坂田基地竟是如此美丽，朝霞照在鲜红的华为logo（标志）上，是那样的耀眼、醒目！

后来中国电信总工程师韦乐平来参观的时候，认真看了我们的产品，说："真想不到这个世界级的产品居然是一群不到30岁的小伙子开发的。"

任何时候都要构建核心竞争力

单产品的成功无法支撑传送网的长远发展，我们多方尝试，在自研芯片、技术创新、融合外部资源等方面构建了自己的核心竞争力。

外购芯片价格高昂，成本压力巨大，不利于我们在性价比上的竞争。从第一代传送产品开始，我们就走上了核心芯片自研之路。在人力非常紧张的情况下，依然抽调出核心骨干员工投入开发。当时，何庭波负责开发核心芯片，而我负责开发芯片所属的产品。产品和芯片都在紧张地研发，由于依赖于同一套仪表，经常出现我和她争夺资源的情况。为显示绅士风度，我每次都会让着她，但这样不是长久之计，于是我们有了一个"君子协定"：白天她调试，晚上我调试……每次交接仪表盘时的不舍和对下次使用的期待，至今依然记忆犹新。功夫不负有心人，第一代核心芯片成功交付，紧接着一系列芯片成功推出，累计销售超过千万片，助力传送网"同步数字传输"产品在成本和竞争力方面持续领先。

ASON(自动交换光网络)软件算法是我们引以为傲的核心技术。在很多海外市场，比如巴西、印度等，因为地理因素通信光纤经常断，人们打电话、上网时常不通，于是我们在传统网络保护的基础上开发出了ASON技术。它相当于一个智能导航仪。如果把我们的打电话、上网等通信业务比作汽车，通信光纤就是公路，公路发生异常中断后，ASON这个导航仪能够立即实时修改路线，只要有路可通，就能到达目的地。ASON应用于印度电信网络后，客户的首席技术官对它非常满意，反馈说："自从用了这一技术，再也没有出现因为光纤中断而导致通信中断的事故了。"网管也在业界率先提出并实现了子网级端到端管理的技术，使客户的日常运维工作从逐个设备手工敲命令，变成了可视化的网络管理，并可以根据客户的需要自动计算最佳的路由，使传送网从用户体验层面形成了一张真正的网络。"所见即所得"的操作界面、"自动寻路"的智能化设计，让通信网络的维护变得异常简洁，软件和硬件相结合让我们的综合竞争力大大提升。

时间进入 21世纪，互联网席卷全球，通信信息量如洪水般暴涨。随着各个国家宽带战略的推进，迫切需要建设高效灵活的超宽带光传送网络。我们看准机会在超宽带领域发力，OTN(大容量智能化光传送网）交换设备应运而生。现在在超宽带光传输领域，OTN设备已成为主流标准，但当时从推动标准到设备发布，我们的投入不亚于打一场战争。

在通信领域，生产一种设备必须要考虑和其他友商的互联互通，所以大家要遵循一套标准，而OTN设备没有任何一家厂商生产过，标准尚不完善。也就是说，我们是第一个生产这种设备的厂商，所以首先需要推进技术标准的完善。当时的华为，在OTN标准领域，完全是个新面孔，在标准制定的委员会中，我们的声音相当微弱。刚开始我们提出的标准，被其他传统大牌厂商百般阻挠，别说推进，就是提出来讨论的过程都相当缓慢。后来，我们意识到光靠自己单打独斗是不行的，我们也需要寻找自己的盟友。我们首先找的是中国移动和中国电信。中国移动和中国电信在世界通信领域的话语权还是很大的，而他们也有做大产业链的需求，所以我们率先成为同盟，在国内通信标准化协会上，一起对华为提出的OTN标准进行充分讨论，结合业务实质确定标准路线。而后，我们再联合国外的合作伙伴和客户，在国际标准舞台上进行各类演讲、探讨，这时的我们有理有据，后盾强大，在技术上着眼未来的同时，也兼容传统，包容了很多不同的意见，最终整个标准演进被一步步推动，到标准成型时，华为的提案占到整个OTN标准的75%，在超宽带光传输领域，我们占据了制高点。三年内，我们开发出了设备，支撑波分产品销售在短短几年内大规模提升。

技术核心竞争力的构建，不是靠自己单打独斗，也可以在外部寻找。2002年，我们了解到一家叫Optimight（奥地迈）的公司计划出售，而这家公司有我们想要的长途波分核心技术。我们向公司提出了申请，希望能收购这家公司。经过讨论，公司高层认为这个技术是有前景的，尽管当时处于IT的冬天，公司在流动资金非常有限，高层集体降薪的情况下，仍然批准了我们的申请。这个有勇气和智慧的决策在后来被认为是"传送史上最划算的一笔收购"。经过技术转移和二次开发，我们成功推出了能够支持超长距离的长途波分解决方案，助力我们快速成长为全球长途传输市场的领先者，并保持至今。

关键路径的选择在核心竞争力的构建中有着至关重要的作用。2005年我们准备开发微波设备，当时的微波市场相当饱和，各个现网厂家都非常强大，而且当时微波产品没有本土市场，一上来就要到国际市场去竞争。最初我们准备启动常规微波，大家对市场能否成功并没有底。有一次，我们去拜访沃达丰，客户说他们传统窄带宽微波设备供应厂家已经够多了，但是新一代IP微波供应厂商还没有确定。在多方考量后，我们决定全力投入IP微波，事实证明这是一个非常正确的决策。当时IP微波竞标沃达丰一个项目，由于华为在微波领域的品牌知名度不高，一线人员与研发兄弟24小时连轴转，经历了三次标书澄清，才扭转了沃达丰对华为IP微波的认知：由不信任到怀疑，再到逐步认可。中标沃达丰项目，标志着华为微波跻身成为一流运营商的合作伙伴，提升了华为微波的品牌。但庆祝是短暂的，研发团队在交付时面临前所未有的压力，沃达丰要求7个月通过准入测试。我们克服了芯片首次应用，技术不成熟的困难，并前瞻性地优化了华为IP微波产品架构，2009年春节，研发团队成员牺牲与家人团聚的时间，强力保障，最终通过沃达丰准入测试。IP微波推出后，获得了巨大的市场成功，随后欧洲的其他运营商也向华为微波伸出了橄榄枝。

一定要攻克100G

有了核心技术，就有实力从2.5G、10G开始，向着40G、100G的高峰继续攀登。首先，有了前期的积累，我们在波分40G新技术上大胆投入，获得了领先优势，在欧洲等发达国家市场成为主流供应商，再加上新架构的OTN产品推出，2008年我们的波分产品达到了市场份额第一。在如此大好形势下，我们没有一丝一毫的放松，将研发重心移向波分100G。

100G完全不同于以往，它是光通信技术高峰上最为璀璨的明珠，凝聚了光通信领域所有精华，并涉及众多跨学科知识，其尖端程度，必须依赖公司内外部资源才能实现。

2008年11月，在40G破浪前行的同时，网络产品线成立了100G联合项目组。项目组被命名为"2091"，意为传送网2009年重要性排名第一的项目。这个项目组是一个"日不落"的开发团队，以一批博士和专家带领的几百人团队，分散在全球各地，24小时不间断运作，他们的任务是攻占业界的"上甘岭"。团队氛围上大家想了很多的方法，给予各个专家充分的尊重和信任，使每个专家都认为这是在完成"我心目中的工作"。

2011年6月，是决定100G命运的关键时刻。由于发生了日本"3·11"大地震，使得在日本加工的芯片在6月8日才能出厂，而我们要在6月15日荷兰皇家通信集团客户现场开通业务，6月20日在IIR波分论坛（Institute for International Research，国际研究所）正式发布。留给团队的时间只有7天，大家都认为这是"不可能完成的任务"。

"就算只有1%的希望，我们也要付出100%的努力。"整个100G

研发团队开足马力，跟时间赛跑，项目组精心制定了"峨眉峰快速调测计划"，细细推敲每一个环节，管理每一种风险，专家驻厂跟进电路板制作过程，一起克服各种困难。

6月13日18:15，代号"峨眉峰"登上飞往香港的航班。

13日22:05，"峨眉峰"顺利抵达香港，并于当晚和"深海"一同前往深圳坂田研发基地开始100G设备的紧急调测。

14日凌晨00:05，"深海"和"黑土"汇合，赶往下游环节。

14日8:12，各路豪杰齐聚光电实验室，开始各项准备工作。

15日凌晨，兵分两路，一路到阿姆斯特丹，一路到卢森堡。然而赶到客户机房，设备启动后却发现100G通信测试不通。给客户的承诺已经做出了，客户的海报都已经写好了，新闻稿也准备妥当了，当时面临的压力可想而知。办法总比困难多，深圳的专家团队一同想办法，出主意，但是设备仍然"罢工"。不停地尝试，不放弃，不气馁。大家不断地排除一个个缺陷，软件版本不断升级。站在一旁的行销主管在晚上10点还接到客户的电话，询问进展，客户也在质疑，到底行不行？功夫不负有心人，晚上十一点半，这个历史性的时刻，通信终于调通。幸福与喜悦顿时迸发，大家热泪盈眶。

2011年6月20日，华为、荷兰皇家通信集团双方联合在IIR波分论坛发布了华为100G（见图5.4）。180多个客户现场观看了100G业务演示，并远程观看了荷兰皇家通信集团现网100G运行情况。现场会上，客户对华为100G评价说："华为有很多经验丰富的专业人士，我希望后续能和他们开展更紧密的沟通和合作；同时将邀请我们的客户来参观100G测试，这个测试对我们的业务非常重要……"此后，100G的订单如雪花一样飘来，2014年大规模突破了对产品要求最严苛的日韩市场，实现了真正意义上的腾飞。

图 5.4　2011 年摩纳哥 IIR 波分论坛发表场景

不断前行的脚步

我们有一张特别的世界地图，地图上标示着全球大T（重要电信运营商）的位置，传送网每进入一个大T，我们就贴上一个华为的logo。到如今，华为传送网已经突破TOP 100运营商中的80家以上，为全球30多亿人提供通信服务，连接着千家万户的通信业务和数以千万级的企业业务，连续8年保持全球份额第一。华为传送网的崛起，也为通信市场带来了繁荣。在光通信被垄断的年代，传输成本很高，我们经过努力，有效降低了通信费用，实现了人人可支付得起的通信成本。

如今，4K高清视频和移动通信5G时代带来网络流量需求的爆炸性增长，IT和CT融合带来了"极简网络，极致体验"的网络转型机会。传送网作为"铁皮管道生意"（基础网络），使我们面临着巨大的市场机遇，在这片信息汪洋中，我们的目标依然是"敢为天下先"，要从市场份额的领先者进一步成为行业的领导者。

我们，从没有停止前进的脚步。

（本文摘自《和光速赛跑》，作者：高戟，来源：《华为人》2016年8月第326期）

第六章

研发团队管理

管理大师彼得·德鲁克说：21 世纪最重要的管理是对知识员工的管理。华为用自己的实践，对这一理念进行了很好的诠释，并通过凝聚知识力，成功地在市场上占有了自己的位置，成为"中国制造"产生高附加值的一个优秀范本。

华为在团队管理方面有两大突出贡献：一是承认知识资本参与创造的贡献，并在分配机制中完善知识资本的分配方式，这是华为的贡献；二是打通研发与市场的渠道，建立从研发到市场的一体化研发体系，这是华为研发团队管理的创新。

第一节 人才输入

华为从国内各所名牌大学招聘优秀毕业生，能够屡屡得手，完全得益于它的"撒手锏"——起薪点高。翻译成华为的语言，也就是提供"有竞争力的薪酬待遇"。把一名刚出校门的大学生培养成可以在市场、研发上独当一面的成熟员工，华为投入了大量资金。

一位从华为辞职的朋友说："华为对技术开发人员的确很够意

思，像我 1995 年刚进华为的时候，他们就开出了 6500 元的月薪，后来慢慢涨到了 12000 万，加上其他的补助之类的，拿到手上的数字还要高一些。"

任正非曾表示，大学本科以上的应届毕业生，华为每年至少要招 3000 人。

2001 年，华为在全国招收了近 7000 名大学应届毕业生，达到了高峰。"班上前 5 名的学生，华为全要了。"据华为内部人士说，华为到某些知名大学招聘时，对相关专业的学生，曾说出过这样的豪言。事实上，华为的招聘活动一直在进行，每年要引入很多的"新鲜血液"，这些人几乎全是优秀的知识型员工。

华为一般不从社会上招聘人才，但是一旦出手，也颇为大方。1996 年，华为就曾以 10 万美元年薪，聘请了一批"海归派"来搞技术研发工作。有这么一个故事，一位从事芯片研发的工程师被华为相中了，开出了 40 万元的年薪来挖他，结果这位工程师到岗之后，华为发现他的价值远大于当初所说的价格，于是立马将其年薪涨到了 50 万元。

截至 2010 年年底华为公司共拥有来自 150 个国家和地区的超过 11 万名员工，其中研发人员约占总员工数的 46%。到 2017 年年底，华为员工有 18 万余人，研发人员约 8 万名，占公司总人数的 45%。招进来并不是最终的目的，华为在人才培养上也不惜重金，在内部建立了严格的员工培训制度，员工每年有相当一部分的时间接受培训，年轻人一批一批地被派往美国、日本、欧洲等地考察学习，这些人才回国后纷纷被委以重任。

　　由于对人才实行来去自由的政策，如果新员工接受完华为的系统培训，没有为华为创造一分钱的价值就离开了华为，那么华为明显会受到很大的损失。但是，华为不会干预员工辞职。任正非表示："华为不光为自己培养人才，还在为社会培养人才，这些员工到社会上后，也是社会的财富。"

　　此外，华为还通过与高校达成人才培养与输送协议来获得人才。如 2009 年 10 月，华为与西安电子科技大学学生工作处达成协议，双方决定充分发挥西安电子科技大学的优质人才资源优势，以及华为西安研究所的产业和人才需求优势，共建西安电子科技大学人才培养和输送机制。根据协议，西安电子科技大学将每年定期向华为西安研究所提供毕业生生源信息，及时通报校内与学生培养相关的活动，为华为西安研究所前往学校开展人才招聘提供便利条件，并利用学校资源和平台协助华为开展校园人才招聘等工作，还将组织一定数量的学生赴华为西安研究所实习或参观交流。

　　另外，授权培训是华为重要的业务模式之一。通过这一方式，华为可与合作单位共享员工培养经验，共同培养高技能应用型人才。至 2008 年，华为在全国范围内共有 7 家合作授权培训中心。

　　网络学院是华为公司针对教育行业需求定制的完整培训解决方案，这一项目的推出使华为形成了面向社会的授权培训中心和面向高校的网络学院两套培训体系。2002 年，华为在认证培训方面的直接投入达 1400 多万元，这其中还不包括平台上的投入。但对于盈利预期，华为方面表示，做培训的最终目的是让更多的人了解和掌握最新的网络技术。时任华为副总裁江梅坤曾表示："厂商掌握的技术如果不被开放，就会形成一个市场认知的空地，一些厂商之所以搞自己的自由学习产业，其目的就在于普及，让更多的人去了解自己的技术。华为希望通过推出自己的自由学习产业，弥补这个市场空白。"

在华为面积约 1.3 平方公里的工业区里，处处可以看到公司对激励人才、培养人才的良苦用心，就连工业区的道路都是以中外科学家的名字命名的——隆平路、稼先路、张衡路、冲之大道、居里夫人大道、贝尔大道……华为的管理体制在很大程度上是为了鼓励出人才、用人才的。

第二节　研发精神

"我说过贝尔实验室的科学家，他们的忘我奋斗精神是令人佩服的。我以前看过一部关于诺贝尔科学家的故事片，陈述他们像科学疯子一样，忙忙碌碌，走到哪儿就画到哪儿，连衬衣上都能写公式、做实验记录。美国由于私人风险投资基金的推动，使得一批一批的志士如痴如狂地去追求成功。我们先不说我们是为了社会的公平，他们是追求个人利益，从纯奋斗精神来讲，美国也有焦裕禄、孔繁森。"

"多年来我接触了相当多的美国科技人员，由于一种机制的推动，非常多的人都十分敬业，苦苦地追求着成功，这是一种普遍的现象，而非个例。有些人不理解，因此也不会理解中国的许多科技工作者的忘我奋斗与牺牲精神，理解不了'两弹一星'是怎么做出来的。大庆'新时期铁人'王启明不就是这么一个苦苦探索二三十年，研究分层注水、压裂，使大庆稳产高产成为世界奇迹的吗？"

以上片段摘自 1998 年年初任正非的文章《我们向美国人民学习什么》。正是企业员工奋斗的精神成就了一个个伟大的公司。华为人的团结奋斗的精神一点不逊于 IBM。

在华为，一个屡屡被强调的词就是"艰苦奋斗"。一个高科技企业的核心企业文化竟是"艰苦奋斗"，的确让人有些诧异。时任华为公司副总裁宋柳平解释道，华为所强调的"艰苦奋斗"，更多指的是"思想上的"。

华为的一篇内部文章中写道："用于电子工业的生产原料是取之不尽的河沙、软件代码、数学逻辑。正是这一规律，使得信息产业的竞争要比传统产业更激烈，淘汰更无情，后退就意味着消亡。要在这个产业中生存，只有不断创新和艰苦奋斗。而创新也需要奋斗，是思想上的艰苦奋斗。"

华为在创新上的成就，正是众多华为人集体"艰苦奋斗"的结果。任正非在其文章《天道酬勤》中这样记述道："创业初期，我们的研发部从五六个开发人员开始，在没有资源、没有条件的情况下，秉承 20 世纪 60 年代'两弹一星'艰苦奋斗的精神，以忘我工作、拼搏奉献的老一辈科技工作者为榜样，大家以勤补拙，刻苦攻关，夜以继日地钻研技术方案，开发、验证、测试产品设备……没有假日和周末，更没有白天和夜晚，累了就在垫子上睡一觉，醒来接着干，这就是华为'垫子文化'的起源。虽然今天垫子已只是用来午休，但创业初期形成的'垫子文化'记载的老一代华为人的奋斗和拼搏，是我们需要传承的宝贵的精神财富。"

面对所处的产品过剩时代，华为人除了艰苦奋斗还是艰苦奋斗。任正非在题为《实事求是的科研方向与二十年的艰苦努力》的演讲中谈起了华为必须艰苦奋斗的原因：

> 中国高科技企业的成长之路注定充满坎坷与荆棘。选择了这条道路的人生注定艰辛与劳碌，同时也更有价值。
>
> 在中国，在高技术领域做一个国际化的企业、开拓全球市场，我们没有任何经验可以借鉴，完全靠摸索，在市场中摸爬滚打，在残酷的竞争中学习。
>
> 在中国，做一个以几万名年轻知识分子为主的企业，在全球范围内和世界级水平的企业竞争，我们没有任何成功的实践可以借鉴。
>
> 在中国，做一个企业，竞争对手是全球各发达国家的世界级巨子，他们有几十年甚至一百多年的积累，有欧美数百年以来发展形成的工业基础和产业环境，有世界发达国家的商业底蕴和雄厚的人力资源、社会基础，有世界一流的专业技术人才和研发体系，有雄厚的资金和全球著名的品牌，有深厚的市场地位和客户基础，有世界级的管理体系和运营经验，有覆盖全球客户的庞大的营销和服务网络。面对这样的竞争格局，面对如此的技术及市场壁垒，我们没有任何经验可以借鉴。

从来就没有什么救世主，也不靠神仙皇帝，要创造幸福，全靠自己。

2009 年，华为前员工钟深华在《IT 时代周刊》上发表了一篇文章，记述了华为创业初期研发人员的状态，"18 年前即 1991 年，华为组装的小型程控电话交换机 BH01 已不能满足客户的需求。华为代理进口的 HAX 系列程控交换机，也供不上货。公司决定，集中全部资金和人力，破釜沉舟，几个月内开发和生产出华为品牌的新型用户程控交换机"。

"华为于 1991 年 9 月租下了深圳宝安县蚝业村工业大厦的三楼，50 多名华为人开始了艰辛的创业之路。整整一层楼分隔为单板、电源、总测、准备四个工段，库房、厨房也设在同层楼。十几张床挨着墙边一溜排开，床不够，在泡沫板上加床垫代替。在工段上班，开发人员累了就趴在桌上，或在地上找张泡沫板、纸板睡一下，醒来接着干，包括公司领导也是这样。整层楼没有空调，只有吊扇，高温下作业，经常是汗流满面。每天加班到很晚，熄灯就睡。四周用于老化测试的机架，设备上一闪一闪的信号灯，高频电流的振荡声，伴随着枕戈待旦的老华为人进入梦乡。"

"有时睡到半夜，突然来车到货，不论是很重的蓄电池，还是机柜，大家都立即起来，卸完再睡。大多数人以此为家，领料、焊接、组装、调试、质检、包装、吃饭、上厕所，一直到睡觉都在这一层楼上。除了到外协厂及公司总部，不少人一连几天都没下过楼，有时候连外面天晴天阴、有没有下雨都不知道。"

"当'乡民'，就要参加包装发货。记得一名新来的硕士生，第一天上班就打包，不会干，一上来手指就被铁皮划破，血竟喷到了旁边的墙上，幸好早就准备了止血胶布，包上再接着干。"

"当时华为工资并不高，不论文凭高低，月工资仅几百元。也没有什么补贴，更不计加班费。即使这样，1991 年的华为现金流依然非常紧张，借贷困难，到账的订货合同预付款，全部都投入到生产和开发上。产品出不来，全国各地已经预订华为交换机的催货电话、电报、传真不断，我们都感觉到前所未有的压力，若不成功，后果不堪设想。公司领导几乎每天都来检查生产及开发进度，询问原材料到货情况，或开会研究面临的困难与分工。遇到吃饭时间，公司领导就在大排档同大家聚餐。按华为不成文的规定，同桌吃饭，由其中职位最高的领导个人付款——回忆那段岁月，虽然环境艰苦，但是大家干得很开心，对未来充满信心，个个都怀着勇往直前的干劲儿。"

当时任正非鼓励大家说："拼搏奋斗是美国科技界普遍的现象，特别是成功者与高层管理者。成功是由数百万奋斗者推动的技术进步、管理进步、服务网络的优良服务而取得的。"

美国高科技企业集中地硅谷就充满了艰苦奋斗，无数硅谷人与时间赛跑，度过了许多不眠之夜，成就了硅谷的繁荣，也引领着整个电子产业的发展。任正非举了个 IBM 的例子作了进一步说明：

IBM 中自视甚高的高手，一般都会被派到"棒子杰克"的部门去工作，由他来考验他们。这是过关的必经之路。因为他的严厉反而使其真名伯特伦并不出名。许多人都对他恨得牙痒痒。他每天只睡三四个小时，有时会半夜三点起床到他管辖的某个工厂去逛逛，看看有什么问题。任何人的汇报都瞒不了他。他的工作方法曾经妨碍过他的晋升，但长久以后还是为他争得了神秘的地位。

经过多年不断地"铁面无情"，在人们已开始接受他的时候，他生病了，而且已经时日不多了。56岁的他卧在病床上，仍不断地做批评工作，说IBM发明了工作站，自身却因官僚体系与惰性愚蠢错失了机会，让别人去创造了这个工业。IBM非改不可。

他的上司屈勒到医院去看他，看到伯特伦用人工器官呼吸，知道他可能活不了几天了。然而使上司大吃一惊的是，伯特伦临死也不忘IBM的改革，还推荐赫勒主持工作站的工作。赫勒是IBM的离经叛道者，最野的野雁。

再看一例：伯兰是IBM企业联盟构想的提出者，后来该联盟成长为几百人的部门。企业联盟就是IBM不先派销售人员去客户那儿推销硬件，而是先派一批程序员去与客户沟通，了解客户的需求，按客户的要求在30—90天内做一些客户需要的软件，这给客户留下很深的印象，客户在买机器时，一定会先想到IBM。由于IBM不断提供帮助，客户的消费标准已被引导到IBM的标准上来了。客户都想找企业联盟，而数十个部门又不归他管。他的位置像没有内阁职位的政务委员一样，但由于IBM的组织庞大，经理十分多，推进十分困难。他警告IBM如果想保持史无前例的成就，最好全面改革。

随后他病倒了。50岁，得了脑癌。医生开刀后，发现癌细胞已扩散。他躺在病床上，叫人在病房装了一台终端，每天花好几个小时追踪他的计划进度，发出几十封到几百封电子邮件。临死前，他说了一句"我动弹不得，就像IBM一样"。

如果以狭隘的金钱观来认识资本主义世界的一些奋斗者，就理解不了比尔·盖茨每天还工作十四五个小时的不间歇的努力。不带有成见地去认识竞争对手，认真向他们学习好的东西，才有希望追赶上他们。

我们国家不乏有许多如两弹元勋邓稼先那样优秀的艰苦奋斗者，只要我们一代一代的优秀青年继承他们的传统，发扬他们的精神，承先启后，继往开来，中国是有希望的。

第三节　人才激励

IBM深知企业创新的重要意义，为激励公司员工进行发明创造，他们设立了累计积分制的奖励方法，即对申请专利的发明人给予计分，1项专利为3点，同时可获1200美元奖励；点数累计到12点，再加1200美元奖励。在技术公报上刊载发明或发表论文，也计为1点。发明人若是在第一次申请即获专利，则可获首次申请奖，奖金1500美元。至于第二次以后被采用时，则每次发500美元的奖金，称为发明申请奖。上述制度在总公司及子公司同时实行。此外，IBM每年举办一次盛大的科技发明奖颁奖仪式，100 名获奖员工将分享 300 万美元的奖金。IBM总裁亲自颁奖，在精神和物质上鼓励发明者。

苹果公司为鼓励员工的发明创造也制定了奖励制度。其中有这样的规定，每个职工提出一项专利申请，可得到 1000 美元奖励，授权后则再奖励 500 美元。如一个人取得三项专利，公司则另外奖励 3000 美元，八项以上为 1 万美元。合作发明创造，每人可得到 200 — 2000 美元的奖励。另外，苹果公司还有这样的规定，专利权归公司所有，因为公司提供了开发环境和福利等条件，员工是雇员不是股东。

作为全球信息产业的领导公司之一，英特尔将知识产权纳入到员工的价值评价体系中。只要填写了专利申请表格，员工都会获得一笔奖金，到了专利申请阶段，还会有一笔数额更高的奖金。获得专利后，公司发给员工一个奖牌，还会给他的部门领导专门写一封表扬信，感谢他的员工为公司做出的贡献，并要求其在部门宣布这项专利，让部门的其他同事都知道这名员工的成就。

时任华为副总裁宋柳平在一次演讲中说道："因为知识产权作为一种长期的投入是需要持续积累的，我们的研究创新人员也需要得到一个长期的激励，我们作为全球研究机构的管理者和研究成果的管理者，建立起相应的管理流程、制度、规范，以此保证华为在全球知识产权体系中具有一定的竞争力。"

任正非表示："奋斗就是付出，付出了才会有回报。多年来我们秉承不让雷锋吃亏的理念，建立了一套基本合理的评价机制，并基于评价给予激励回报。公司视员工为宝贵的财富，尽力为员工提供好的工作、生活、保险、医疗条件，为员工提供业界有竞争力的薪酬，员工的回报基于岗位责任的绩效贡献。"

"公司创业之初，根本没有资金，是创业者们把自己的工资、奖金投入到公司，每个人只能拿到很微薄的报酬，绝大部分干部、员工长年租住在农民房，正是老一代华为人'先生产，后生活'的奉献，才挺过了公司最困难的岁月，支撑了公司的生存、发展，才有了今天的华为。当年他们用自己的收入购买了公司的内部虚拟股，今天获得了一些投资收益，这是对他们过去奉献的回报。我们要理解和认同，因为没有他们当时的冒险投入和艰苦奋斗，华为不可能生存下来。我们感谢过去、现在与公司一同走过来的员工，他们以自己的泪水和汗水奠定了华为今天的基础。更重要的是，他们奠定与传承了公司优秀的奋斗和奉献文化，华为的文化将因此生生不息，代代相传。"

物质激励

中国并不缺乏创新的种子，缺乏的往往是创新的土壤。华为人认为，研发工作是企业的核心活动，又是创造性劳动，应有完善的激励机制进行配套。为此，公司利用各种价值分配形式，如职权、工资、奖金、安全退休金、医疗保障、股权、红利以及其他人事待遇，对研发人员进行全方位的激励。2016 年，华为实现销售收入5215.74 亿元，华为全球员工保障投入约 16.9 亿美元（人民币 112.7 亿元），较 2015 年增加约 22%。2017 年，华为全年销售收入为 6036

亿元，全球员工保障投入为 126.4 亿元。经过 30 年的发展，华为已经形成了确保持续创新发展的有效人才机制。

在物质激励方面，华为的各种待遇水平向研发人员倾斜。根据职位职责和胜任能力定工资，根据业绩定奖金，根据潜力定股权，是华为在报酬机制上的具体做法。华为也制定了相应的策略：在专利申请的各个环节实施奖励，设有专利协作奖。

1995 年制定的《华为公司科研成果奖励条例（试行）》明确规定了专利申请奖、初审合格奖、专利授权奖。对专利实施取得巨大经济效益的，可以不定期获得专利实施奖。这些奖励是分阶段发放的，即专利申请进行到了什么阶段，公司就发放哪阶段的奖励，而不必等到授权后才奖励。

为了完善专利奖励制度，调动员工专利申请、专利利用的积极性，华为制定了《专利创新鼓励办法》，出台了多阶段奖励政策等一系列专利创新鼓励办法，保证发明人全流程地关注其专利申请，每项有重大贡献的专利可获得特别奖励。还将专利工作和员工的绩效考评联系起来，与员工的工资直接挂钩。

华为在创业之初就对员工进行了股权激励，这在当时是非常罕见的。2017 年度的华为年报显示，华为是 100% 由员工持股的民营企业，股东为华为投资控股有限公司工会委员会（下称"工会"）和任正非。截至 2017 年 12 月 31 日，员工持股计划参与人数为80818 人，参与人均为公司员工。员工持股计划将公司的长远发展与员工的个人贡献和发展有机地结合在一起，形成了长远的共同奋斗、分享机制。任正非作为自然人股东持有公司股份，同时，任正非也参与了员工持股计划。截至 2017 年年底，任正非的总出资相当于公司总股本的 1.4%。作为一家 100% 由员工持股的非上市民营企业，员工持股比例如此之高令人吃惊。

华为创造了一个全新的概念：知本主义。《华为公司基本法》写道：股权的根本不是按资本分配，而是按知本分配。具体解释为：按劳分配解决的是一般劳动的报酬问题，按知分配解决的是知识劳动的回报问题，而股权分配解决的是将知识回报的一部分转化为股权，从而转化为资本的问题，而股金分配解决的是股权收益问题。华为由此创造了独具特色的价值评价和价值分配系统。华为认为企业活力来自利益驱动，华为的财富是全体华为员工共同创造的。

时任华为副总裁徐直军在接受《第一财经日报》采访时曾说："华为的内部虚拟股权计划已经执行 20 年了，华为的目的是让奋斗者分享公司成长。每年都在做，我们曾经有两年把这个称为'期权'，后来正式改为'虚拟受限股'，这个计划的主要功能是激励员工。"

正是由于华为对人才的激励很到位，才吸引了海内外一大批优秀人才加盟华为。截至 2017 年年底，华为有员工 18 万余人，研发人员约 8 万名，占公司总人数的 45%。

培训激励

时任华为产品与解决方案预研部部长舒骏在 2007 英特尔中国研究论坛上的演讲中说道："这是一个模拟的小项目，实际上要编出一个程序来，给你一个任务，在几天的时间内，我们所有的新员工分配一个角色，按照流程完成这些任务，我想通过这种模式让大家学会怎么用一种比较科学的或者规范化的方式做好工作，这个我觉得是非常重要的，所以这是所有的开发人员进来都要学习的，而且这个我觉得也是要从实践中学习的，有几个小组是有竞争的。这个就是关于培训。"①

"我想华为有一个职业的阶梯，做技术产业的阶梯，从新员工、高级工程师、主任工程师到技术专家，给大家晋升的机会，每层的晋升都会有相应的标准，标准就会有相应的做项目的情况，做项目的工作方法做到了没有？怎么做的？这种分析培训我们也有内部的大会，这个大会开阔了视野，我们也会不时地邀请业内的专家来做研讨，对未来、对产品、对发展方向上的把握，当然我们也会和其他的合作单位来做这个事情。"②

多年来，华为对自己的培训体系不断进行优化，在培训指导思想上进行了较大调整，明确提出了"721"培训法则，即70%的能力提升来自实践，20%的能力来自导师帮助，10%的能力来自课堂学习。华为尤其强调"实践出真知"。通过各种培训，华为员工不仅迅速融入组织，而且高度认可华为的企业文化，还能不断提高自身综合能力。培训激励也是华为人才激励制度中的重要组成部分。

华为公司总部有一面引人注目的"专利墙"——在宽约20米的墙面上挂满了各种专利认证。不少华为员工表示，他们每天上班路过这面墙时，都会在心底里喊一声"加油"，希望自己的专利早日出现在这面墙上。

①② 华为产品与解决方案预研部部长舒骏 [EB/OL].(2007-10-10).http://tech.sina.com.cn/it/2007-10-10/10581783567.shtml.

163

我的点子我的名

您可能听说过"阿基米德定律",也可能熟悉"托马斯全旋"和"程菲跳",那么问题来了,什么是"康康天线宝宝"?"炳阳约束增强"又是怎么回事?

没错,这些都是无线网络内部用改进建议提交人的名字来命名的金点子。这些金点子由无线网络内部专家从员工申报的年度/半年度改进建议中评选而出,并被镌刻成银质印章由产品线主管颁发给改进建议提交人,面对如此温暖人心的奖励,大家颇为欣喜和感动。

"康康天线宝宝"

"永康,告诉你一个好消息,你前段时间提交的关于改进天馈性能的点子,被评为2012年度十佳改进建议,咱老大提议由你来给这个改进成果命名,你想一想用什么名字?" "啊?真的吗?不是开玩笑吧?"马永康看到产品线改进建议负责人孙颖的留言后既惊讶又欣喜。

对话中提到的改进成果就是后来被马永康很萌地命名为"康康天

线宝宝"的天馈测试工具。这个工具解决了早期虚拟天馈工具需要手动拼装协议数据、效率低、对使用者要求高、无法在测试落实使用的问题。在已经集成的NodeB产品测试CI中，实现了天馈告警自动化测试零的突破。同时，在eNodeB某天馈特性的开发过程中，在没有对应天馈设备的情况下通过工具模拟测试完成开发，缺陷率为零！

目前，"康康天线宝宝"已经推广到成都、上海、深圳、杭州的多个和天馈相关的部门，并被应用到天馈测试、天馈特性开发、网上问题分析等诸多领域。

"炳阳约束增强"

"炳哥，你名扬四海了！""炳哥，你成明星了！"……自从参加完无线网络的第十届持续改进表彰大会之后，刘炳阳和他的"炳阳约束增强"便彻底出名了，走在路上，常有认识的或不认识的人和他打招呼、开玩笑。

"炳阳约束增强"是刘炳阳为了解决SmartFPGA无法支持新逻辑器件约束和效率低下的问题而想出的新点子。经他完善后的SmartFPGA工具能自动生成新软件下的约束和顶层代码，耗时由三天缩短至一分钟，并将人为引入问题的风险降到零！

目前，这个工具已在HERT3.5、小基站BOOK项目中使用，没有发生任何错误。

"慧勤 MML 伴侣"

在"慧勤MML伴侣"出来之前，MML资源文件验证耗时非常长，操作也很烦琐，时常成为高慧勤和她周边同事工作中的拦路虎。为解决这个问题，慧勤花了一个月的时间潜心钻研，开发出了一款MML命令静态检查工具，这个工具使得主干版本的相关问题数降为零，同时单条命令的验证时间由两小时缩减至五分钟。她的新方法帮助团队大幅提升了工作效率，而她也因此成为无线网络2013年上半年十佳金点子获奖者之一。

现如今，"慧勤MML伴侣"已经被推广至控制器软件平台和UGL控制器各项目组使用。平日话不太多的慧勤也明显比以前开朗快乐，每天脸上都挂着笑容。

"关记一条龙服务工具"

关记一条龙？别误会，这不是一家餐厅，而是关心迪新近研究出来的帮助提升开发效率的新工具。

用关心迪自己的话说，这个工具能诞生的原因之一是因为"嫌麻烦"：之前的开发方式需要每日安装版本，并在本地编码后上传代码到编译服务器，编译完后再将可执行文件替换到测试环境，然后获取日志，分析执行结果，这一切都需要手动操作，耗时耗力。关心迪经过一段时间钻研，编写出了自动化安装脚本，可以自动从CID路径获取安装盘到OMU上，完美实现一键式启动和安装。

他的这个创新也为部门其他的开发同事提供了福利：为大家每人每天节省一小时的时间，并且让提交次数平均提升三倍，大大提升了工作效率。目前在公司内的开源网站上可以看到这个工具代码的身影。

"诗强内存狙击手"

　　你是否还在为仿真平台的内存泄漏而烦恼？是否还在为业界的工具功力不够无法使用而闹心？王诗强的"诗强内存狙击手"只需一分钟即可帮你解决这个问题。

　　这款新工具引入动态链接库tcmalloc，能实时查看内存泄漏问题。解决方案设计部Trigo平台通过该功能，找到了长期困扰Trigo内存泄漏的根本原因，发现了2个潜伏多年的bug（漏洞）。目前已被解决方案设计部和无线研究部3大仿真平台使用，获得了使用者的一致好评。不仅如此，"诗强内存狙击手"还可以在任何基于windows、linux平台开发的C、C++项目中使用（见图6.1）。

图 6.1　无线网络十佳金点子"诗强内存狙击手"印章

　　三年来，共计40名员工获得了"金点子命名"的激励。无线网络研发管理部部长应为民说道："'金点子命名'给大家带来的不仅是荣誉，更是认可和尊重，它激发了员工发自内心参与持续改进的原动力，促使大家乐于去发现问题并用心去解决。"

（作者：华为无线质量部，来源：2015年《华为人合订本》）

第七章

开放式创新与研发

《华为公司基本法》有这样一段话："广泛吸收世界电子信息领域的最新研究成果，虚心向国内外优秀企业学习，在独立自主的基础上，开放合作地发展领先的核心技术体系。"这正是强调了开放式创新的重要性。

从封闭到开放，华为实现了研发资源配置方式的转变。建立研发的"统一战线"，最大限度地配置全球创新资源，为华为的研发和创新服务，是华为开放式创新的主要特征。正是有了这样的"统一战线"，在 5G 标准的研发和建立过程中，华为才取得了国内外企业的广泛赞同。

中国将面临从制造全球化到创新全球化的方向转型，华为建立全球研发网络及协同机制，为中国企业创新全球化提供了宝贵经验。无论是早期的开发导向型研究机构，还是后期的研究导向型机构的设立，华为采取了联合研发国际化路径，而不是采用简单的并购以获得技术的方式，扩大研发"朋友圈"的同时，实现可持续的研发国际化。

第一节　开放式合作研发

在具体合作的技巧方面华为也经历过非常初级的阶段。在实施合作政策的最初几年，华为在合作中特别强调"产权归华为"这一条，结果大多数情况下对方都不会答应或者索要很高的费用。后来，华为人渐渐意识到，产权中既有名权也有利权，华为只要获得利权，将一些名义上的权利给对方，对华为也不会造成损失。

所以，在后来的合作中华为人进行了变通，将产权条款写成"产权共有，只能自用，不得转让，否则需要对方的书面许可"。这样一来，华为和合作方的合作就顺利得多。

与竞争对手合作研发

博弈论告诉我们，企业的行为与结果取决于竞争对手的行为与结果，只有管理好你的竞争对手，你才可能取胜。企业通过对竞争对手情报的关注，对竞争对手的资源和能力分析，有效地整合企业内外部资源包括全球资源，比竞争对手更快、更有效地为顾客创造新的价值，最终获得经济利益。另外，企业还可以与竞争对手进行基础研究合作、建立技术标准以及共同争取补贴等。

有咨询公司表示，全球范围内的设备制造企业目前正进入产业整合的阶段。全球范围内的设备制造企业整合，一方面有运营商合并的原因，另一方面整个电信行业从运营商到主要的设备商都在进行整合，业内很多专家建议华为加强与其他设备厂商的联合。

华为显然也意识到了这一问题。事实上，与竞争对手合作，是华为技术创新方式的一大特点。为了保证企业在核心领域的可持续发展，华为加强与全球同行在技术、制造和市场开发领域的合作，先后与德州仪器、IBM、摩托罗拉、朗讯、英特尔、SUN 等知名公司展开合作。与诺基亚、西门子、赛门铁克、GlobalMarine（环球海洋石油公司）分别在 TD-SCDMA 解决方案、安全存储设备及海底光缆领域成立了合资公司。华为还与英特尔、高通、微软、英飞凌等世界一流公司建有联合实验室。

华为还是要开放合作，这样产业才是健康的。华为也愿意将观点分享给整个产业，期望在未来与主流供应商一起合作协同，把饼做大。

中国企业中，与众多的世界著名跨国公司建立合作关系的，华为首屈一指。任正非的观点是："如果我们和对手联合起来搞研发，共同研发一个产品，研发成本降掉一半，我们的成本就降了一半。竞争对手也要手拉手，也要走向合作。"

据《中外管理》程东升的记载："2004 年 2 月 12 日，总投资金额为 1 亿美元的西门子华为 TD-SCDMA 正式成立。华为希望通过双方的市场和产品应用层面上的商业联盟，把合作方向真正深入到技术标准的具体应用上，从而为华为国际化助力。

"任正非认为：华为的国际化是一步一步完成的，是与一个跨国公司合作然后再与另一家跨国公司合作推动的。从某种意义上说，企业的技术能力代表着与合作企业交换许可的话语权。为了保证企业在核心领域的可持续发展，华为重视广泛的对等合作，包括 OEM 形式和建立战略伙伴关系，从而使自己的优势得以提升。在合作中，华为坚持不卑不亢、平等友好的原则，这也得到了国外著名公司甚至一些竞争对手的信任。

"1998年，华为最开始是与摩托罗拉洽谈在GSM产品方面的合作，并在国际市场上以摩托罗拉的品牌进行销售。由于双方实力存在明显差距，谈判进展非常缓慢，直到2002年才达成合作协议，但成效不大。2000年，华为又与朗讯洽谈以OEM方式提供中低端光网络设备，由于朗讯内部原因和对逐渐壮大的华为心存戒备，双方最终没能合作。尽管如此，华为还是先后与西门子、英飞凌、德州仪器、摩托罗拉、微软、英特尔、升阳微电脑、3Com、NEC、松下、英特尔、SUN、IBM等多家公司开展过多方面的研发和市场合作。其中，与NEC、松下合资成立了宇梦公司；IBM则为华为设计基础生产系统；而通过与移动芯片巨头高通合作，华为进入了葡萄牙的CDMA450市场，如今CDMA450在全球遍地开花，华为则拿到了全球60%的市场份额。

"华为经常去国际竞争对手那里参观、学习，双方高层更是时常交流。曾经有人问任正非：你们是竞争对手，别人怎么会让你去看呢？任正非说：和平与发展是国家之间的主旋律，开放与合作是企业之间的大趋势，大家都考虑到未来世界谁都不可能独霸一方，只有加强合作，你中有我，我中有你，才能获得更大的共同利益。所以他们愿意给我们提供一些机会，这种广泛对等的合作使我们的优势很快得到提升，可以迅速推出很多新产品，我们也就能在短时间里提供和外国公司一样的服务。"

2005年7月，任正非在其题为《华为与对手做朋友，海外不打

价格战》的演讲中说道:

　　我们把竞争对手称为友商,我们的友商是阿尔卡特－朗讯、西门子、爱立信和摩托罗拉等。我们要向拉宾学习,以土地换和平。拉宾是以色列前总理,他提出了以土地换和平的概念。2000 年 IT 泡沫破灭后,整个通信行业的发展趋于理性,未来几年的年增长率不会超过 4%。华为要快速增长就意味着要从友商手里夺取份额,这就直接威胁到友商的生存和发展,可能在国际市场到处树敌,甚至陷入群起而攻之的处境。但华为现在还很弱小,还不足以和国际友商直接抗衡,所以我们要韬光养晦,要向拉宾学习,以土地换和平,宁愿放弃一些市场、一些利益,也要与友商合作,成为伙伴,共同创造良好的生存空间,共享价值链的利益。我们已在很多领域与友商合作,经过五六年的努力,大家已经能接受我们,所以现在国际大公司认为我们越来越趋向于是朋友。如果都认为我们是敌人的话,我们的处境是很困难的。

　　这些年,我们一直跟国际同行在诸多领域携手合作,通过合作取得共赢、分享成功,实现"和而不同"。和谐以共生共长,不同以相辅相成,这是东方古代的智慧。华为将建立广泛的利益共同体,长期合作,相互依存,共同发展。例如,我们跟美国 3Com 公司合作成立了合资企业。华为以低端数通技术占股 51%,3Com 出资 1.65 亿美元(占股 49%),3Com 就可以把研发中心转移到中国,实现成本降低。而华为利用了 3Com 世界级的网络营销渠道来销售华为的数通产品，大幅度地提升产品的销售量，2004 年销售额增长 100%，这样使我们达到优势互补、互惠双赢，同时也为我们的资本运作积累了一些经验，培养了人才，开创了国际化合作新模式。我们后来和西门子在 PDS（智能变送器）方面也有合作，在不同领域销售我们的产品，能达到共鸣的状态。

2006 年，华为宣布与摩托罗拉就 3G 和 HSPA 产品展开联合研发。权威 IT 顾问公司 Gartner 的数据显示，华为和摩托罗拉的合作，将使他们在 WCDMA/HSDPA 领域的全球市场份额达到 15% 左右，仅次于爱立信和诺基亚 – 西门子，与阿尔卡特 – 朗讯不相上下。

与运营商进行技术合作

今天，华为与国际一流运营商的合作远不止产品和网络建设。2006 年以来，华为已经陆续与 Vodafone、Telefonica、FT、KPN、TI、DoCoMo 等运营商成立了多个 JIC（Joint Innovation Center，联合创新中心），双方共同在新技术、新产品以及应用上进行联合研究和产品规划，共同应对纷繁复杂的融合、全 IP、移动宽带、绿色环保等产业发展与变革趋势，成为真正意义上的长期战略合作伙伴。

如今，华为已与全球前 50 家运营商中的 45 家展开技术合作，建立了 36 个联合创新中心。

2009 年 11 月 10 日，华为宣布，全球最大的电信运营商之一 Telenor 选择华为作为其集团总部未来 6 年无线侧的独家供应商，搬迁、升级 Telenor 在挪威总部的全部 2G/3G 网络，最终将部署一张覆盖挪威全境的迄今为止欧洲最大的 LTE 商用网络。

"选择华为，是因为综合考虑到华为在大规模网络搬迁方面有着极为丰富的经验，能够保证技术质量和可靠性。"Telenor 挪威的前首席执行官拉格纳 • 卡尔胡斯补充道，"选择华为的另一个重要原因是华为与 Telenor 建立了联合创新中心，在这个令人兴奋的平台上，我们可以更加紧密地合作以开发未来的业务与网络，同时进一步提升我们作为领先的移动运营商的地位。"

随着全球宽带产业的稳健增长，华为提出"品质宽带"的价值主张，致力于帮助运营商全面提升最终用户的连接体验、业务体验和服务体验，并基于价值进行精准投资、精准建网，把握宽带产业的发展新机遇。2017 年，华为携手肯尼亚 Safaricom、巴基斯坦电信、阿曼电信、菲律宾 PLDT 等运营商，落实价值建网的理念，共同打造品质宽带网络，构建差异化竞争力以实现商业成功。

面向云时代，华为推出"智简网络"支撑运营商数字化转型。在网络云化转型和专线领域，华为与中国移动、中国联通、日本软银等部署商用试点；在数据中心领域，华为联手中国移动咪咕构建全球最大规模 OpenStack 资源池。截至目前，华为与多家全球主流运营商开展超过 110 个网络云化的商用实践，涉及运营商广域网、数据中心网络、企业园区和 IoT（物联网）等场景。

5G 建网，承载先行。华为提出面向 5G 承载的 X-Haul 解决方案，支持每基站带宽升级 10 倍、接入带宽升级 5—10 倍，助力运营商轻松应对 5G 时代增强移动宽带（eMBB）的数字洪流，并可广泛应用于极高可靠、极低时延（URLLC）场景。2017 年，华为已与超过 20 家全球领先运营商开展了 5G 承载的联合创新和预商用测试。

正如任正非所说："我们始终坚信，只有客户的成功才有华为的成功。"

与不同领域企业的合作

2007 年 12 月，百度对外宣布，百度与华为共建联合实验室已正式启动。正如百度和英特尔共建实验室一样，双方的合作模式都是以资源共享为原则。华为为实验室免费提供硬件设备和技术人员，百度为实验室提供可供研究的互联网搜索平台和技术人员，双方合作的目的是研发出围绕互联网的新技术和新服务，双方共享今后双方共同研发出来的技术成果。

据网易的报道，2008 年 3 月，巨人网络集团与华为联合对外宣布，巨人网络与华为在网络游戏领域开展技术合作，旨在充分发挥双方自主研发的优势，通过技术创新提升用户体验。巨人网络与华为组建联合实验室，是为适应网络游戏市场更快速发展所作的技术储备。双方的合作模式以资源共享为原则。华为将为实验室免费提供硬件设备及定制开发，巨人将为实验室提供游戏运营服务器的各种性能参数。

2008 年 12 月，在北京召开的 2008 微软 Windows 硬件工程产业创新峰会（WinHEC）上，华为联合微软发布支持微软 Windows 7 操作系统的移动宽带产品。华为也是首家宣布支持 Windows7 移动宽带的中国厂家。华为与微软中国研发集团硬件创新中心自 2008 年年初便展开早期合作，这样一方面保障了华为支持 Vista 操作系统的移动宽带产品与 Windows 7 操作系统的兼容性；另一方面，在微软的支持下，华为开发了支持移动宽带技术的一系列产品，新产品能支持更高速率及更丰富的上层应用。

2009 年 11 月，沃达丰与华为在意大利联合建立了核心网创新中心，目的是为了推动核心网的技术创新，并给用户带来更多收益。这个位于米兰的创新中心拥有华为最新的移动核心网设备及技术，其将促进通信行业核心网解决方案的技术创新。创立该中心的目的在于为沃达丰和华为打造领先的核心网竞争力，研究领域涉及移动宽带、IMS（IP 多媒体子系统）以及 FMC（固定移动融合）等。双方的创新想法在这里将得到快速实践，并将解决方案及时投放市场。

在 2009 年全球分析师大会上，沃达丰全球网络技术总监 Andy MacLeod（安迪·麦克劳德）表示："沃达丰在创新方面，有个关键的改变，就是加强了与第三方的合作，充分利用第三方的能力和创意；而我们的主要任务，就是将这些能力和创意很好地整合成最终客户的业务和良好体验。"

"尤其值得一提的是，沃达丰近几年与华为等全球领先的设备商一起建立了若干个创新中心，以共同孵化新产品和新服务。我们与华为建立了四个创新中心，分别覆盖移动、业务、核心网和传送网领域。通过创新中心有步骤、高效的工作程序，我们确保与设备商紧密合作，使其技术领域的成果不断促进沃达丰的商业成功。目前，已经有很多研究成果转化成产品，并获得了规模效应。""共建创新中心已成为我们创新机制和策略中不可缺少的一部分。"

2012 年，华为成为首家与 SAP（德国的一家软件公司）结成全球技术合作伙伴的中国公司。2016 年 9 月，华为消费者业务和徕卡相机股份公司宣布建立战略合作关系，在相机技术领域开展深入合作，双方联合成立的创新实验室将在新光学系统、计算成像、虚拟现实（VR）和增强现实 (AR) 领域开展联合研发。华为与徕卡合作的双摄像头手机 P9 引领了新的摄影潮流，在上市一年多的时间里，华为 P9 载誉全球，斩获手机领域的诸多奖项。

截至 2017 年年底，197 家世界 500 强企业、45 家世界 100 强企业选择华为作为它们数字化转型的合作伙伴。

与著名高校合作

华为与国内著名高校的合作获得了很多成就。以 CDMA 技术为例，华为在 1996 年就开始与北京大学无线电系项海格教授合作，一起研究以 IS95 为核心的窄带 CDMA（码分多址）技术。虽然当时只是一些实验性技术的研究，但为华为未来 CDMA 技术的发展打下了基础，并培养了一批技术人才。CDMA 技术是 3G 时代（第三代移动通信）的世界三大通信标准之一，当时还属于非常前沿的领域，单单依靠华为自身的技术积累是无法攻克的。华为欧洲研究院院长周红博曾回忆道："1997 年我一进公司，就挑了一个最难的课题——CDMA 无线接入网络开发，那时候 CDMA 制式在全球试商用才一年多一点的时间，我们项目组 8 个人，甚至全公司谁都没有真正做过 CDMA，我的博士课题搞跳频，与扩频相近，于是就负责关键算法分析和实现。我们与北大无线电系项海格教授合作，他做过卫星通信的 CDMA 技术，整个项目组移师北大，在物理系后的铁皮屋中干起来，北京的夏天很热，没有空调，我们几个小伙子光着膀子在里面干，挥汗如雨，就像蒸桑拿一样。半年后，项目组回上海继续开发。"

此外，华为在 SDH 光网络技术领域的进步，也得益于与清华大学无线电系合作所获得的技术积累。中国科技大学、北京邮电大学、电子科技大学、东南大学等也都是华为长期的技术合作伙伴，双方通过建立联合实验室，或者购买技术的方式，进行技术创新方面的合作。

在没有实力开展大规模国际合作的情况下，华为选择与国内高校进行合作，不仅解决了华为在前端技术方面的不足，也为华为后续技术的二次开发带来了很大的帮助。

实际上，与高校的合作也让华为与著名高校保持了良好的关系，扩大了华为在高校的影响力，吸引了大批的优秀人才。以位于安徽合肥的中国科技大学为例，华为通过建立"中科大—华为信息技术研究所"的合作模式，与包括当时的校长汤洪高在内的中科大领导层以及电子工程系的许多教授建立了良好的关系，使得中科大一直是华为技术人才的主要基地之一。

2015 年，华为与英国曼彻斯特大学合作研究石墨烯的应用，该研究将石墨烯领域的突破性成果应用于消费电子产品和移动通信设备。2016 年，华为与加拿大多伦多大学结成科研合作伙伴，并将多伦多大学定位为华为全球研究网络重要合作伙伴。华为还与泰国蒙格克特皇家理工大学、马来西亚博特拉大学展开了合作。

与高校展开广泛的技术研发合作，不仅有利于华为的研发创新工作，而且也吸引了一大批国内外优秀的技术人才加盟华为。

第二节　研发国际化

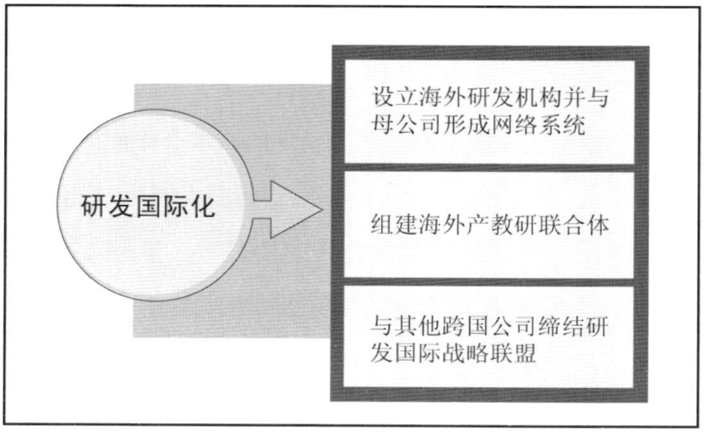

图 7.1　研发国际化

日本在海外设立研发机构的模式有两个：一是开发导向型，以开发为目的，即为应对本地市场进行产品开发而设立研发机构，以汽车、电机行业为典型；二是研究导向型，以研究为目的，基于总部的国际研究开发战略，利用海外经营资源，进行最前沿技术研究，以 IT、医药行业为典型。日本企业 20 世纪 80 年代后期主要以开发导向型为主，20 世纪 90 年代后才逐步开始建立研究导向型研发机构。

中国高科技企业全球化的成功模式目前有几种：海尔模式以全球制造为特点——通过在海外建立制造中心实现全球化；TCL 模式以跨国并购为特点——采取并购合资方式进入全球市场；格兰仕模式以全球生产中心为特点——利用生产采购、销售、科研和管理的规模经济发挥低成本优势。而华为模式则以全球研发为特点——建立全球的研发网络。至于华为的知识产权战略是什么？实际上华为并没有一个独立的知识产权战略。因为华为知识产权的一切活动，都与公司的整体经营是关联的。自 20 世纪 90 年代中期以来，国际标准的制定就成为电信领域重要的竞争环节。针对这一趋势，华为早就把标准制定和专利申请作为一个统一架构，进行大力推进。目前，华为已经加入了 75 个国家的标准组织。

华为最有价值的东西不是宽大的厂房，而是拥有一系列完全知识产权的核心技术。通信领域多年前就被称为"富人的俱乐部"，是欧美跨国企业的领地，没有足够的专利，没有核心的知识产权和技术，一般的企业"赤膊上阵"是根本没法参与竞争的，因为"连竞争的资格都没有"。

华为之所以能够加入竞争行列，一个主要的前提就是华为早就确立了一套非常行之有效的知识产权战略和工作制度，巨资投入研发领域，建立了一支庞大和高效的研发队伍，并通过高效的技术研发，使华为获得大量核心技术和 1000 多项国内、国际专利。这就是华为这几年能参与国际竞争并获得一定优势的"利器"。

除了采取合作方式来保持技术的先进性外，华为还干脆将研究所搬到了国外。美国达拉斯及硅谷、印度班加罗尔、瑞典斯德哥尔摩、俄罗斯莫斯科均设有华为的海外研究所。

华为前人力资源副总裁吴建国这样记述道："为配合市场国际化的进展，华为也在不断推进产品研发的国际化。1999 年，在印度班加罗尔成立了华为印度研究所，目前已有 700 人的规模，迅速提升了自己的软件发展水平，成为国内唯一一家达到 CMM 5 级认证的企业。2000 年之后，华为又在美国、瑞典、俄罗斯建立了自己的研究所，通过这些技术前沿的触角，将国际先进的人才、技术以各种形式引入，为华为总部的产品开发提供支持与服务。"

2005 年 4 月 28 日，在广东省委理论学习中心组举行的"广东学习论坛"第十六期报告会上，任正非在题为《华为公司的核心价值观》的专题报告中说道：

> 由于制造可以被剥离出来，销售与服务可以贴近市场，它们之间可以通过网络来关联，经济的全球化不可避免。华为的愿景就是不断通过自己的努力，来丰富人们的沟通和生活，不断促进经济的全球化发展，这也是华为公司作为一个企业存在的社会价值。华为自身也不可能回避全球化，也不可能有寻求保护的狭隘的民族主义心态。因此，华为从一开始创建就呈现全开放的心态。
>
> 在与西方公司的竞争中，华为学会了竞争，学会了技术与管理的进步。因此，只有破除了狭隘的民族自尊心才是国际化，只有破除了狭隘的华为自豪感才是职业化，只有破除了狭隘的品牌意识才是成熟化。
>
> 当然网络也会对国家产生负面影响，主要是意识形态方面。这些破坏与影响不可能通过技术手段来控制，主要靠法律，以及人们的自律。例如，互联网促进了技术的交流与进步，但也可能摧毁一个国家的正确价值观。
>
> 罗马俱乐部的一份报告指出，未来能够颠覆这个世界秩

序的，只有互联网。同样，美国的一份报告中指出，未来20年有可能摧毁美国国家价值观的只有互联网。

以上是我们对愿景的理解。我们在愿景部分最主要是讲丰富人们的沟通与生活，其实这里面也是讲未来网络对这个世界的作用。网络的存在使得经济全球化是不可避免的，不仅对于我们华为是不可避免的，实际上对于世界所有国家都是不可避免的。因此，这个时候希望封闭起来不要走全球化的道路，实际上是错的。这个时候必须勇敢地面对全球化，发挥自己国家的优势，为自己争取更多的机会。

适应国际市场复杂性、产品多样性以及消费者偏好差异性的要求，同时也为充分利用各国的科技资源，降低新技术研制过程中的成本和风险，谋求技术价值链总体收益最大化，在生产国际化水平不断提高的基础上，更加重视在全球范围内优化配置技术要素，研发国际化成为跨国公司技术发展的新趋势。研发机构的位置选择，对研发国际化有着很大的影响。

研发机构一般位于母公司。这种集中化的研发方式越来越不适宜，因为：

1. 由于知识经济的兴起，许多与知识经济相关的资源是跨国界存在的，跨国公司要获得新知识，同时能够从国外大学或竞争者手中得到先进的研究成果，必须在接近新知识源的大学及竞争者的区位建立。

2. 市场在国际范围内的竞争，促使跨国公司加快从新产品开发到推向市场的速度。结果是，跨国公司若要保持竞争力，必须在国际范围内建立研究与开发网络。这样既能从新的知识中心获取信息，又有利于在国外市场实现产品商品化。

3. 在当前区域集团化与经济全球化不断发展，而贸易保护时时刻刻都存在的形势下，许多发达国家鼓励本国跨国公司以技术要素对外投资，从而可以更好地享受东道国的优惠政策。例如，对跨国公司在当地从事研究与开发给予税收优惠、补贴、优惠贷款以及政府采购和垄断特权等，同时增强对知识产权的保护，这些都鼓励跨国公司 R&D（研究与开发）的分散化。

概括起来，跨国公司研发国际化的方式主要有三种：

第一，设立海外研发机构，并与母公司形成网络系统。

为了及时整合利用全球创新资源，华为在瑞典斯德哥尔摩、美国达拉斯及硅谷、印度班加罗尔都设有研发中心，这些研发中心可7×24 小时在华为强大的数据平台上进行同步研发。全球同步开发

图 7.2 华为拥有一支国际化的美学团队。引自《华为人》第 327 期

在华为 3G 的研发上体现得非常明显。华为公司为了掌握 3G 核心技术，在瑞典、美国和俄罗斯成立无线研究所，招聘欧美无线专家组成国际化开发团队，打造高性能、高可靠性的 3G 设备。华为在核心技术上一贯的做法就是不惜重金，持续高强度地投入，确保产品的核心竞争力。

2014 年，华为在巴黎设立了美学研究所（见图 7.2、7.3），目的是专门为科技"美颜"，华为要传播的不仅仅是技术，更多的是人与人的联动和体验，通过这种体验拉近与客户的距离。经过一年多的招募，美学团队在巴黎组建了起来，团队包括来自汽车行业色彩材料的设计专家及品牌设计专家、巴黎乐蓬马歇百货视觉传达的设计专家、DIOR 精密钟表设计专家、CHANEL 数字视觉设计的专家、BOUCHERON 珠宝设计的专家等。最后，通过 8 个月的反复碰撞与

图 7.3 华为美学研究所办公室。引自《华为人》第 327 期

交流后，成功邀请到享誉世界的天才设计师马修•雷汉尼尔先生加入华为，成为首席设计师。他以人为本的设计理念融合了设计、科学、技术以及艺术的创新，其设计理念与华为的理念非常匹配。在实践中摸索，华为美学团队的业务方向也变得越来越清晰，工作目标聚焦在趋势研究、创新设计和品牌设计三个方面。美学研究所阶段性地输出趋势研究报告，引导华为全球产品的设计方向；将法国在奢侈品钟表等领先行业和领域的经验转化应用到华为产品的创新中来；再将美学设计与企业识别结合起来并延伸到品牌设计中，帮助进一步提升和改变华为的品牌形象。

另外，华为在中国的深圳、上海、北京、南京、西安、成都和武汉等地设立了研发中心，建立了一套完整的全球研发体系，广泛吸收国际技术人才。至 2012 年，华为在全球有 23 个研发中心，共有 62000 名员工从事研发工作。截至 2017 年年底，华为在全球有 14 个研究所、36 个联合创新中心，有 8 万多名员工从事研发工作。

第二，组建海外教研联合体。

英特尔公司并不像我们想象的那样技术领先，它很少进行基础研究，很少拥有速度最快或价格最便宜的处理器。但是，它的处理器的销售额却能够超过其最大竞争对手 4 倍，多年来一直如此。原因就在于，与任何其他处理器企业相比，英特尔得到更多企业中的更多人员的技术支持。它主要通过关注企业外部的学术研究活动和对其他新建企业进行风险投资（即设立"创投基金"）保持自己的技术地位。英特尔在许多大学成立"Lablet"研究所，以获得原创技术，并每年花费 1 亿多美元用于资助大学的学术研究，寻求"可能有用"的创意。

这种组建海外教研联合体的方式，华为也经常使用。

2003 年，华为与巴西著名的通信技术大学 INATEL 大学合作，成立了 INATEL-华为网络学院。作为华为在海外成立的首家网络学院，INATEL-华为网络学院的成立促进了华为与国际知名大学间的合作交流，有利于华为认证在全球范围内的蓬勃发展，同时也进一步扩大了华为品牌在巴西市场的影响力。

在合作过程中，华为不但提供了从教材、师资培训到技术支持的全方位服务，还帮助 INATEL 大学建立了技术先进、设备齐全的华为 –INATEL 网络实验室。INATEL-华为网络学院成立后，华为网络学院系列培训课程会作为 INATEL 大学必修课程向学生开放。

第三，与其他跨国公司缔结研发国际战略联盟。

战略技术联盟已成为跨国公司实现研发全球化的一种重要形式。战略联盟是 20 世纪 80 年代以后发展起来的国际企业组织创新。在当前跨国公司之间组建的战略联盟中，80% 以上是与企业研发有关的技术性战略联盟。通过战略技术联盟，可以分担跨国公司巨额的研发经费的风险，分享研发成果，同时还能帮助这些跨国公司迅速地进入国际市场，构建起全球性的研发网络。

2017 年 11 月 17 日，华为与英国电信宣布新一轮五年合作计划，拟与剑桥大学成立联合研究合作小组。研究合作小组将汇聚来自全球两大信息通信技术（ICT）巨头以及世界一流学术机构的顶尖人才，进一步巩固英国作为全球领先创新中心的地位。该合作项目共投资 2500 万英镑，为期 5 年，重点研究光电技术、数字和接入网络基础设施、媒体技术等，并致力于提升通信技术的社会影响力。在该项目下，英国电信实验室专家、华为研发团队与剑桥大学学者将共同探索新技术，通过降低网络基础设施成本、提高运营效率等，使英国本地企业、组织从经济上获益。

由此可见，华为与世界一流企业进行了广泛合作。华为与 TI、摩托罗拉、英特尔、Agere、ALTERA、SUN、微软、NEC 等世界一流企业成立联合实验室，与 NEC、松下成立宇梦公司，与跨国公司联合建立 3G 开放实验室等。

华为在拥有自主核心技术产权的同时积极开展与国内外公司、高校和科研机构的合作，建立长期、友好、开放、双赢的合作关系，实现技术开发与合作的全球化。

第三节　坚持自主研发

华为坚持在自主开发的基础上进行开放合作。在关键技术上以自主研发为主，拥有自主知识产权；在非关键技术和部件上，通过合作缩短产品的上市周期。中小企业不适合像大企业那样大规模地搞专利，也没有必要。但是在关键点上申请专利是必要的，比如在制造工艺、结构、造型等方面。不掌握自主知识产权，就谈不上真正的自主创新。而核心专利是自主创新的脊梁，一项核心专利可以成就一个企业，形成一个产业。申请专利的目的是什么，企业一定要清楚。而申请专利最核心的问题，是要明确你的竞争对手是谁，对行业竞争性环境要有充分了解。申请专利就是要做到使对手没办法控制你，而你能够使竞争对手在某些领域无法进入。

面对技术标准与知识产权保护相结合带来的现实问题，最根本的解决办法是增加开发、创新的投入，力求占有具有自主知识产权的核心技术，在此基础上制定自己的技术标准，将其做大、做强，逐步形成事实上的行业标准，甚至国家标准、国际标准。如大唐电信那样代表我国提出 TD-SCDMA 标准，被国际电联（ITU）接纳并成为世界四大主流 3G 标准之一。

20 世纪 80 年代，华为成立伊始，当时的中国电信设备市场几乎被跨国公司所瓜分，初生的华为只能在国际公司和大企业的夹缝中艰难求生，从代理进口模拟交换机起步。然而，为了企业长远的发展，华为决心拥有自己的技术，打出自己的品牌。目标明确之后，年轻的华为义无反顾，心无旁骛，把代理销售获得的微薄利润不断投入到小型交换机的自主研发上，从一个个局部突破开始，逐步取得技术的领先，继而带来了利润，壮大了实力。

是什么促成了华为的成长？业界普遍认为：坚持走自主研发的道路，并确定专注于通信核心网络技术的研究与开发这一方向是影响华为命运的关键。

自主研发这一步，对 30 年前的民营企业来讲，迈出去是难能可贵的。道理非常简单：代理销售当时需求很大的产品就能过得不错，高科技研发高投入高风险，很有可能颗粒无收。当时，在别人眼里，华为的举动是铤而走险。

华为是毅然决然的。从华为公司进入国际市场，就开始做预研

（华为在通信领域做了很多标准方面的投入，华为称之为预研），真正意义的预研还是从一个国际化的合作开始的。早期国内的企业还不具备参与国际前沿技术研发的实力。举一个专利的例子，瑞典研究所两个发明人申请的一件发明专利，这项技术叫 OFDM 通信领域的交织技术。这是一个非常复杂的编码技术，在无线的通信、手机和基站之间通信的编码技术，能够提升数据通信的效率。目前这个专利只在非常少的领域有应用。这是 2003 年的申请，但是到现在还没有真正的商用。华为知道这件专利是华为公司最重要的专利之一。它是一件涉及华为在无线通信的空口领域使用的，以后所有的手机都会用到的，并被国际标准采纳的专利。从这个投入可以看到，2001 年开始做这件事情的时候，华为公司还不是一个得到广泛关注的公司，每年的销售额也不是很多，那两年 IT 行业也经历了一个泡沫破灭的时期。所以，这个投入对华为来说也是一个非常大的成本、非常大的负担。但是华为在这样一个压力非常大的时期，还是把有限的收入拿去聘请海外的研发人员、技术专家，来给华为做研发。这恰恰是华为公司在自主研发方面下大决心的具体体现。那时候，华为很多高层主管的收入还比不上海外研究所一个普通的研发人员的收入。

然而，截至 2011 年华为成为国内专利拥有量最多的企业。2011年 3 月，华为已累计在全球申请专利达到 40148 件，其中中国专利累计申请 31869 件，已获得授权 14705 件；外国专利累计申请 8279件，已获得授权 3060 件，85% 的外国授权专利是在欧美发达国家获得的。在下一代无线通信标准 LTE 领域，华为拥有的基本专利份额达到 15% 以上。近年来，随着华为的创新能力持续增强，这些数字在不断地刷新，截至 2017 年 12 月 31 日，华为累计获得专利授权 74307 件，其中，90% 以上专利为发明专利。华为累计申请中国专利 64091 件，外国专利 48758 件。

在发展迅速的通信行业里面，就开放的技术环境来讲，其实无所谓朋友和敌人、无所谓竞争对手的问题。技术是不分国界、不分人的，只要对你的产品有贡献的技术，你都可以采用，但是有一个法则——你得尊重别人的知识产权，你用别人的知识产权要跟人家商谈付费。

在这个过程中，如果你完全没有一点知识产权，去跟人家谈付费时价格会很高，甚至人家可能拒绝许可给你。但如果你有自己的知识产权以后，就可以跟他交叉许可，当自主知识产权用于交叉授权时就获得了价值，否则只能是成本。

所以，华为跟跨国公司合作都是秉持开放的态度，你可能要用一点我的技术，我可能用一些你的技术，但是算起来你还是占优的，我就向你付些费。

如今，华为通过购买的专利比例越来越低，华为一直在努力积累自己的知识产权，这样在跟人家谈判时有更多的交换的东西，付出的比例就会减少。

华为遍布全球的各大研究所不断地推出自主创新的技术，逐渐走到国际前沿，担当起技术引领的角色。

华为上研所位于上海市浦东新区（见图 7.4），汇聚了世界顶级通信人才，拥有世界一流的实验室，创造了移动通信史上诸多成功的产品和解决方案。2005 年，华为分布式基站在上研所实验室诞生，这款产品被业界称为"架构式的颠覆性创新产品"。2006 年 7 月，由于分布式基站的独特价值，华为大份额中标西班牙 3G 网络，由此撬开了欧洲市场的铁幕，在拉美、欧洲、独联体、亚太地区等市场遍地开花。

2014 年 9 月，奠定华为手机高端市场的扛鼎之作 Mate 7 在华为上研所问世。华为上研所目前拥有上万名研发人员，涵盖网络、终端、芯片，挑战了 3G，领先了 4G，并有可能领导 5G，华为上研所一路书写着创新传奇。

2018 年 6 月底，在 2018 世界移动大会·上海（MWCS 2018）前夕，华为在上研所成立了业界首个低时延开放实验室，为 LTE 低时延领域创新合作翻开新的一页。来自腾讯、网易、阿里巴巴、Intel、紫光展锐、vivo 等 9 家行业伙伴的嘉宾代表共同出席了实验室揭幕仪式。时任华为无线网络产品线首席营销官周跃峰在揭牌仪式后的媒体采访中表示，基于低时延体验的商业模式前景广阔——以手游为例，手游全球用户数超过 21 亿，市场规模已达 460 亿美元，并以每年 12.5% 的增长率增长，用户愿意向游戏供应商购买低时延体验增值业务，游戏供应商也对运营商有差异化解决方案诉求，让网络时延能力变现成为可能。"4G 时代网络构成很复杂，拥有多个制式，存在资源利用率、运维复杂度等方面的问题。我们认为 5G 时代最理想的目标网是'LTE+5G'，语音有 VoLTE、数据覆盖 LTE 也有低频等优势可与 5G 互补。如果能做到低时延，那么未来就能更好地与 5G 协同配合，为大众提供服务。"

图 7.4 位于浦东新金桥路的华为上研所基地。引自《华为人》第 328 期

他指出，LTE 低时延是未来网络发展的新方向，在发展体验经营、新业务方面具有重要意义。就在最近，山东联通携手华为在济南试点了最新 LTE 低时延解决方案。试运行区域用户游戏时延最高降低 50%，从 180 毫秒降至 90 毫秒，同时网络时延稳定性也得到大幅提升，从而解决了人员密集区域游戏卡顿、延迟的问题，共同打造国内首个手游低时延试点。

第四节　持之以恒地投入研发

华为创立初期，就将自己以代理销售国外产品所获得的微薄利润，点点滴滴都投入到小型交换机的技术开发上，集中力量，重点突破，逐渐取得技术的领先和利润空间的扩大。此后又把利润投向升级换代产品的研究开发中，周而复始，逐渐壮大。

华为公司坚持以不少于销售收入 10% 的费用和 43% 的员工投入研究开发，并将研发投入的 10% 用于前沿技术、核心技术及基础技术的研究。随着华为的发展壮大和国际纠纷的增多，华为更是加大了研发的投入。

尽管专利纠纷从华为走入海外市场第一天开始就出现，直到现在也没有结束，但在 2005 年、2006 年，华为遭遇了来自诺基亚、阿尔卡特－朗讯、西门子等国际通信巨头的轮番攻击，有些甚至一次性拿出 200 多个专利找华为谈判。在这种巨大压力下，为了积极应对，华为在 2006 年 4 月、5 月期间组织了庞大的知识产权分析队伍，在上海闭关研究了几个星期，分析对方的专利，找出应对的措施。最后还是按照任正非"占不了山头，占山腰，占不了山腰，就围山脚"的指示，一方面与国际通信巨头慢慢调解，另一方面，华为内部发起专利攻坚战，加强了研发的投入，使得专利拥有数量成倍增长，逐步突破了国际市场的专利屏障。

华为每年投入不低于销售收入的 10% 用于产品研发和技术创新，2008 年知识产权经费支出超过 2 亿元。国家和广东省、深圳市也通过专利资助经费、科技项目经费、各种奖励资金等每年给予华为高达数千万元的支持，在一定程度上减轻了企业负担。华为在增加研发投入的同时也注重控制研发成本，使产品获得知识产权和价格双重优势，从而保证在欧美市场销售金额的大幅增长。在全球经济低迷的背景下，华为进一步加大研发投入，2009 年研发费用达到 133 亿元，同比增加 27.4%。华为研发人员占公司总人数的 46%。至

2010 年年初，华为在全球 22 个地区设有 100 多个分支机构，拥有 17 个研发中心，20 多个联合创新中心。华为还积极参与国际行业标准的制定。为推动电信行业的标准工作，华为已经加入了 130 多个标准组织，在 ETSI（欧洲电信标准组织）、ITU、IEEE、IETF（因特网工程任务组）等组织中累计提交提案 28000 多件，在各标准组织中担任 180 多个职位，其中包括多个权威标准组织的董事会成员。

虽然华为每年投入 10 亿美元左右用于研发，但这个数字与西方竞争对手相比，却黯淡无光。如思科 2006 财年的研发费用超过了 40 亿美元。时任华为副总裁徐直军却不同意这种观点。他称，绝对数字华为是比不上西方竞争对手，但华为认为，研发费用大部分用于人员成本，中国劳动力成本仅为欧洲或美国的 1/6，这意味着华为花 11 亿美元就相当于竞争对手的 40 亿－50 亿美元。

2009 年，华为研发费用达 133 亿元，比上年增加 27.4%。

长江商学院终身教授、长江商学院创办副院长薛云奎曾在 2018 年 5 月撰文《读完这十年财报，你能看出华为多少秘密？》，指出："过去 10 年来，华为累计投入研发费用 3921.1 亿元，占同期销售毛利的 32.9%；思科同期研发投入 577.43 亿美元，占销售毛利的 20.84%。在研发投入的规模体量上，二者已经非常接近，但在研发投入的力度上，华为要远远超过思科。思科在过去 10 年的研发投入占比上，基本维持不变，10 年的加权平均占比为 20.84%。但华为保持了持续稳定的增长。三星在过去 10 年投入研发经费总额为 975 亿美元，平均占销售毛利率的比重为 17.82%。虽然规模体量更大，但

在重视程度上远不及华为。"①（见图 7.5）

图 7.5 华为研发投入分析②

　　根据华为 2017 年年报显示，2017 年华为持续投入未来，研发费用达 897 亿元，同比增长 17.4%，近 10 年投入研发费用超过 3940 亿元。华为 2017 年在研发费用投入金额上创出历史新高，为历史最高水平。这充分表达了华为公司管理层在研发投入上奋起直追的愿望。让国人敬佩，更让对手望而生畏。

　　如果说华为在过去 10 年追赶和超越诸多对手有什么法宝的话，那么，可以肯定地说：这个法宝一定是持续不断地对研发追加投入的重视。

① ② 薛云奎 . 读完这十年财报，你能看出华为多少秘密？[EB/OL]. 2018-05-03.http://www.jiemian.com/article/2017498.html.

第五节　积极参与国际标准的制定

拿破仑最引以为傲的不是他的赫赫战功，而是他主导制定的《法国民法典》；秦始皇的伟大成就也不在于修筑了万里长城，而是统一了中国的度量衡。源远流长的标准化为人类文明的发展提供了重要的技术保障。当今世界，标准化水平已成为世界各国各地区核心竞争力的基本要素。

华为开拓国际市场的一项重要举措是积极参与国际标准的制定。华为负责人表示，通信行业是标准化程度非常高的行业，主流标准占据 90% 以上的市场份额。为了在国际市场上获得更多机会，华为采取"搭船出海"的策略，积极参与国际标准的制定。

2001 年，10Gbps SDH 系统开始在德国的柏林进行商用。根据 RHK 的统计，华为的光纤系列产品稳居亚太地区市场份额的第 1 名。华为将一个分公司 Avansys 以 7.5 亿美元出售给 Emerson，成为国际电信联盟的成员。

在面对全球市场的大背景下，标准的掌握成为华为走向国际的重要战略。为此，华为公司组织专门的团队积极参与国内外标准组织活动。华为从 2004 年开始在各个产品线正式成立了预研标准部，隶属于各个产品线，下面一般还分为标准专利部、预研一部、预研二部、预研三部、规划部，等等。而这些部门主要的工作就是：跟踪了解业界最新的动态，并进行一些原型开发和发明专利的申请。

几年下来，专利量上升很多，但真正能卖出去或交叉许可的却不多，随着业务的扩张，因知识产权受到国外众多巨头的侵权指控反而变多。原因在哪里呢？原来全球技术的走向被国际各大标准组织所控制，如果你的声音没有在这些组织中体现，你的技术就根本不可能被未来的市场所应用。于是，华为开始调整策略，积极参与国际标准的制定，对预研标准的工作越发重视。

保护好自己的知识产权的同时，尊重别人的知识产权，按照国际的原则建造一个和谐的环境，是华为一直努力的，也是华为同行业的竞争伙伴们希望推动的。华为一直致力于在标准的制定上的合作，华为和全球最大的运营商都在推动开放，当然这是一个艰难的过程，因为国际标准组织的协调是利益的冲突和博弈的过程，但是华为是作为积极的支持者来参与这个活动的。因为只有按照国际通行的标准处理这个事情，才可能赢得一个和谐的商业环境，而和谐的商业环境对企业的发展是十分重要的。

华为的一位员工这样记述了华为参与标准制定的过程："第一次尝试挑头。2005 年，预研部成立，我们有了更专注的团队参与标准专利工作。研究的焦点首先聚焦到光传送网的核心技术——OTN。2005 年 5 月，我们首次在 ITU-T（国际电信联盟远程通信标准化组）全会上提出了基于分组业务的新 OTN 理念和部分技术点，也许是圈内的老专家们根本不适应华为挑头的情形，遭到了很多竞争对手的联合攻击。在大会报告审视中，我两次向大会报告起草人提出异议，申请修改报告结论。因为我相信我们仍有机会，我们对业界发展的理解是正确的。两年后的 2007 年，我们卷土重来，会下牵头电话会议，形成联合小组，成功地引导运营商表决通过了开发 OTN 新特性的需求，OTN 标准演进的大门被我们的坚持和运营商的现实需求成功打开了。在这两年的过程中，我们发现自己已成长为标准圈内举足轻重的力量，并将更为自信地活跃于国际标准的舞台。"

"第一次'大决战'。现在，我们又在经历着新的'第一次'——转身成为业界标准的领军者。而这一次比以往的任何'第一次'都更加艰难。2007 年 OTN 的标准大门打开后，我们从单纯的技术研究转向研究和原型开发并重，对多个核心的技术方案进行了验证。2008 年中，成立了产品线 OTN 联合工作组。如果说 2005 年预研部的成立让标准专利工作更聚焦，孵化出若干璀璨的珍珠，那如今的 OTN 联合工作组就是在打造一顶王冠基座，围绕这一基座，将来自各环节的珍珠有机地镶嵌起来。2008 年 12 月，带着联合小组出台的架构方案，我们再次来到日内瓦，目标只有一个，那就是让 G.709 成为一个新版本。"

"来到会场后逐渐发现，形势比我们预估的更为严峻。在这个战场上，我们没有语言和文化的优势，依靠的只能是我们的能力和战斗到底的信念。竞争对手 X 联合美国多家单位上升为美国代表团的官方意见来阻挠，并动用一切关系资源对我们施压。个别代表几次尝试推翻历史会议讨论出的我司的决议，部分原支持我司的代表也倒戈。在严峻的形势面前，我们背水一战，制定清晰的策略。参会成员高度团结，分工协作，有冲锋陷阵的突击手，有高层斡旋的外交官，有联络各盟友单位的使者，也有与总部保持沟通的通信员。在不断 PK（对决），不断反复，不断表决过程中，不断扩大优势，目标离我们越来越近。2008 年 12 月 12 日 11 点 42 分，随着 SG15 主席'同意'的一锤落定，由华为主导的 OTN 演进的第一版标准获得通过。5 年的奋斗和梦想，在这一刻实现了。在产业链最上游的竞争中，在不断挑战自我的过程中，推动华为光传送的国际标准进入了新的历史。"

随着世界经济的融合，标准的知识产权和创新是相关联的，华为积极参与各个标准组织的工作。

华为 2017 年年报显示，截至 2017 年 12 月 31 日，华为加入了 360 多个标准组织、产业联盟和开源社区，担任超过 300 个重要职位，在 IEEE-SA（电气电子工程师学会标准协会）、ETSI（欧洲电信标准化协会）、TM Forum（国际电信论坛）、WFA（Wi-Fi 联盟）、WWRF（世界无线研究论坛）、OpenStack（自由软件和开放源代码项目）和 CCSA（中国通信标准化协会）等组织担任董事会成员，积极参与和支持主流标准的制定、构建共赢的生态圈。仅 2016 年华为提交提案就超过 6000 篇，累计提交提案 49000 余篇。

华为致力于全球联合创新，驱动产业发展。截至 2017 年 12 月底，华为创新研究计划已与全球 30 多个国家和地区的 400 多所研究机构及 900 多家企业开展创新合作；在 5G 算法、AI 技术、网络智能、纳米材料等前沿领域，多学科联合创新，技术创新突破驱动产业发展与商业成功。

至于华为在标准研究工作中有哪些方面需要改进，我认为华为不论是在市场扩展、产品开发，还是在短期研究都做得相当出色，但是在长期性和基础性研究方面还有进步空间。

另外，华为在创造性研究工作的管理方面还处于学习的阶段，毕竟它有别于产品开发和制造工作的管理，前期研究不但要讲求效率和纪律，还要讲求开放性和灵活性。华为有非常勤奋、非常有才能的研究人员，需要给他们一个不失原则却又具有足够开放性和灵活性的工作环境和管理机制来激活他们的创造力。

一杯咖啡吸收宇宙的能量

我今天就是过来喝杯咖啡，和大家漫谈。

一、我们会怎么失败，华为会怎么垮掉？

历史上多少大公司是在非常成功之后走向大衰退的。20世纪70年代日本电子工业很成功，钱多到可以把美国买下来。日本在模拟电子方面很成功，但在数字转型的时候保守了，让美国超越了。美国CT领域也保守了，被华为超越了，但后来，美国又从IT领域重新打回CT领域，今天甚至可能颠覆CT领域。

MOTO是蜂窝移动通信商用系统的发明人，模拟时代太成功了，就在数字化时代退出了市场。北电10G太成功了，却错失了40G/100G的转型。过去的AT&T为什么失败？它判断这个世界是以2M带宽为通信带宽基础的，这里指的是话音时代，他们没有想到大数据时代，当然我们当时也没有完全想到。现在带宽的需求是被压抑了，压抑后我们就一厢情愿地认为越宽越好。那是不是越宽越好呢？

我们怎么样才能对应这个时代？我现在不知道。当我们最早提出管道概念的时候，大数据的思维描述刚发育，管道有多粗，流量有多大，我们还不知道。我觉得无线比有线更有希望搞明白最终客户需求，因为无线在离客户最近的地方，比较贴近人的基本需求。

在已成功的项目中，哪些潜在因素会导致我们的死亡。蜂窝当初是为了适应话音时代而设计的覆盖方案，可能无法支持高密度的数据覆盖。但高密度覆盖的基本方式是什么，什么带宽是大量最终客户的基本需求，我真的不知道，如果你们技术假设思想错误了，我们发出去的几十万个基站升不了级了，怎么办？这个时候越成功，我们就有越大的历史包袱。未来有很多不可预知性。哪怕我们几十万基站已经发出去了，只要我们率先比别人知道错在哪，就可能早一些避开失败。丁耘（华为常务董事、运营商BG总裁）说要5M或10M无缝覆盖，也许有道理。

我们在追赶的时候是容易的，但在领队的时候不容易，因为不知道路在哪儿。我当年精神抑郁，就是为了一个小灵通，为了一个TD，我痛苦了8—10年。我并不怕来自外部的压力，而是怕来自内部的压力。我不让做，会不会使公司走向错误，崩溃了？做了，是否会损失我争夺战略高地的资源。我的内心是恐惧的。TD市场刚来的时候，因为我们没有足够的投入，所以没有机会，第一轮招标我们就输了。第二轮我们投入了，追上来了。第三轮开始我们就逐步领先了，我们这叫后发制人战略。但那8年是怎么过来的呀？要我担负华为垮了的责任，我觉得压力很大呀，这么多人的饭碗要敲掉了。因为不知道，所以很害怕，才很抑郁。

现在你们也是高处不胜寒。无线走到这一步了，下一步要怎么走。

到底我们将来的技术思想是什么？技术路线是什么？我们假设对了，我们就正确了，可能也就成功了。我们假设错了，那我们可能就会进入类似北电、MOTO一样的衰退。

思科的IP在全世界是独树一帜的，多么先进。但它在核心路由器上的一个投资错误就被华为超越了。你以为华为就不会被别人超越吗？所以我们应该在最好、最繁荣的时候讨论华为的崩溃和衰退，也许能找到一条路来。我们不知道客户真正的需求是什么，我们预见客户的需求都是鱼翅燕窝，如果客户的基本需求是麻婆豆腐怎么办呢？我们鱼翅燕窝做了一大桌，但人来了只吃麻婆豆腐怎么办呢？怎么知道无线带宽的最佳需求到底是多少呢？这一点我也不清楚，就多听听专家们的意见。

二、把握客户的真正需求，坚持主航道的针尖战略

我们的客户应该是最终客户，而不仅仅是运营商。运营商的需求只是一个中间环节。我们真正要把握的是最终客户的需求。最终客户的需求到底是什么？怎么引导市场的需求，创造需求。不管企业、个人市场……，真实需求就是你的希望。

未来世界信息的发展是无穷无尽的。互联网时代不是指网络，一定不要把互联网时代理解成了网络时代。互联网已经成了人们的基本需求，网络只是一个承载工具，端到端连起来，老百姓也是互联网的组成部分。瓦特发明了蒸汽机导致了英国的工业革命使得英国强盛，但蒸汽机不是基本需求，只是代表水的动力发生转变，因此它只是一个工具。网络这个工具和蒸汽机一样带来世界整个生产方式的改变。

　　将来像太平洋这么粗的数据流量，以什么方式核心交换？谁占据了制高点？但不要以为核心层是制高点，所有不可替代层都是战略制高点。前年我们决定让日本的能力为我们所用，在日本建立一个终端工艺研究所，把日本短薄精小的工艺能力聚集起来了，日本研究所就做得很好。我们在日本构建大规模的工艺能力，应用软件让想象丰富的中国人来开发，正好对应人们未来对软件的需求。这两个能力结合起来，世界不就是你的了吗？

　　现在有人在网络上描述华为的战略是针尖战略，我认为他说出了真理。我们收窄战略面，在针尖领域，踩不着别人的脚。我们在主航道上是针尖战略。针尖战略就是冲到最前面，不与别人产生利益冲突。

　　ICT融合是否真正地合乎未来我不知道，但我有两个问题可以假设：干线传输一定是以 CT形式，一定要及时、可靠和准确。但接入层应该是可以允许有错误、丢包。我前段时间听说我们是用 CT的数据传输方式研究图像，我认为这样做肯定不行，交易数据的传输不能出现差错，否则你的钱就到了我的口袋，但是图像的传输是允许有误码的，掉了几十帧，图像就瞬间模糊一下，人们并不会要求图像一个码都不能错。分清楚在接入系统中基本需求和非基本需求，非基本需求不需要这么严格，但基本需求不能有错误。所以我才讲，汽车必须是汽车；豆腐一定是豆腐。

　　我说 ICT融合是我们公司的命题，但是否正确还需要斟酌。在无线覆盖方式上从外向内攻，是欧洲标准，美国标准是从内往外攻。这是两种技术几大阵营之间的搏击。我认为从内往外攻，从外往内攻，都是正确的，我们必须内也要攻，外也要攻，一定要做到在某个界面上有融合的方式。

三、走向世界走向开放，一杯咖啡吸收宇宙的力量

我们要从战略格局上构建我们未来的基本技术理论和思想。我们在无线上数学的突破还是有基础的，但我们在有线网的数学上投入是不够的。我在莫斯科研究所的时候说，无线数学科学家要扩充到140人，现在是70人。我们要开始培养有线网数学家，包括引入准博士，在中国也要这样做。

一杯咖啡吸收宇宙能量，你们的技术思想为什么不能传播到博士和准博士这些未来的"种子"里面去？你们和大师喝咖啡，现在为什么不能也和"种子"喝咖啡？喝咖啡是可以报销的。别怕说白培养了，不来华为，他总可以为人类服务吧？把能量输入到"种子"阶段，这样就形成庞大的思想群。就像一个石头丢到水里面引起波浪一样，一波一波影响世界。你们一个人能交5个这样的朋友，一个人几百个粉丝，一算就知道影响了多少人。交流也是在提升我们自己，因为我们真的想不清楚未来是什么。

华为公司的圈子还太小，你们都不出去喝咖啡，只守在土围子里面，守碉堡最终也守不住的嘛。你们这些科学家受打卡的影响被锁死了，在上研所这个堡垒里面怎么去航海？去开放？航海的时候怎么打卡？发现新大陆怎么打卡？沉到海底怎么打卡？从欧洲通向亚洲的海底有350万艘沉船，那些沉到海底的人怎么打卡？所以，我们的管理要开放模式。

我是一个思想领袖，不是说悄悄话就成功的。公司所有战略都开

放到网上了，高端技术诀窍你可以不开放，低端产品可以先在内部全开放，然后开源，再然后……

资本主义就是因为开放走向成功，中国以前闭关自守没有成功，所以我们也要走向开放。现在很多人希望把国门关起，说中国会强大。错了！中国关门的时间已经很长了，从来都没有证明中国强大过。美国是最开放的国家，所以美国现在还是最强大。不要看美国有时出现的暂时的落后，但美国是火山喷发式的创新，一会儿冒出一个苹果，一会儿冒出一个脸书来，只要美国持续开放，谁能阻挡美国前进的步伐？

我们还要走向世界级。现在我们缺思想家和战略家，只停留在将军层面。如果我们都只会英勇奋战，思想错了，方向错了，我们越厉害就越有问题。所以我们希望你们中间能产生思想家，不光是技术专家，要产生思想家，构筑未来的世界。我们为什么称一条路叫稼先路，就是要纪念无名英雄，我们为什么称一条路叫隆平路，就是说不要在乎你的学历，不要有自卑感，人人都能做出贡献。所以，我希望你们上研所也能出现一批思想家，我们已经有些将军了，下面要成为思想家的时间更漫长，我们已经等不了这么长时间，我们三五年内一定要决策我们的战略是什么。

四、我们的创新应该是有边界的，不是无边界的

我们应该演变，即便有了长远的战略思想，也是在今天的思想上逐步演变，逐步改进。不要妄谈颠覆性，认为革命一定会被接受，不见得。苹果的成功经历了四十年的积累，个人电脑就是苹果发明的，

图形界面也是苹果发明的，后来进入MP3音乐也成功了。MP3时我就说了一句话，这个加个通信不就更厉害了吗？果然加了通信，第一代就卖了900万台手机。你看苹果iPhone的成功是四十年积累的突破，并非一蹴而就。有时候我们不要总想用革命性思想使自己颠覆，人类需要的不是颠覆，人类需要的是技术高质量的继承与发展。

我们对2012实验室的约束是有边界的。只能聚焦在主航道上，或者略微宽一些。产品创新一定要围绕商业需要。对于产品的创新是有约束的，不准胡乱创新。贝尔实验室为什么最后垮了，电子显微镜是贝尔实验室发明的，但它的本职是做通信的，它为了满足科学家的个人愿望就发明了这个电子显微镜。发明后成果丢到外面划不来，就成立了电子显微镜的组织作为商业面的承载。所以无边界的技术创新有可能会误导公司战略。

现在我们说做产品的创新不能无边界，2012实验室放得宽一点但也不能无边界。但我们现在要成就的是华为的梦想，不是人类梦想。所以我们的创新应该是有边界的，不是无边界的。

谢谢你们创造华为今天的伟大，都是你们的功劳，但是明天的失败可能也是由于你们的牵引。你们要开放，吸收宇宙的能量，构筑未来的世界。

（本文为2014年4月23日任正非与上研所专家座谈会上的讲话）

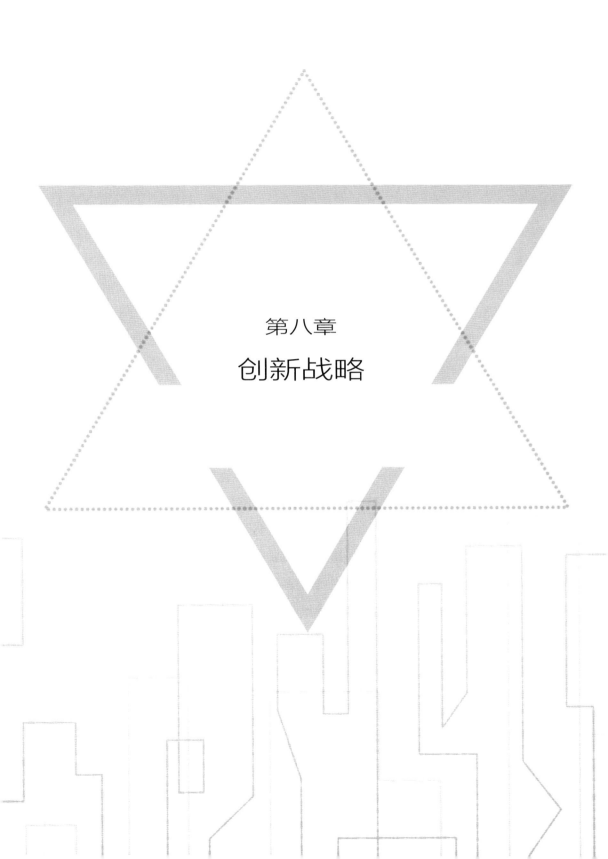

第八章

创新战略

　　任正非说："我们公司大力倡导创新，创新的目的是什么呢？创新的目的在于确保所创新的产品拥有高技术、高质量、高效率、高效益。从事新产品研发未必就是创新，从事老产品优化未必不能创新，关键在于我们一定要从对科研成果负责转变为对产品负责，要以全心全意对产品负责，实现我们全心全意为顾客服务的华为企业宗旨。"这段话说明华为的创新是围绕满足客户的需求服务的，华为的研发反对片面追求最新技术，而忽略客户的真正需求。

　　华为人认为，真正的专家是不能缺少一线经验的，最好的给养其实来源于客户。专家要从一线中来，也要到一线中去，在与客户的碰撞和交融中检查和修正对待专业的标准，避免成为"伪专家"。

第一节　创新反幼稚

　　在自主研发上的出类拔萃，使华为在通信领域激烈的市场竞争中始终立于不败之地，并且得到了高速发展。在一片大好的形势下，任正非却看到了华为在技术研发中存在的隐患：一些华为研发人员醉心于对最好最新技术的追求，却往往忽略了客户的真正需求。

20世纪90年代中期，华为进入快速增长轨道之时，启动了规模研发投入。据时任华为副总裁（现任华为监事、首席法务官）宋柳平回忆说，华为最初对"创新的根本内涵"理解也是模模糊糊的，以至于华为早期在工程师文化引导下开发的交换机和传输设备遭到了运营商的大量退货和维修要求，因为这些产品过度地强调了"自主创新"，而忽视了通信产业"对已成熟技术的继承是提高产品稳定和降低成本的关键"这一基本事实。

年轻的劣势

华为大多数是年轻人。"年轻"使华为快速发展，但也是华为最严重的缺陷。任正非曾经说过，华为最大的优势和劣势都是年轻，年轻人不怕失败，有冲劲，是华为的希望，同时，年轻人也容易冲动、易犯错误。因此，任正非提醒公司各级领导人，要严格把关，正确引导下属的行为，鼓励下属改进。

由于年轻的特点，很多华为人的好奇心代替了成熟，很多研发人员片面追求技术创新、功能全面，不愿意去做提高可生产性、稳定性、可靠性等默默无闻的工作。在片面的"技术至上"，甚至将技术领先作为一种炫耀资本的时候，华为出现了一个奇怪的现象——在某种复杂的产品上，华为人能够做得很好，但同类技术应用在简单的地方，效果却很差。这说明，华为人的技术突破能力很强，但把产品真正做好的能力很差。

真正的专家要走向一线

真正的专家要源于一线，也要走向一线。

对于专家的培养，过去有一些成见和误解，往往认为总部才是专家的摇篮。理由很简单而且看似合理：总部资源丰富，视野开阔，同时距离研发最近，从而做一线时间过长也成为很多人解释自己技术退化、知识沉淀不足的自然而然的借口。这些认识固然有一定的道理，但是仔细推敲却不见得有其内在的必然性，并且容易让人忽视一线实践对于专家培养的重要性。正如有位客户这样评价一些技术人员：你们有些专家能讲清楚光纤的种类，而讲不清楚光纤的熔接；能讲清楚设备功耗的指标，却无法为我推荐一款可靠的电池；能讲清楚业务发放的流程，却从来没有去过运营商的营业厅。

真正的专家是不能缺少一线经验的，最好的给养其实来源于客户。专家要从一线中来，也要到一线中去，在与客户的碰撞和交融中检查和修正对待专业的标准，避免成为"伪专家"。

在一次工作汇报会议上，任正非指出华为的研发人员不贴近市场，不考虑其研发成果是否能得到市场的认可，有闭门造车之嫌。于是他提出了"技术市场化，市场技术化"的口号。任正非在上海电话信息技术和业务管理研讨会上谈道："我们号召英雄好汉到市场前线去，现在一大批博士、硕士涌入市场，3－5年后会推动公司的发展。现在C&C08即使达到国际先进水平，也没什么了不起。因为您的产品是已有的产品，思想上仍是仿造的。唯有思想上的创造，才会有巨大的价值。例如首先发明光纤通信。为使公司摆脱低层次博杀，唯有从技术创造走向思想创造。杂志、资料不能产生思想创造，只有用户需要才能产生。所以我们动员公司有才干、有能力的英雄豪杰站出来，到市场前线去了解用户的需求。"

技术市场化，市场技术化

"技术市场化，市场技术化"就是技术的创新要适应市场的变化。对技术公司来说，贴近市场进行研发是必需的，只有这样才能保证研发成果转化成产品，并被广泛采用，从而产生收益。"原来的开发模式是分离的开发模式，就是说我们的技术部门根据技术的发展情况设定技术路标，产品开发部门就根据技术路标去开发产品，再由市场人员提供给客户，进行推广销售。"华为监事、首席法务官宋柳平回忆在接受《21世纪经济报道》采访时说，华为深刻地感受到"技术引导"带来的危害性。

对此，任正非提出"从对科研成果负责转变为对产品负责"的口号。他在题为《全心全意对产品负责，全心全意为客户服务》的演讲中解释说："现在在座的所有人都必须对产品负责，产品犹如你的儿子，你会不会只是关心你儿子的某一方面？你不会吧。一个产品能生存下来，最重要的可能不是它的功能，而只是一个螺丝钉，一根线条，甚至一个电阻。因此，需要你对待产品也像对待你的儿子一样。"

据《21世纪经济报道》记者丘慧慧的分析记载，IBM 带来的集成产品开发思路，为华为带来了一种跨团队的产品开发和运作模式：市场部、采购部、供应链、研发人员、财务部、售后等在产品立项阶段就开始参与，从而确保产品从最初立项到实现，全过程都是依照客户的需求而产生；与此同时，成本竞争力的考核也贯穿始终，系统地分析通过购买和自主开发两种方式获得的技术对产品竞争力的影响。

对产品负责

没有了市场压力，就没有了华为。任正非希望通过市场压力的传递，使内部机制永远处于激活状态，永远保持灵敏和活跃。任正非将"卖不出去的研发成果"称作"奢侈性浪费"，并警告那些有盲目研发倾向的华为人："研发成果不能转化为商品，那就是失败！"任正非在题为《全心全意对产品负责，全心全意为客户服务》的演讲中谈道：

> 为了使我们的研发人员能够铭心牢记"从对科研成果负责转变为对产品负责"这句话，我们年终将把库房里的呆滞物料打成一个个包，发给研发人员做奖状。每人一包，你可拿到市场去卖。请你回答，我们这历史累积上亿元的呆滞物料是怎么产生的？就是你们一笔一画不认真产生的。这么多的呆滞物料，经过这么大努力的处理还有数千万元是不能利用的，几千万元啊！我们有多少失学儿童，就是因为少几毛钱、少几块钱不能上学，这要让我们每一个研发人员铭记在心。
>
> ……
>
> 今年我们发中研部呆滞物料奖，明年我们要把用户中心

的飞机票，也打成一个个包，再发给中研人员做奖状，让他拿回家去对亲人说是自己得的浪费奖！华为公司实行低成本战略，其实我们的产品成本并不高，而是研发浪费太大！浪费就是马虎、不认真……我们要真真切切地认识到我们所存在的问题，我们的最大问题就是上次在中研部提到的问题：幼稚，一定要去除幼稚。我认为我们到下个世纪将不会幼稚，我们必须从现在开始就要改掉幼稚。

那是 2000 年 9 月，华为研发系统召开几千人的大会，任正非说道："将这些年由于工作不认真、BOM（Bill Of Materials，材料单）填写不清、测试不严格、盲目创新造成的大量废料作为奖品发给研发系统的几百名骨干，之所以搞得这么隆重，是为了使大家刻骨铭心，一代一代传下去。为造就下一代的领导人，进行一次很好的洗礼。"

任正非将闭门造车、自以为是的研发态度归结为"幼稚"，认为这是一种刻意为创新而创新，为标新立异而创新的表现。任正非要求华为全体员工要牢记："我们公司大力倡导创新，创新的目的是什么呢？创新的目的在于确保所创新的产品拥有高技术、高质量、高效率、高效益。从事新产品研发未必就是创新，从事老产品优化未必不能创新，关键在于我们一定要从对科研成果负责转变为对产品负责，要以全心全意对产品负责，实现我们全心全意为顾客服务的华为企业宗旨。"

不能任由技术创新脱离市场的缰绳狂奔。华为对研发人员要求：

"不能只对项目的研发成功负责，要直接对产品的市场成功负责。"无论是产品的核心技术开发还是外观设计，都是如此，华为还从流程运作和考核机制上来保障这种导向。

"任总想向社会表达一种声音，过度'自主'地创新，是危险的。"华为人士说。华为关于创新的核心思想，是如何解决企业的竞争力，满足"质量好、服务好、运作成本低、优先满足客户需求"这四点要求，而不过度强调是不是"自主"开发和创新，"那是个舍本逐末的东西"。

调整研发战略

为避免研发人员只追求技术的新颖、先进而缺乏市场敏感，华为公司硬性规定，每年必须有 5% 的研发人员转做市场，同时有一定比例的市场人员转做研发。任正非在其题为《狭路相逢勇者生》的演讲中谈道："新的产品研发体系的特点：一要保持持续领先；二要以客户的价值观为导向，强化客户服务，追求客户满意度。"

研发战略调整之后，华为与客户之间的关系由原来的华为有什么好产品，客户需不需要，转变为客户需要什么，华为来开发。这样应客户需求而进行的研发不仅使华为更加贴近客户，有效提高客户忠诚度和满意度，更直接影响了企业利润。

2002 年 6 月和 7 月，任正非在公司研委会会议、市场三季度例会上说："如果死抱着一定要做世界上最先进的产品的理想，我们就饿死了，成了凡 • 高的《向日葵》。我们的结构调整要完全以商业为导向，而不能以技术为导向，在评价体系中同样一定要以商业为导向。"

这里的"商业导向"是指客户需求。至今，华为展厅上展示的两句话仍是"产品发展的路标是客户需求导向；企业管理的目标是流程化组织建设"，这已经成为华为创新的核心价值观。

在华为"反幼稚"的那段时间，研发部的走廊里、电梯入口处，到处是"工宣队"制作的各种幽默的宣传漫画，一一列举什么叫研发的幼稚行为，如何去避免研发的幼稚病，等等。

第二节　研发体系改革

一个国家要真正强大起来，必须培育一大批自主创新而且具有国际竞争力的企业。实践证明，在国际化战略中，通过坚持走自主创新之路，华为掌握了国际竞争的主动权。

1999 年国内电子百强销售额排名，第一是联想，华为是第十。而计算利润的时候，华为是第一，联想成了第十。为什么？这是因为华为有自主知识产权的技术，利润率当然会远远超过联想。任正非一句"对核心技术的掌握能力就是华为的生命"很好地体现了整个华为的定位。

其实在 1997 年的时候华为已经在尝试进行研发体制改革了。甚至还曾经专门找人去收集过类似 IPD（Integrated Product Development，简称 IPD）这种研发管理方面的资料，让华为高层一次一次地学习，然后也尝试着自己去做改革。但华为出现的问题让任正非下定决心请来著名"西医"——几家国际知名的顾问公司，在财务、企业管理和研发机制上对华为进行重新打造。其中进行得最早、对企业影响最大的，就是华为的 IPD——集成产品开发。

IPD 并不是一套简单的产品开发流程，它实际上是一套综合的流程和管理体系，该体系的卓越之处突出表现在"集成"上面。传统的产品开发项目组通常由设计人员构成，而 IPD 则要求将所有与产品研发有关的成员纳入到产品开发组 PDT（Product Development Team）中，由 PDT 经理统一管理，形成紧密的研发协同机制。在以 PDT 经理为核心的 PDT 核心团队中，包括了来自市场、采购、制造、研发、财务、质量和技术支援等各个功能部门的专家，团队的目标只有一个，那就是确保产品在市场上能够盈利，该团队要确保产品是符合公司战略与客户需求的，是低成本的、符合质量要求的，是方便安装和维护的、可追踪的。另外，这样的组织体系还可以保证来自上游业务部门的信息顺利且完整地传递到产品的研发过程中，并随时跟踪外界环境的变化。

这个 IPD 项目是华为花了几千万元顾问费，不声不响地请 IBM 来做的。IBM 的专家认为，华为在产品研发方面的主要问题是概念与计划阶段合并到了一起。这种无计划的研发直接造成了两个后果：首先是产品与技术的开发重合，最后导致实用产品迟迟推不出来；其次是由于评审和决策仅仅是出于主观判断，没有符合市场需求的标准，结果造成产品一改再改。

对于华为在技术研发程序上出现的问题，任正非说："这个世界上唯一不变的就是变化。我们稍有迟疑，就失之千里。故步自封，拒绝批评，扭扭捏捏，就不止千里了。我们是为面子而走向失败，走向死亡，还是丢掉面子，丢掉错误，迎头赶上呢？"

任正非对研发体系改革提出了几点要求："从设计开始构建技术、质量、成本、服务的优势。实行集权、分权相结合的矩阵的网络管理体系，以缩短产品的研发周期，延长产品的生命周期。"

调整后的华为研发体系以项目或者产品分为研发小组，采取由研发小组直接向销售经理负责的小组制。任正非认为，研发体系的战略队形和组织结构要随着环境变化进行调整和变化，不要僵化、教条，研发的价值评价体系要均衡。任正非在其题为《华为如何度过冬天？》的例会讲话中说道："打仗的队形是可以变换的。原来我们往核心收得太厉害了，这样我们的技术进步快了，而市场就弱了一点。现在市场变化了，客户需求也变化了，我们可以扁平一点。在攻克新技术时，使队形变得尖一些，增大压强，以期通过新技术获得多一些的市场。当新技术的引导作用减弱的时候，我们要使队形扁平化一些，多做一些有客户现实需求但技术不一定很难的产品。当年的抗大校训就是'坚定不移的政治方向，艰苦朴素的工作作风，灵活机动的战略战术'，我们既要有坚定不移的方向，又不能过分教条，战略队形和组织结构要随着环境变化进行调整和变化。"

任正非举了一个例子："一讲到宽带，大家就说一定要可运营、可管理，就要打倒 CISCO（思科），我们是否也可以举起右手支持 CISCO，赚拥护 CISCO 客户的钱，举起左手也可以做可运营、可管理，赚反对 CISCO 客户的钱。在工作中不能强调一边就忽略另一边，不能走极端。"任正非认为，眼前华为的问题是利润不够，所以要做

些小盒子到各地抢粮食去。所以队形要根据市场进行变化，不能僵
化和教条，要有灵活机动的战略战术，华为的宗旨就是活下去。

2004 年 11 月，任正非在华为公司例会上讲道：

> 研发对结构继续进行改革是允许的，不能把所有的东西
> 都搞成僵化不变的。我们整个体系还没有完全按 IPD 运作，
> 会存在流程不畅的问题。流程打通是迫在眉睫的，怎样打通
> 全流程，希望每个 PL-IPMT（产品线）提一个小组名单，组
> 成跨部门的小组，先把市场、用户、研发打通，然后再把生
> 产、采购捆进来，共同整改流程打通问题，简化程序。成立
> 这个跨部门小组，这个小组就代表公司，有决定权，统管所
> 有的流程。当然，这个小组主要是理顺产品线全流程，并不
> 是多了一层机构。压强原则和组织结构的方向是一致的。当
> 我们的形势变化了，我们一定要及时调整组织结构……
>
> 研发的评价体系要均衡，在研发体系不存在谁养谁的问
> 题。今年我们的智能网拿到国家科技进步奖一等奖，我们其
> 他的项目如果拿去评奖也都能得奖。所以，可以以产品线实
> 施管理，但是要防止公司出现分离。国内的一些友商为什么
> 做不过我们，因为他们是按项目进行核算，部门之间互不往
> 来，如果他们能够集中精力，在一两个产品上超过我们是可
> 能的。
>
> 所以，产品线还是要考核和核算，但不要说哪个产品赚
> 钱，哪个产品不赚钱，赚钱的就趾高气扬，不赚钱的就垂头

丧气，这样，公司很快就崩溃了。就像N公司的例子，几年前我去N公司时，请了手机部经理、基站部经理和系统部经理来交流，手机部经理就趾高气扬，基站部经理也神采奕奕，系统部经理就垂头丧气，就是因为他们实行产品线考核，结果这样他们的核心网和光网络就垮掉了。我们不能这样考核，今天是你贡献，明天是他贡献，大家都在贡献，我们要这样考核。

在华为，对于整个研发流程的考核一是考潜力的增长，二是考对公司的贡献。潜力的增长是对未来的贡献，现在的贡献就是收益，对整个大团队的考核必须兼顾到这两方面。任正非说道：

> 对每条产品线的考核是你们来考虑，不要太偏重利润率，要明确公司给你的目标是什么，给你什么样的资源，要围绕目标来考核。如果说光网络今天不赚钱了，不要光网络了，结果也无法使交换机进步。公司连续十年画一个大饼给你，要保证十年这个大饼都是存在的。我们要做均衡发展，今天不赚钱的项目也要加大投入，今天赚钱的项目要加大奉献。我们希望长久地生存下去，短期生存下去对我们来说是没有问题，因此，评价要从长远角度来考虑。
>
> 对大团队的考核一段时间内要目光短一些，多强调一点奉献；一段时间要强调潜力增长，眼光要远大一些，交叉地使用标准。一定不要认一死理，不然要不了几年土壤就板结

了。这就是要根据外部形势来调整大团队的队形。为什么我们设计虚拟利润目标，就是说效益也是可以用虚拟的方式计算的。

如果研发系统真正做到了人尽其用，的确需要进人是可以给一些指标的。但是，现在还有一部分人工作量不饱满的情况，这些人在公司找不到感觉也会走的。我们存在加班加点的原因主要是管理的不善。管理需要一系列的制度、方法、规划才能实现，是一门艺术。高层管理者可以袖子长一点，但在管理中注意适当授权，一层一层地放松一点，这样，每一层都能找到工作量。对研发人员要强调项目目标的考核和工作目标的考核，经理对员工的考核不能简单化，工作时间投入只能作参考。不要仅凭加班来评价职工的优劣。

研发系统要培训一批团队领导，把管理的团队划小，建立不同建制的团队，这些团队能够整建制调动，打仗时需要多少个团队就加多少个团队上去，管理难度也就降下来了。现在研发的规模大，如果组织的规划没有做好，作战就没有方向。总监可以多一些，总监也可以是技术专家的一个代名词。

另外，干部应注意不要把做基础工作的人忽略了。也要注意用好技术体系的女同志，女同志有自己的特点，在质量、版本管理等方面有自己的优势。

据不完全统计，IPD 使华为整体研发成本降低了 40%。按照时任华为北京研究所路由器产品线总监吴钦明的说法，他们在开发路由器时，通过实施 IPD，可以把最前端的产品发展趋势直接固化在后端产品开发计划中，并保障在开发路由器时"一板"成功，大大降低了废品率，并缩短产品开发周期。

第三节　从追随到创新

如果把"自主"定义为目标的话，那么，从模仿到自主就是中国企业创新的主要战略路径。模仿只是"中国制造"发展过程中的一个小阶段，想当年，英国工业革命时期的德国制造也曾广受诟病；日本制造当年在美国人眼里也不那么受欢迎；直到 20 世纪 90 年代中叶，韩国制造在中国也不那么入流。

三星公司 1969 年进入家电和电子产业，成立之初并不拥有和掌握最起码的电子技术，他们只能从日本索尼进口黑白电视机成套散件和基本的组装技术，在外国技术人员的指导下进行组装，贴上"三洋"品牌销往海外低端市场。

在慢慢学习和掌握部分电子技术后，三星进一步模仿国外知名企业，并消化吸收外来技术，三星通过自主开发和收购、合作等方式进入了电子产品的高端市场。如今，三星电子开发的多项产品在高技术电子产品市场已占据世界领先地位。

从国际知名企业的发展路径来看，自主创新都要经历"模仿""跟随"的成长过程。随着中国企业创新能力的提升，"中国制造"也在一步步地升位。而且，在模仿与创新之间仅一步之遥。

业内笑传"思科一停止新产品研发，华为就会找不到方向"，这其实是所有本土企业共同的困境。通信产业的高科技特性会让胜者因一时之误、一念之差败走麦城，以前的华为更多的是做跟随者，但是今后，更多的是要自己决定做什么。

1998 年，中国人民大学教授彭建锋在一篇文章中，提出对华为二次创业的建议："在 10 年时间里，华为技术的发展要由技术跟进向技术领先的模式转变，产品发展要实现跟进和模仿向创新和改进相结合的模式转变。"

华为先从关键零部件开始自主研发，以降低成本为目标。1998年后，华为根据《华为公司基本法》中制定的"研究开发政策""研究开发系统"等规定，开始了从技术跟进、产品模仿，向创新和改进的转变。当年投入研发的经费超过 8 亿元，是销售额的 10%，并且开始搞战略预研，进行基础研究。据《中国企业家》的记载，2000 年之后，在越来越多的产品上，华为开始具备了改进并创新的能力。华为的技术实力已经在全球进入了第一阵营，并成为市场的领先者。但是华为在具体产品的市场策略上却没有完全改变。思科起诉华为侵权的某个软件就是一个从技术角度看根本没有必要出现的相似软件，华为当初如果更成熟一些，本可以回避这样一个麻烦。

如今，华为已完全具备自主创新的能力。在多年以前，通信领域一直被称为"富人的俱乐部"，是欧美跨国企业的领地。对于中国的通信企业来说，连竞争的资格都没有。

由于互联网的发展，使创造发明更加广泛化、更容易了。华为充分意识到需要在知识产权方面融入国际市场"俱乐部",知识产权是国际市场的入门券,没有它高科技产品就难以进入到国际市场。

为此,华为积极参加国际标准化组织,通过加入其中更好地进行研发。华为于 2001 年 1 月成为 ITU 部门成员,到 2010 年的时候已加入了 91 个国际标准组织,如 ITU、3GPP、3GPP2、ETSI、IETF、OMA、IEEE 等,并在这些标准组织中担任 100 多个职位。

"华为最有价值的东西,不是宽大的厂房,而是拥有一系列完全知识产权的核心技术。"华为一位高层这样说。华为之所以能够加入竞争行列,关键在于很早就确立了一套非常行之有效的知识产权战略和工作制度。

以自主创新技术和自主知识产权为后盾,华为有志于"与高手过招",逐渐向国际高端市场进军。从 2003 年开始,华为产品不仅在传统市场销售稳步增长,而且规模挺进西欧、北美等发达地区,实现了国际各大主流市场的全线突破,成为国际电信市场的主流供应商。

正如战略管理大师迈克尔·波特所说:"战略的原则是你希望找到一个不同的竞争方式,你们不希望做同样的事情,因为如果做同样的事情的话,必须要打价格战。如果你要打价格战的话,就会让你的利润率下降。所以考虑这些不同的事情就必须要了解你的地位,你的技能,你可能会得到一个相对的优势。每个公司的情况都不一样,没有一个现成的公式。必须有创造力,你必须是一个革新者,你必须创造一个新的定位,你不能抄别人的做法。我觉得很多的经理会感到很沮丧,因为他们想要规则,想要我告诉他们该怎么做。

我总是说没有标准答案，如果这里有一条规则的话，那会导致失败。因为如果大家都这么做，谁也不会取胜。所以说战略性的问题很复杂，如果你讲的是运营效益改善的问题，改善你的供货链或者说生产方面的问题有很多的规则，大家都可以照着做。但是战略这个东西是一个非常困难的领域，因为是需要有创意的，是需要最终的创意，可以有一些框架或者是结构指导你的这个创造性，但是最终高管层必须有创意，必须有这个胆识才可以做到别人没有做的事情。"

第四节　反驳"唯技术论"

联合利华引进了一条香皂包装生产线，结果发现这条生产线有个缺陷：常常会有盒子里没装入香皂。总不能把空盒子卖给顾客啊，他们只得请了一个学自动化的博士后设计一个方案来分拣空的香皂盒。博士后拉起了一个十几人的科研攻关小组，综合采用了机械、微电子、自动化、X 射线探测等技术，花了几十万元，成功解决了问题。每当生产线上有空香皂盒通过，两旁的探测器会检测到，并且驱动一只机械手把空皂盒推走。

中国南方有个乡镇企业也买了同样的生产线，老板发现这个问题后大为发火，找了个小工来让他解决问题。小工很快想出了办法：他在生产线旁边放了台风扇猛吹，空皂盒就会被轻松地吹走。

这两件事的对比讽刺了"唯技术论"。当企业变大了之后，任正非也有着类似的担忧。

有人问任正非："华为一年销售额 462 亿元的秘密是什么？"任正非不假思索地说："因为华为一年申请到的专利超过 1000 件！"华为凭什么敢和思科对簿公堂？因为华为以自主创新拥有大批自主知识产权。

华为在产品研发方面表现出其他中国民营企业少有的偏执情结，具体表现在对研发的持续投入、对专利和技术标准制定的热情等方面。华为将研发能力和研发规模视为自己与其他民营技术企业的本质区别。2009 年，华为在全球建立了 14 个研发中心，29 个培训中心，有 27600 余名员工从事与研发有关的工作，占员工总人数的43%。

"第一次，一家中国公司在 2008 年名列 PCT（《专利合作条约》）申请量榜首。华为技术有限公司，一个总部设在中国深圳的国际电信设备商，2008 年提交了 1737 项 PCT 国际专利申请，超过了日本的松下和荷兰的飞利浦。"2009 年 1 月 27 日，世界知识产权组织（WIPO）在其网站上公布 2008 年全球专利申请情况时，如是表述。

"全球专利申请第一"的光环以及蜂拥而至的媒体报道，却让华为深感忧虑。

只能是领先竞争对手半步

任正非重视研发，强调技术的先进性，但绝非要一味领先，而是遵循适度原则。也就是说，比竞争对手稍微领先，保持一定的先进性即可，技术过于先进有时候不一定是好事。

"领先三步是先烈，领先半步是先进。"时任华为副总裁宋柳平说，"创新也不能走向极端，研发和技术要紧密围绕如何帮助客户成功，要坚持商业和客户需求导向。"

为了在市场上赢得先机，抢占市场份额，每个企业时刻都在绞尽脑汁地更新技术，保持技术领先。任正非认为产品和技术每晚一步，就意味着巨大的失败和压力，但也并不是领先越多越好。因为太超前的技术往往不能很快得到市场的认可，不能马上产生经济效益。任正非在《华为公司的核心价值观》的专题报告上表示："超前太多的技术，当然也是人类的瑰宝，但必须牺牲自己来完成。IT泡沫破灭的浪潮使世界损失了 20 万亿美元的财富。从统计分析可以得出，几乎 100％的公司并不是因为技术不先进而死掉的，而是因为技术先进到别人还没有对它完全认识与认可，以至于没有人来买，产品卖不出去却消耗了大量的人力、物力、财力，丧失了竞争力。许多领导世界潮流的技术，虽然是万米赛跑的领跑者，却不一定是赢家，反而为'清洗盐碱地'和推广新技术而付出大量的成本。但是企业没有先进技术也不行。华为的观点是，在产品技术创新上，华为要保持技术领先，但只能是领先竞争对手半步，领先三步就会成为'先烈'，明确将技术导向战略转为客户需求导向战略。"

其实，任正非这样的理念也是从失败的教训中总结得出的。

在华为发展的前期，为了打破外国通信巨头对高附加值的高科技产品的垄断，华为实施了"技术驱动"战略，在技术研发中坚持高起点，始终瞄准业内尖端、前沿、最有市场的产品，努力站在与国际跨国公司同一起跑线上。

1998 年，中国联通 CDMA 项目进行招标，华为为此做了充分的准备，但遗憾的是华为最终落选了。导致招标出局的原因是华为在产品选型上观念过于超前，放弃了性能相对稳定的过渡产品 IS95 版，而选择一心一意去研究 2000 版。由于当时 2000 版的芯片刚研究出来，性能尚不稳定，因此联通最终决定采用 IS95 版。通过那次的失败经历，任正非意识到华为的研发战略必须要改变。

进行针对性的开发

时任华为中研部副总裁方唯一讲了一个故事：1997 年，天津电信的人提出"学生在校园里打电话很困难"，任正非当时紧急指示："这是个金点子，立刻响应。"华为用了两个月就做出了 201 校园卡，推出后市场反应热烈，很快推向全国。实际上这项新业务只需要在交换机原本就有的 200 卡号功能上进行"一点点"技术创新，但就是这个小创新，使得华为在交换机市场变劣势为优势，最终占据了 40% 的市场份额。

据《人民日报》的记载，1998 年，华为通过市场调查，特别是与电信运营商的深入交流，了解到运营商对接入服务器有着巨大的需求潜力，而当时流行的接入服务器大都不具备电信级的性能。为此，华为公司迅速开发出了创新的电信级接入服务器产品 A8010，一经推出，迅速风靡市场，2000 年市场占有率为 70%。再如，华为分布式基站就是在仔细分析了客户需求的基础上研发出来的。华为发现欧洲移动运营商花在租用机房、设备用电、安装维护等方面的费用成为其最大的支出。基于欧洲客户这种需求，华为研发团队积极创新，开发出了分布式无线基站解决方案，设备可以安装在过道、楼梯间和地下室等狭小的空间，大大降低了机房的建设与租用成本，并且易于安装。"这款分布式基站没有革命性的技术，也不存在过多的技术含金量，仅仅是工程工艺上的改进而已。"华为人士说。但是它却为华为的欧洲运营商客户每年节省了 30% 的场地租金、电费等运行、运维费用，因而受到欧洲市场的欢迎。

全球最权威的商业杂志——美国《商业周刊》对华为的评价很朴素："它的成功是因为其为客户提供了顶级质量、最优性价比的产品。"

研发要做智能世界的"发动机"

——任正非在产品与解决方案、2012 实验室管理团队 座谈会上的讲话

2018 年 3 月 21 日

　　未来二三十年，人类将进入智能社会。面向新的时代，公司致力于把数字世界带给每个人、每个家庭、每个组织，构建万物互联的智能世界。这既是激发我们不懈奋斗的远大愿景，也是我们所肩负的神圣使命。

　　公司要成为智能社会的使能者和推动者，这将是一个持久的、充满挑战的历史过程，也是我们的长期机会。在这一过程中，研发要扛起重任，成为公司走向未来的发动机。研发要坚持客户需求和技术创新双轮驱动，打造强大的"基础平台"，这个基础平台就像东北的黑土地。传输和交换不是平台，但它是平台的基础，华为连接全世界170多个国家和地区、1万多亿美金网络存量的传输交换，把它转换成平台，让所有的"庄稼"成长，带给客户更好的产品和服务，这是我们的一个理想。

未来是赢家通吃的时代，我们主航道的所有产业都要有远大理想，要么就不做，要做就要做到全球第一。为此，我们要打造一支胸怀梦想、充满活力、团结奋进的研发队伍，团结一切可以团结的力量，全营一杆枪，持续构建最具竞争力的产品和解决方案。

一、"全营一杆枪"的目的就是要打下飞机，没有"你们"的项目，都是"我们"的项目。

"全营一杆枪"的目的就是要打下飞机。对公司来说，只有商业成功，才能说明市场销售与服务好，才能说明产品有竞争力，也才能说明技术领先。只有从2012实验室到P&S（产品及服务）、从研发体系到市场体系都做到全营一杆枪，公司才能实现商业成功。我们不能孤芳自赏，不要以为问题全在他人身上。"全营一杆枪"意味着面向客户需求，我们要构筑从机会到变现的E2E（端到端）全流程解决方案能力。一个营的官兵必须凝聚为一个整体，聚焦一个目标，才能取得胜利。

为什么我把产品线的总裁全部安排到B1来办公？因为你们不只是研发的主管，而且肩负着产业端到端经营的责任，在B1就是为了方便沟通和解决问题，哪个地方有短板，就搬到哪里去办几天公。各产品线总裁集中办公，也是在增强你们横向纬线的打通。

打上甘岭的时候，没有"你们"的项目，都是"我们"的项目。说"你们"的人，我要问一下，你做了什么贡献？你冲上去没有？开了枪没有？上过战场没有？流过血没有？没有，你就下去。要身临其境，做一个战斗员，不要做一个站在岸上的专家。以后评审项目的时候，就放到游泳池去评审，有深水区和浅水区，当他再站在旁观的角度说"你们"的项目时，就把他推到深水区去呛一下，不能老在岸上说闲话！我们的代表、委员不能游离在项目之外，要参与其中履行职责。以前采购委员会开会缺席三次就罢免委员资格，没有委员资格就没有表决权，现在出席率都很高。产业管理者也要有权力对功能领域代表进行弹劾、考核，甚至降级降薪，开发代表对要素代表也是一样。如果他们不履行职责，就换个二等兵上来，现在二等兵都是博士、硕士，能力都很强。

各领域的代表、委员参与项目，不是去卡项目、去否决项目，而是要积极拖动各领域的资源来支撑项目成功。你有看法要积极表达，践行努力。代表和委员没有一票否决权，一直到IPMT都没有一票否决权。当你要否决的时候，你要说明你这个委员做了什么，你自己要想清楚，要讲清楚，当然也要敢于坚持原则。如果没做贡献，讲不清楚，是不好的。卡住多少问题不能成为你的业绩，帮助解决了多少问题才是你的功劳。我是有否决权的，但我轻易不会否决，我要否决的时候，先退回去跟别人商量，讲明我的意见是什么，来回商量以后我们一起调整，而不是站在旁边看热闹。我们一起冲锋，冲错了，一起改正，相互帮助，这才是战友。

二、打造一支嗷嗷叫的作战队伍，千军万马上战场，攻下上甘岭。

1. 主官要有强烈的求胜欲望，坚定信念打胜仗

主官要有主动求战、求胜的欲望，要有坚如磐石的信念，具备坚强的意志和自我牺牲精神。美国的两个主力作战师，101师和82师，

为了争夺荣誉，士兵甚至会打架。如果大家平稳成一碗水，看似很理性，但是没有活力，这样的主官就要淘汰。主官一定要有自豪感、荣誉感，一定要胜利。

抢占上甘岭，主官首先要"剃头宣誓"，誓死奋斗。我们的主官剃个头，嗷嗷叫，枪一响，上战场，谁会不跟你冲。"跟我冲""给我冲"，是两种不同的领导方式。以后要先找到领头人，再立项，没有合适的人，也别立项。

我找一个主官说你来干这个项目，主官一上来先讨价还价，这样是不能做出世界一流的产品的。为什么我们很多的改革是半途而废的？除了IFS（交互式金融服务）、财经从头打到尾以外，很多改革都是改到一半，改革者跑了，这就是机会主义者，以后不允许机会主义者在我们公司担责。

2. 专家要聚焦作战，专业技术的领军人物就要有"少将军衔"

专家是我们应对不确定性的重要力量，面向新业务，专家的价值会越来越大。新技术、新业务发展越快，专家的作用就越重要。随着技术车轮的前进，主官要减少，专家要增多。我们要给专家赋权，职级和待遇要匹配相应的贡献，牵引专家持续在领域内深入钻研。专家的职级可以高于主官，就如现代军队的军官和士官，得一个"兵王"不容易。我们鼓励一些专家下沉到PDU（产品开发团队），专家的岗位职级可以高于PDU部长的岗位职级。这次我们要大力提拔一些"单板王""模块领袖"……，各业务部门都有一些业务尖子，技术专业的大拿，财务、行政、供应、制造……也有做得好的模块领袖、业务大拿的小火车头。

我们要重视专业技术的领军人物，领军人物就要有"少将军衔"。做出突出贡献的首席单板专家/软件首席程序员能否提到23级？可能一次不能提到23级，但可以先升到20级。你有几百个单板，那就是几百个"少将"。提高领军人物的职级，我们就有了一群"少将连长"，他们可以影响更大的一群人，这样会继续出来一大批"少将连长"。首席专家要有任期制，3年一任期，期满复核，能上能下。让做得好的专家获得发展，激活我们的专家队伍。有经验的专家可以当"博导"，要给导师合理的地位、权力与责任，让他们辅导新员工、新主官、新专家，起到传帮带的作用。

专家不能到一定职级后就高高在上了，只参与评审，不参与具体的开发工作了。每个团队要把最强的力量用在生产活动中，参与单板或软件的设计和开发。我们的排长和连长也要作战，承担部分核心代码开发或架构设计工作，这样你们的综合能力才会更强。

3. 员工的培养和指导，主管一定要担责

主管要加强对员工的指导，尤其是新员工，更要热情指导。有新员工反馈说，进部门后什么都不知道，部门就说把一个测试任务交给他。怎么测试？没人指导；测试结果向谁汇报？不知道；去问主管，也没人回答。如果我们不及时指导员工，员工就加班加点，还做一堆错事来，增加了评审的工作量，这就是马太效应。研发能不能规定每天留一个小时复盘？复盘的时候，大家坐在一起喝杯咖啡，反思一下今天的工作。多次复盘完了以后可以建模，模型不一定要数学的，可以定性的也可以定量的，技巧方法传下去了，下一次操盘就容易了，这样新员工也就发挥了作用。可以成立一个导师部，一些有战功的优秀干部和专家，他们有丰富的作战经验，也乐于和大家交流分享，可以让他们去指导新员工和帮助基层主管提升能力，工作指导正确了，问题就少了，评审就少了，效率也就提高了。

4. 破格提拔要允许少年英雄，让优秀人才脱颖而出

少年强则中国强，华为也要有少年英雄，要让有朝气、有活力、敢闯敢干的优秀人才脱颖而出。霍去病是中国最有名的征西将军，打完江山才二十几岁。对比研发目前的职级，你们给他这个年纪的人定多少级？17级吗？他应该是上将军，17级才相当于校官。深圳有一个学生14岁读大学，现在是麻省理工学院的博士，他已经在 Nature 上发表了两篇关于石墨烯的论文。这样的人才如果招到公司，能不能给他19级或20级？现在研发团队19级员工平均年龄居然接近40岁，这样升级的速度太慢了，要设法改变。现在升级速度慢，说明我们没钱。招到领袖来就能多赚钱，多赚了钱，怎么就不能给少年封个连长？如果少年英雄到不了华为，就是我们的机制有问题。

职级低的年轻人也可以当主官，管理职级高的人。我们不提倡论资排辈，我们需要的是能带领部队冲上上甘岭的人。17、18、19级是主力作战部队，要将他们放在主力作战岗位上，担任主攻任务，不要把他们拉去搞非生产力的活动。要敢于早一点把合适的人提到相应的位置上，优秀的人员应该在30岁左右可以升到17—19级。我去了一个代表处，听说这个代表才26岁，一年升了4级，升到18级，非常鼓舞士气。我很高兴看到公司人才辈出。破格提拔就是这样，新生力量不断上升，代表着一种正气不断上升。

5. 合理流动，向外扩张，让内部新生力量不断冒出来

　　研发可以保持现有的编制，但要保持合理的对外流动，这个流动率不能太高，太高没有继承性，也不能太低，每年10%左右可能差不多。不要怕流动，研发流出去到供应链、制造、市场去的优秀干部和专家，将来就会成为你们中间的润滑油，流出去了还可以再流回来，他把市场的东西带回来了，同时他也懂得研发的东西，就可以做好工作。我们现在还有很多新的战略机会点，比如安平，这些机会点需要有战略洞察能力，需要一些优秀的研发干部和专家，他们流动过去就建功立业了。以后，技术类的应届生都可以先从研发开始，学习锻炼一段时间后再走向市场上去打仗，不然连产品都讲不清楚如何能服务好客户？这样来回循环，研发就成了将军的摇篮。上前线多了，也可以回研发来，这样更有经验。

三、简化管理，一切工作围绕提升土地肥力和多打粮食来开展。

　　1. 做好架构解耦，组织优化与架构解耦迭代前进

　　把架构解耦做好，就好布阵点兵。只要方向没错，越干越省劲，方向错了越干越累，越干越麻烦。基层组织不要太大了，否则协调面太大，效率不高。中国的军队在做师改旅，裁减了很多部队，以前是叫坦克团、炮兵团，打仗的时候再来组合，慢得很。现在一个旅就有直升机、坦克、大炮，打仗组合就变得更加灵活，团队规模小了，反而战斗力更强。这也是全功能团队的概念。研发作战部队直接面向客户，灵活机动，很多需求和问题就可以快速澄清并用最短路径去闭环解决。基层组织的调整要授权给业务决策组织，依据业务的变化快速调整。

组织优化与架构解耦相互促进，迭代前进。成熟业务用组织优化牵引架构解耦，新业务用业务牵引组织调整，横向大部制、纵向扁平化都是优化方向。

创新类项目可以采用多路径、多梯次、多场景的方式。在一个项目中，有两个版本我是支持的。但在运作时，两个版本应该有主有次，例如经过评审，最有希望的是A组，那B组这个版本实际不是跟着A组发展，而是跟着未来发展的，未来还可能颠覆A组的发展，这样B组就对迭代更替起作用了。面对未来的艰难，我们要出现C组，C组更难，不要在他还没出成绩时，忘了给他涨工资。我们的政策不要忘了啃骨头的人。

2. 坚持责任结果导向，放开冲锋路径，多产粮食

流程的本质是服务于业务，杜绝形式主义，不要让流程左右了我们的行为。针对不同业务场景实施质量差异化、流程差异化，授权业务团队按需适配，不要管出左脚还是出右脚，我们要的是结果，不过多关注过程，不要成为流程的奴隶。我们还要在公司内部打破信息垄断，千军万马打下上甘岭。

我们要区分作战组织与职能组织，能产粮食、直接做事的组织是作战组织，不能直接产粮食、发文要求别人做事的就是职能组织。发文要收敛到三级部门及以上，发文就是发令口，我们精简文件，就是要精简发令口。如果往下细分的部门都有发文权力，变成一个蛛网状，就会相互干扰。

在绩效考核上，一方面，面向不同的业务人群，实施差异化绩效管理，不搞一刀切，充分发挥每个团队成员的潜力；另一方面，要简

化组织KPI、增强协同考核，重塑"胜则举杯相庆，败则拼死相救"的共同奋斗精神。

研发员工加班多，很辛苦，我认为不要普遍加班，不需要加班的就不加班。干部要考核员工绩效，而不是看他是否在你身边，因为你笨，要多飞，晚上干得很晚，聪明的为什么不可以早一些睡呢？如果部门无效加班多，说明主管没能力，没能力的主管就是形式主义。我们是责任结果导向，不要强调过程考核。听说加班夜宵报销要主管审批，我觉得多此一举。加夜班的优秀好汉要多吃点，吃好点，干劲大。标准是否可以优化？没有食堂供应的是否可以点外卖？以一单为标准，不以金额限制为标准，可以否？我们的干部要爱护员工。

3. 简化管理，提升效率，从主官做起

主官要深入实践，提升战略洞察能力。我们很多主官可能十几年没摸过代码了，实操自然生疏。现在我们的干部打一打，就不打了，慢慢地战略洞察能力就弱了。我不是说干部天天都要去编代码，但是我认为从作战部队脱产过早，会导致脱离实际，结果对问题讲来讲去讲不清楚，让团队走了弯路。方向一定要正确，既要有大方向，也要有小方向。每一个领兵人都要有战略洞察能力，都要知道要实现这个目标应该怎么做，怎么能省工省时。

主官的职责是天天盯着地图，争取胜利，而不是听汇报发文解决问题。主管要拿着铁锹，背上背包，走上战场，亲身去解决问题。中基层组织的研发干部不能完全脱产，每年要有一些时间在具体项目中实践。前些年，俄罗斯反法西斯胜利大阅兵，第一架核战略轰炸机，是空军司令亲自驾驶飞过红场的。主官走向战场，听汇报的时间就少了，自然管理就简化了，胶片文化就逐步减少到必要；主官走向战场，和作战部队一起作战，就能发现流程为什么复杂，为了胜利就会主动梳理流程；主官走向战场，平时就练兵提升能力，提升了能力就能争取更大的胜利。

组织优化和效率提升是每一个主官的责任。每一个作战主官，要主动去识别影响作战效率的核心问题，制定措施改进。形成机制，一个一个问题去改进，每个人，每个团队，各层各级都来发现问题，以最短路径去闭环解决，大家都行动起来，研发效率就提高了。

四、改革要有清晰的方向，统一的意志，有序的组织，最终目的就是胜利。

我们承认现在是相对合理的，要逐步改革。要像财务一样一点点小改革，一点点小进步。改革要从小处着手，看到方向，做到心头有数。不要一下就拿出一个大框架来，不切实际也无法落地。而且反复"烙饼"，容易伤害已成功的管理。从小事启动，慢慢延伸，不着急匆匆忙忙解决，湖水要动起来就行了。

要用各种方法激励员工，多正面肯定，少负面批评，不要动不动就负向问责。研发人天天对着屏幕，活跃性、开放性不够，可以多组织一些活动，包括带家属去活动，大家去放松。春天来了，松山湖很漂亮，周末可以到松山湖去野餐，要搞得活跃，一定要有组织氛围。以前深圳最活跃的就是研发，你们还可以召开研发体系年度工作大会，大家闹一闹，鼓舞鼓舞士气。多花点钱没关系，自己出点，公司也可以补贴一部分。如果花的方法不清楚，就和财务沟通。

公司致力于构建万物互联的智能世界，未来的黑土地，研发要扛起重任。你们一定要开放，要有开放的心态、开放的胸怀，形成真正鼓励开放、创新、试错的氛围，焕发活力。我们的最终目的就是一定要胜利！为构建智能社会做出贡献！

（本文摘自华为内部电邮讲话 [2018]046号，来源：华为官网"心声社区"，签发人：任正非，签发日期：2018年4月25日）

第九章

研发布局

　　2010 年 3 月 31 日，任正非在华为官网上发表了致辞，他说："展望下一个十年，以物联网、移动宽带、云计算和家庭网络为代表的市场机遇，将会推动行业获得新的巨大发展。华为将继续聚焦客户的压力与挑战，匹配客户的战略需求，为客户创造新的价值。"

　　之后的 8 年时间，华为围绕物联网、移动宽带、云计算和家庭网络 4 个方向进行了研发布局，华为根据业务类型，分为运营商 BG、企业 BG、消费者 BG 三大业务集团。2017 年，华为公司新成立了 Cloud BU，推出 14 大类 99 个云服务及 50 多个解决方案，构筑开放、合作、共赢的云生态，发展云服务伙伴超过 2000 家。

第一节　物联网

　　物联网的概念是在 1999 年提出的。过去在中国，物联网被称为传感网。中科院早在 1999 年就启动了传感网的研究，并已取得了一些科研成果，建立了一些传感网。

　　"物联网前景非常广阔，它将极大地改变我们目前的生活方式。"

南京航空航天大学国家电工电子师范中心主任赵国安说。业内专家表示，物联网把我们的生活拟人化了，万物成了人的同类。在这个物物相连的世界中，物品（商品）能够彼此进行"交流"，而无须人的干预。物联网利用射频自动识别（RFID）技术，通过计算机互联网实现物品（商品）的自动识别和信息的互联与共享。可以说，物联网描绘的是充满智能化的世界。在物联网的世界里，物物相连、天罗地网。

中国电信副总工程师靳东滨曾介绍道："设备制造是物联网产业链的上游，以制造工业为基础，也是产业链条的技术核心。物联网的制造产业链较长，既包括计算机类、通信类及其网络类设备，也包括芯片、敏感器件、传感器等器件和器材。传感器一类产品承担着对物品感知的作用。由于接触到各个行业应用，就有可能产生具有各个行业特征的传感装置和设备。"

"网络运营是物联网产业链的中间环节，也是最重要的环节。网络运营系统构成了物联网的传送层，由感知器件开始到最终承担着管理运营的计算机系统结束，它构成了物联网网络技术支撑体系，承载着物联网全面互联互通的任务。目前，我们已经看到在网络层出现了下一代互联网 IPv6 技术，在计算机应用层面出现了云计算等新型的运算模式。不断涌现出大量的新技术、新产品、新架构，使网络运营逐渐成为未来物联网技术进步的最热点领域之一。"

"物联网的产业化应用是产业链的下游，对物联网的发展至关重要，也是发展和合作空间最广的领域。现在我们已经看到：在面向个人的手机支付系统、工业生产过程管控、城市管理的平安城市监测系统、环境保护监测系统、物流管理系统、智能安全围栏以及大棚农作物环境自动管理系统等都有成功的应用案例。在金融、现代服务业、旅游、能源等行业方面都蕴藏着大量物联网应用的空间。"

"物联网产业链是如此宏大，涵盖了当代信息技术的所有方面，并随着行业应用的发展还会创造出更多的技术和产品。"

移动通信和 Internet 的快速发展，加速了"地球村"的到来。如今，在部分发达国家和地区，移动通信渗透率已经达到甚至超过100%。然而，仅仅实现"人"的连接和"人"的智能还远远不够。如今，人类还面临着共同的难题：能源短缺的同时存在大量的能源浪费。物联网就是在这种背景下产生的。物联网的本质是把 ICT 技术（信息通信技术）应用到各个行业中去，通过 ICT 技术实现各个行业的"智能感知和智能控制"，从而达到"提升效率、科学决策、节能环保、节约成本"的目的，推动人类社会从 E 社会（电子社会）向 U 社会（泛在社会）的升级和发展。

2010 年 3 月 31 日，华为在其官方网站上发布了 2009 年年报。任正非在华为官网上发表了祝贺致辞，他说道："展望下一个十年，以物联网、移动宽带、云计算和家庭网络为代表的市场机遇，将会推动行业获得新的巨大发展。华为将继续聚焦客户的压力与挑战，匹配客户的战略需求，为客户创造新的价值。"

同样是在这一天，时任华为董事长孙亚芳表示："随着电信渗透率趋于饱和，电信业的主要努力将由'人'的连接转移为'物'的连接（即物联网）。物联网给通信、IT 等产业描绘了一幅前所未有的蓝图。2020 年，物物互联将超越 60 亿人口，扩展到 500 亿机器乃至上万亿的物体，为电信业打开一扇新的大门。"

在互联网领域，规模最大的"市场"莫过于人手一部的手机。在芬兰等发达国家，人均甚至拥有不止一部手机，移动互联网领域也是目前业内研究的热点。2009年10月，时任华为创新孵化中心主任楚庆在接受网易采访时却展示了一个更加遥远的互联网规划，让家电联网，即华为的数字家庭平台项目。这类似于"物联网"概念。

楚庆称："现在的家电只是插了一根电源线，独立工作，而将来处于信息状态后，将彻底改变人们的生活。"他举例说，联网的冰箱在坏了之后，可主动与厂家联系，并说明故障原因，甚至在消费者还没有发现冰箱坏的时候，就可能收到厂家的反馈。通过联网，用户还可以在远端指挥家电运转，包括调节冰箱温度、打开空调，等等。

楚庆表示，数字家庭是一个比手机更大的市场，"在深圳最普通的家庭里，也要有一台电视机、一台洗衣机、一台微波炉吧，这样平均算起来市场就要比手机大"。

2009年11月，在物联网应用峰会上，广东移动与华为、大唐、联想中望等8家合作伙伴签署物联网项目战略合作协议，共同发力物联网领域。时任华为战略规划部部长朱广平表示，华为与中国移动在M2M（机器对机器）的中间件、业务协议和终端上面都展开了合作。但他同时指出，物联网现阶段还存在行业标准缺乏、商业模式不清晰、产业链复杂的缺点，需要政府和大的运营商在物联网产业链上起到整合的作用。

Gartner预估企业物联网市场2020年投资将达4000亿美元；麦

肯锡预估企业物联网市场 2025 年投资将达 3 万亿美元。企业物联网巨大的市场蛋糕，吸引无数企业重金投入。作为全球领先的信息与通信解决方案供应商，华为自然不甘人后，2016 年开始重拳出击国内外企业物联网市场，2017 年的表现格外抢眼。

全球物联网大会（IoT Solutions World Congress 2016）于 2016 年 10 月 25 日至 27 日在西班牙巴塞罗那举行，这是全球领先的工业物联网大会，致力于推进 IoT 供应商与行业间的合作关系，并向各个行业提供颠覆性的 IoT 技术，以提高产能。华为作为此次大会的主要赞助商，携轻量级操作系统 Huawei LiteOS 和多个重磅物联网解决方案亮相，并分享华为物联网解决方案在各行各业的实战经验和成果。这是华为首次参展全球物联网大会。

当前，物联网对传统产业进行重构，各行各业面临着数字化转型的巨大挑战，华为聚焦公共基础设施、个人消费者、智慧家庭、车联网、制造、能源等垂直行业，将最新的 ICT 技术与行业深度融合，实现行业创新。在全球物联网大会上，华为分享了 IoT 解决方案在电力、电梯、照明以及农业等领域的成功案例，阐述如何帮助企业释放出产业创新的潜能。同时，华为还展示了一系列创新的 IoT 解决方案，华为 IoT 解决方案采用领先物联网技术，支持智能化的传感终端，无处不在的网络连接，人工智能、大数据分析、端到端的网络安全，助力实现数据价值变现：轻量级开源物联网操作系统 Huawei LiteOS，可帮助实现智能化的物联网终端；基于 SDN 架构和边缘计算的敏捷物联解决方案，实现千万级网关和终端的远程自动化运维管理及边缘智能；统一开放云平台 OceanConnect IoT 平台，提供安全可控的全连接管理。

2017年，华为重点发力企业物联网，在企业物联网方面的多个实践，都在加速各行业数字化的转型。针对电信、制造、物流、智慧城市及公共事业等领域机构与企业的垂直行业需求，华为持续开发物联网技术，意图实现数字化转型。

从技术方案方面看，除了在火热的NB-IoT（窄带物联网）领域大放异彩，华为也在eLTE、EC-IoT（边缘计算物联网）、IoT平台、IoT安全等领域展现出强大的构建能力。

从市场方面看，华为上交了一份亮丽的成绩单，依托IoT平台的灵活部署，华为企业物联网已在工业物联网、车联网、物联城市等场景领域广泛应用，与迅达、法国标致雪铁龙等多个全球领先企业深度合作。

华为2017年年报显示，在物联网方面，华为通过业界领先的OceanConnect物联网平台，提供丰富的API垂直应用，通过系列化Agent方便终端接入，帮助运营商构建开放生态，携手产业伙伴合作共赢；在IoT World Europe 2017大会上获"最佳物联网平台"奖。2017年，华为协助中国电信等运营商实现智慧燃气、智慧水务等便民惠民的公共服务。

华为2017年全新发布"平台＋连接＋生态"企业物联网战略，并推出企业物联网解决方案，提供从芯片到平台的全场景、模块化方案组合，依托平台灵活部署，并已在公用事业、物流、制造、智慧城市等多个领域全面应用。华为与中国深圳巴士集团签署战略合作协议，聚焦车联网方案建设；助力全球领先的物流企业DHL在园区物流、智能分拣等多个领域进行解决方案创新；与全球最大水务公司威立雅集团发布针对水务、能源管理、垃圾处理等垂直行业的联合创新解决方案基本构架，并在智能水务领域开始规模部署；为中国潍坊提供云化部署的物联网平台和 NB-IoT 技术，支撑智慧路灯、智慧环保、智慧抄表、智慧停车等多样化城市管理应用。华为 OceanConnect 物联网平台被 IHS "IoT CMP Platforms Scorecard" 报告列为领导者，EC-IoT 被 MarketsandMarkets "IoT 网关市场报告" 列为领导者。

第二节　云计算

2010 年，移动互联网、物联网、云计算是三个爆发的业务。其中，又以云计算最具潜力。在中国，伴随着 3G 业务和市场的蓬勃发展，运营商除了搭建网络外，主要的盈利来源将通过数据业务、增值业务的开展来实现。

2010 年 3 月 31 日，时任华为董事长孙亚芳表示："云计算为运营商带来发展契机。运营商切入云计算市场，以安全可靠和海量计算存储为基础，以数字超市模式整合业界内容和应用，形成新的业务和体验，给客户提供新的价值。云计算将成为运营商重要的业务发展方向之一，运营商的网络价值将得以拓展和延伸。"

在"高清、三维、用户创造内容（UGC）"的驱动下，海量信息引发了数字洪水，今后人类每年将产生超过千艾（10^{18}）字节的数字内容。在数字洪水的冲击下，电信骨干网络的流量每年将以50%—80%的速度增长，而网络流量则呈现十倍甚至百倍的增长。

数字洪水将带来价值万亿美元的内容和应用服务市场，并使得未来五年"云计算"超越技术探讨阶段，进入规模发展阶段。随着网络宽带化以及信息技术的进步，业务和服务的种类将越来越多，同时价格更低廉，更方便用户获得和应用。被誉为"信息电厂"的"云计算"，使得用户不再需要购买昂贵的软件和硬件等基础设施，只需要通过网络连接"云"，就可以获得所需服务，这好比我们今天方便地使用电力，而无须自己购买发电机。

从商业角度看，"云计算"体现为"云服务"，实现了从"购买产品（计算／存储／安全／软件）"向"购买服务（IaaS/PaaS/SaaS）"的转变，实现了"on-demand"的服务模式，颠覆了传统的"软件Box和硬件Box"模式。

从技术角度看，"云计算"体现为"云平台"，是分布式／并行计算存储系统。如果说网络的巨大流量是数字洪水，那新一代数据中心就是具备调节功能的"数字水库"。在"云计算"的推动下，新一代数据中心将具备超大计算能力、更高的可靠性、更好的安全性和更低的硬件成本，以及智能化、全自动化的任务管理与调度能力，运营商可以开展在线存储、在线备份、云安全等一系列IT服务。

通过深刻分析，业界普遍认为，云计算对行业的影响主要有以下几个方面：第一，随着数码技术和产品的广泛使用，全球产生的信息量就像洪水一样急剧扩大。例如，美国国会图书馆的资料，人类积累这些信息花了两个世纪；而现在全球每天生成的数码资料，几乎是这些信息的 100 倍。随着 3D 技术和高清数码产品的普及，这种信息增长趋势越来越快，如何低成本、高效率地处理和保存这些信息，并方便检索和使用，正是云计算大展拳脚的舞台。云计算通过组织大规模的信息和计算资源，面向客户提供便捷、立体、全面的公共服务，以获得更好的利润，并不断改造和革新云服务平台，更大限度地满足个人和社会信息服务的需求。

第二，人们使用电脑和电脑软件的方式发生了改变。伴随网络的发展，个人电脑、手机、家电、传感设备、车载系统访问网络和获取信息的速度和便捷程度不断提高，社会正在以更大的加速度向随时随地使用网络和信息服务的目标迈进。在这种情况下，人们使用电脑、手机等终端软硬件的方式正受到云计算带来的革命性的冲击。由于规模云服务的低成本和广覆盖等原因，更多的信息和服务将通过云服务方式提供，越来越多的软件通过云平台和网络提供给用户，对客户端的支持越来越强劲，人们使用软件和服务的便捷性和可计量性不断增加，并逐步达到像使用电力服务一样使用信息服务的目标。

第三，目前企业（含电信业）传统 IT 系统主要采用烟囱式建设模式，即通过建设单独的系统来满足各项 IT 需求，这种方式造成 IT 系统的复用效率低。业界统计表明，传统企业服务器处理能力平均利用率普遍小于 10%，数据存储系统的平均利用率也小于 15%，而谷歌采用云计算可以将服务器利用率提高到 60% 以上。通过云计算技术可以把计算和存储等 IT 资源集中部署提供给企业和个人，利用统计复用提高整体的 IT 资源利用率，从而获得规模经济的好处。

2011 年，华为的"云计算"进入战略投入期。时任华为副总裁、IT 产品线 CTO 李三琦曾指出："华为已经将云计算提升到公司战略高度，在云计算领域将要长期投入，现在有许多事情需要我们做。华为进入云计算的市场策略是：对于运营商市场，以桌面云为切入点，推动云 IDC 市场发展，助力运营商实现 ICT 转型；对于企业与行业市场，依托云基础架构优势，广泛联合合作伙伴提供云计算解决方案。"目前，华为已在全球帮助客户建设了 20 个云计算数据中心。①

一向崇尚"多做少说"甚至"只做不说"的任正非放出豪言："我们在云平台上，要在不太长的时间里赶上、超越思科，在云业务上要追赶谷歌。让全世界所有的人，像用电一样享用信息的应用与服务。"

这也是任正非第一次明确地向外界勾勒华为的未来图景：从一家电信设备供应商转变为信息服务提供商和全能型 IT 供应商。

为了推动云计算的发展，华为成立了董事会直接投资的 IT 产品线，云计算投入达到 6000 人，占到华为研发人员的 10%。华为云计算解决方案已经在电信、政府、医疗、教育等多个行业实现规模应用。

2017 年，华为正式宣布成立 Cloud BU，致力于为企业提供稳定可靠、安全可信、可持续发展的云服务，做智能世界的"黑土地"，连接企业现在与未来。面向大中型企业，华为云帮助它们解决云转

---

① 李晶. 华为 2011 年营收 2039 亿 转型"云管端"初战告捷 [EB/OL]. (2012-04-24). http://www.eeo.com.cn/2012/0424/225154.shtml.

型中的困难，更好地把握未来；面向中小型企业，华为云陪伴他们成长，共同应对成长中的挑战。Cloud 2.0 时代，企业应用进入智能化，未来 3—5 年将是企业上云的关键阶段。长期来看，企业客户需要混合云解决方案，支撑企业应用在私有云和公有云之间灵活部署与按需迁移。同时，以云为基础的创新 ICT 技术，万物互联及人工智能技术需要全堆栈式的系统设计和深度协同，从芯片、硬件平台到软件都满足企业的智能需求。华为在芯片、硬件、操作系统、数据库等方面有深厚技术积累，在软硬件协同一体化等方面具备优势，有能力以此为企业客户提供全堆栈、极致体验的云服务。

截至 2017 年年底，华为云已上线 14 大类 99 个云服务，以及制造、医疗、电商、车联网、SAP、HPC、IoT 等 50 多个解决方案。在 2017 年 9 月举办的华为全联接大会上，华为云正式发布 EI 企业智能，将华为多年来在人工智能领域的技术积累、最佳实践与企业应用场景相结合，为企业客户提供一站式的人工智能平台型服务。

华为云给政府和企业提供的"中立"的公有云服务，得到了广泛认可，众多政企客户，如迅达电梯、东风本田、康佳集团、中国国家税务总局、中国海关总署、上港集团、九州通等陆续选择华为云。2017 年 IDC 发布的市场报告显示，华为云政务云解决方案位居中国政务云市场厂商领导者区间，在现有能力、未来战略和市场表现三大维度均排名第一；同时，华为云 FusionCloud 私有云解决方案在中国市场也取得了多项第一。

自 Cloud BU 成立以来，华为云的用户数、资源使用量都增长了 3 倍。基于用户服务体验历程，华为云运营团队构建统一运营服务体系，有效解决多个问题，用户体验稳步提升。

华为云完成香港、华东、华南大区多个区域节点上线，海外站点启动建设；通过构建面向六大场景、两大平台的统一运维工具平台，快速提升自动化运维能力，实现了效率和质量的快速提升，运维及安全管理通过了国家网信办安全审查、公安部信息安全等级保护三级认证、可信云认证，网络质量及稳定性在国内第三方云服务质量评测中多次名列前茅。

2017 年，华为云持续构筑开放、合作、共赢的云生态，推出全新合作伙伴计划 2.0，提供更全面优化的伙伴权益支持，做云服务的"黑土地"。现已发展云服务伙伴超过 2000 家，包括 4 家同舟共济的合作伙伴。全球伙伴合作方面，华为云与 SAP、微软、达索系统等战略合作取得明显成果，在业界引起广泛关注；区域伙伴合作方面，华为云积极发展解决方案伙伴和经销商伙伴，携手共建"全球一朵云"生态体系，助力中国企业走出去、海外企业走进来。

华为与德国电信、中国电信、西班牙电信、Orange 密切合作，推进伙伴公有云业务快速发展。欧洲核子研究组织（CERN）及 11 家顶级科研机构、德国多个大型汽车集团、法国标致雪铁龙集团、桑坦德银行、招商局集团、中外运集团等大批世界 500 强及在当地具有标杆意义的 Top 企业客户选择了华为伙伴公有云。凭借稳定可靠、安全合规、云网协同、全球通达的优势，华为伙伴公有云成为当地企业可信赖的云服务提供商。

展望未来，华为云将基于自身软硬件的技术优势，全面提升云服务用户体验、运营运维效率和安全能力，持续为企业客户打造全球最佳体验的混合云，并助力合作伙伴深耕企业市场，成为企业首选的云服务伙伴。

第三节　家庭网络和消费者业务

您是否想过，在回家途中发个短信或打个电话就能遥控家里的空调提前启动；安坐家中打开电视，就能回看已经错过播出时间的连续剧；身处卧室或客厅都能自如地看到来访人的形象，即使主人不在家，手机也会自动接听到来访人的声音；医院通过可视通信与家中的患者进行在线诊疗以及交流；远在千里之外也能监控到家里的情况……

如今，这些场景有的已经成为现实，有的即将成为现实。世界正在拥抱数字家庭的概念。数字家庭已经成为 IT 厂商、家电厂商、设备厂商以及运营商的关注焦点，也是未来最贴近消费者的主战场。

家庭网络

在一些领先的运营商和设备、方案提供商的共同推动下，生活中已经能看到许多较为成熟的数字家庭应用。业务主要集中在日常通信、数据业务、家庭内部数据资源共享，以及 IPTV 等。它们以数字家庭网关为控制管理核心，使用各种无线 / 有线组网覆盖技术，在家庭范围内将电脑、电话机、各类智能终端、家电、安防系统、照明系统与广域网连接到一起。

家庭网络就是多网络、多业务和多终端的汇聚点。随着家庭网络业务和应用的不断深入,不同网络、不同业务、不同终端之间的融合将成为家庭网络发展的重要趋势。

2010 年 3 月 31 日,时任华为董事长孙亚芳表示:"家庭网络是电信网、互联网和广播电视网'三网融合'的主要阵地。电信网的'双向和高带宽'特性,在三网融合中处于有利地位。这为运营商拓展业务领域提供了巨大的战略机遇。"

"三网融合"狭义的定义是指电信网、有线电视网与计算机网间技术、网络和业务的融合与趋同,广义的定义是指电信、媒体与信息技术等三种产业的融合。从服务商的角度来看,三网融合是指不同网络平台倾向于承载实质相似的业务;从最终用户通信终端的角度来看,是指消费者通信装置(如电话、电视与个人电脑)的趋同。

三网在技术和网络层面实际上早就开始了融合,目前逐步向业务融合的层面发展,特别是 IP 层面的业务。而 IPTV 和 IP 电话业务开展的基础是什么?是宽带接入。也就是说,无论是电信网还是数字电视网,只要进行了宽带技术改造,具备宽带业务运营能力,就可以运营以 IP 为基础的宽带数据业务。

2010 年,时任国务院总理温家宝主持召开国务院常务会议,决定加快推进电信网、广播电视网和互联网三网融合。会议指出,广电企业可以正式经营增值电信业务和部分基础电信业务、互联网业务;电信企业也可以从事广播电视节目制作和传输。

三网融合将改变目前广电、电信和互联网的生态,两大部门、三张网络相关的行业和企业将重新洗牌。时任中国电信科技委主任韦乐平初步估算，综合考虑各种业务系统、基础网络设施、信息服务平台的建设和运营后，在未来几年内，预计三网融合可以直接拉动的市场规模大约在 1000 亿元，进一步考虑连带的辐射作用，长期市场发展空间可达数千亿元。

业内专家指出，三网合一将带动行业产业链的发展，包括内容提供商、服务提供商、运营商以及光纤通信设备制造商在内的多家公司，均首先从中受益。最直接的受益者，当为像华为这样的通信设备商、有线运营商以及内容提供商。

2010 年 3 月，华为相关负责人在接受《通信世界周刊》采访时称，最新的三网融合政策给了设备商大机会，关键是如何"抓住"。对此，华为从公司内部整合市场、研发、服务等资源，重点倾斜投入研究广电"三网融合"端到端解决方案，把华为领先的 IMS、NG-CDN、融合视讯、家庭网络等技术纳入广电"三网融合"解决方案，以此帮助广电客户向全业务运营商转型。

随着社会经济的发展以及 IT、通信、家电等行业的融合，中国宽带业务的发展重心将由互联网接入转向家庭网络。如果不能很好地突破计算机作为宽带应用主要承载终端的瓶颈，宽带业务的进一步繁荣和升级将会受到限制。

家庭网络市场在世界范围（比如美国、欧洲和亚洲）的产生和发展的步伐是不尽相同的。但其中也有共通的地方，主要有下面这三点：

◆ 家庭信息化的进步催生了家庭网络市场的兴起;

◆ 宽带接入的蓬勃发展有力地推动了家庭网络市场的发展;

◆ 电信运营商的业务发展和竞争促成了家庭网络市场的发展。

家庭已成为电信业务发展的基本客户单元。在向全业务运营迈进的过程中,家庭正在成为电信运营商的战略布局重点。发展家庭网关,打造一个融合的家庭网络,是实现家庭信息化的关键。

目前,WTTx 已成为主流家庭宽带接入方式。截至 2017 年年底,华为已为 150 多家运营商部署 WTTx 网络,得到西班牙电信、西班牙沃达丰、德国电信、Orange 等业界领先运营商的全面认可。基于 4.5G 网络,WTTx 业务商用加速孵化,在全球市场迅速铺开。根据 Ovum 预测,2020 年无线网络将为全球 3.5 亿家庭提供宽带接入服务,WTTx 将成为移动运营商未来的主要收入来源之一。

消费者业务

华为消费者业务以消费者为中心,围绕提升全生命周期用户体验,积极探索智能终端创新发展模式,在打造世界级高端品牌之路上不断突破。

2017年,华为消费者业务销售收入2372.49亿元,同比增长31.9%,智能手机发货量超过1.53亿台,连续6年保持稳健增长。华为智能手机2017年全球市场份额突破10%,稳居全球前三。根据市场研究机构IDC报告显示，2018年第二季度，华为智能手机全球市场份额跃升至15.8%，华为首次成为全球第二大智能手机厂商。

（1）华为荣耀形成"双犄角"合力

2017年，华为与荣耀双品牌市场合力形成全档位明星产品"双犄角"矩阵：华为品牌以极致创新和卓越体验为追求，不断在高端市场取得突破，服务更广泛人群，努力为消费者打造高品质端到端体验；荣耀则致力于为年轻一代打造最喜爱的极致科技潮品，努力成为年轻人最喜爱的互联网手机品牌。

华为旗舰产品 P 系列与 Mate 系列受到全球消费者热捧，销量表现出色，带动华为全球高端市场影响力快速攀升，HUAWEI P10 系列和 HUAWEI Mate 9 系列发货量整体超过 2000 万台。HUAWEI nova 系列、荣耀双旗舰（V& 数字旗舰）系列布局再进化，在潮流技术和科技美学维度协同发力，逐步引领年轻一代时尚消费趋势，双双获得良好市场反响；G/Y 系列产品和荣耀多款中档明星机型凭借其超强竞争力取得历史性突破，快速形成规模增长。

得益于全档位明星机型的出色表现，全球消费者对华为产品的认可度和美誉度不断提升，市场规模和品牌影响力快速增长。2017年，华为（含荣耀）智能手机全球市场份额突破 10%，稳居全球前三；全球品牌知名度从 81% 提升至 86%，其中，海外品牌知名度从 64% 迅速提升至 74%；海外消费者对华为品牌的考虑度较 2016 年同比增长 100%，首次进入全球前三。旗舰产品的持续热销使得华为在 500 美元以上高端机型的市场份额提升至 10% 以上。

同时，华为智能终端获得了各区域市场消费者的青睐。在中国市场，华为（含荣耀）智能手机市场份额持续领先，成为首个获得 Chnbrand "中国用户手机满意度排名第一"的中国手机品牌。在欧洲市场，华为智能手机在德国、芬兰、丹麦、西班牙、意大利等地区受到了广大消费者认可，市场占有率和产品美誉度提升，部分国家华为品牌的消费者考虑度指标排名第二。在亚太市场，华为在日本、马来西亚、泰国等国家取得了新突破，市场规模不断扩大；在日本等重点国家，华为品牌的消费者考虑度指标翻倍增长。在拉美、中东和非洲市场，华为智能手机业务稳步推进，市场份额均超过 15%；在阿联酋、沙特、南非、墨西哥、哥伦比亚等重点国家，华为品牌的消费者考虑度指标挺进前三，且与领先者的差距正在不断缩小。

（2）努力提升全生命周期用户体验

在市场规模和品牌影响力稳步提升的同时，2017 年，华为消费者业务以提升用户体验为核心，从产品创新、终端云服务、渠道变革和提升服务关怀等各个流程入手，充分保障并不断优化提升消费者的使用体验，为打造全球高端品牌夯实基础能力。在产品创新方面，聚焦消费者的实际需求和高频使用场景，依靠人工智能 (AI) 不断提升产品性能，打造"更懂你"的智慧手机。

2017 年 10 月，华为发布了具备里程碑意义的产品 HUAWEI Mate 10 系列，开启了智能手机向智慧手机演进的征程。HUAWEI Mate 10 系列的 AI 相机、AI 智慧节电技术、双指识屏、智能助手等功能和应用的推出，以良好的使用体验刷新了消费者对手机产品的认知；EMUI 8.0 结合人工智能技术进一步优化 Android 卡顿问题。

在终端云服务方面，华为应用市场致力于为用户打造安全可靠的应用平台，为用户防御应用安全风险提供四重安全检测机制。华为应用市场提供了涵盖 18 个品类、超过 600 个付费精品应用，消费者通过华为应用市场累计下载应用 610 亿次。在华为自有应用和软件服务方面，Huawei Pay 2017 年已支持超过 66 家银行，覆盖智能手机、手表等共计 20 款终端设备，同时支持北京、上海、广州、深圳、苏州、武汉、广西等地公交地铁刷卡；华为视频、华为音乐、华为阅读以高品质体验获得众多消费者的青睐；天际通出境数据服务覆盖 80 多个国家和地区，让消费者可以在全球实现无卡一键上网。优质的终端云服务体验推动华为终端云服务用户规模不断增长，截至 2017 年年底，华为终端云服务用户数超过 3.4 亿，其中海外用户突破 3000 万。

在零售和渠道建设方面，截至 2017 年 12 月，华为已在全球建立零售阵地超过 45000 家，同比增长近 10%。华为努力打造"纯净、简约、极致、高端"的零售阵地形象，全球零售阵地建设逐步从"规模扩张"转向"质量提升"，相继在意大利、阿联酋、马来西亚、泰国等国家建成华为高端体验店，华为全球体验店超过 3000 家，同比增长超过 200%。与此同时，华为消费者业务积极推动渠道运营变革，不断简化渠道政策，优化渠道结构，稳步推进区域销售组织下沉，持续提高渠道运营效率和渠道合作伙伴积极性。

在用户服务方面，不断扩大服务覆盖区域、创新服务形式，为消费者提供更贴心、更便利的服务体验。截至 2017 年年底，华为消费者业务已经在全球建成 1400 多家线下服务中心，覆盖 105 个国家。其中，华为服务专营店近 800 家，提供到店维修、预约、上门维修、寄修等多种渠道的基础维修服务，以及碎屏险、延保、以旧换新等增值性服务产品。华为线上用户服务目前已经覆盖全球111个国家和地区，支持65种语言，能够提供热线、在线服务、社交媒体服务、邮件服务、自助服务等多种方式，让消费者更加便利、及时、高效地接入华为服务。此外，在2017年，华为还采纳了全球消费者对产品与服务的本地优化需求329个。

2018年，华为消费者业务继续秉承"华为消费者业务竞争力的起点和终点都是最终消费者"的初心，在人工智能、AR/VR等核心技术领域不断创新，构建芯、端、云协同发展的端到端能力，逐步实现智能终端到智慧终端的跨越，为全球消费者带来用户体验的颠覆式提升，引领行业变革。

2018年上半年，华为消费者业务交出一份亮眼的成绩单：智能手机发货量超过9500万台，根据市场研究机构IDC报告显示，2018年第二季度，华为智能手机全球市场份额跃升至15.8%，首次成为全球第二大智能手机厂商；华为P20系列赢得了女性用户青睐，上市四个月全球发货量超过900万台；HUAWEI Mate 10系列持续走强，全球发货量超过1000万台；HUAWEI nova系列俘获了年轻用户的心，上半年发货量同比增长60%，全球nova用户总计超过5000万。华为消费者业务CEO余承东评价称："这是自华为消费者业务成立以来最好的业绩表现。"

（3）下一代手机将在2020年出现

从手机的发展历史来看，手机终端变革性创新周期大致在12年左右，并伴随着与人类的关系演进。1995年摩托罗拉推出第一代功能手机，打造了全新的沟通工具。手机迅速普及，大家方便自由地打电话和发短信，缩短了人们沟通的距离。2007 年 iPhone 的推出及 2008 年 Android 智能手机的诞生，则是从功能机到智能机的一次跨越，手机从简单的打电话、发短信到成为娱乐、购物、社交等信息助手，成为人们日常生活的必备物品。下一个 12 年，手机与人的关系将更为紧密，华为预测，具有跨时代意义的智慧手机将在 2020 年左右推出。

智慧手机向"人机合一"演进，将成为用户在虚拟世界和数字世界的交互窗口。它将让用户成为如同拥有三头六臂的"超人"，智慧手机像我们的家人和朋友一样，记录我们的行为和习惯，知道我们的一切喜好。同时，智慧手机能够全方位地感知人以及周围环境的一切，让生活变得简单和智能。

根据华为消费者业务的预测，智慧手机让人成为超人，实现人机合一。智慧手机让人成为超人有四大关键创新：万物可感、万物互联、人脑与智脑的无缝合一，以及更自然的人机交互界面。

智慧手机将实现万物可感。智慧手机可借助传感器、人与物的识别、3D 扫描等技术的发展，不断增加对人、物和环境的感知，可以对现实的世界进行数字化镜像。事实上，多种传感器与人和动物的感官功能类似。未来，味觉传感器能够识别多种味道，听觉传感器与人工智能结合，可以判断声音的来源方向、距离等。事实上，华为可穿戴设备上，目前也正在置入多种传感器，可智能监测用户的状态是睡眠、跑步或登山，精确记录数据。未来将出现更多专业的智能感知设备，智慧手机与这些智能感知设备的强合作或协同，将进一步感知现实世界的虚拟化。如测量血糖、血压的智能设备，能帮助我们认知和管理人们的健康；测量空气指标和识别地理位置的智能设备，根据人们过往习惯，反馈最佳的出行建议。

智慧手机让万物互联。智慧手机的大脑、人的大脑和感知世界（包括人 & 物）将实现连接，并逐步形成一个巨大的网络，最终将把一切人与人、人与物，以及物与物全部连接起来，形成物联网。类似蚂蚁和蜜蜂，个体无法存活，而群体则有明确的分工和行动。因此不难想象，如果把大量个体收集的有限的信息连接在一起，形成超越任何个体的感知力、智慧甚至是创造性，那么即可形成一个具有群体智慧的"超体"，而构建这一"超体"的基础就是 IoT 平台。在 IoT 平台上，人、家、车内不同场景下的智能设备如何互联，需要依靠统一的多协议，如汽车和智能手机之间的通信协议 MirrorLink。

智慧手机将实现人脑和智脑无缝合一。通过大数据、人工智能、情景智能和云计算不断提升智能，智慧手机会拥有更强大的智脑，并且实现人脑和智脑的无缝合一。不仅如此，智慧手机将具备语言能力和自我学习能力，记录人和环境的变化，更加理解人的需求，逐步从辅助人们工作到帮助人们完成任务，直至成为人的教练。譬如，以语音的方式告诉智慧手机用户的想法，它就能理解这些想法，并通过大数据与人工智能的融合，以最快的方式，呈现最符合需求的定制化解决方案。每个人的思考力和记忆能力都有限，但是通过大数据和云端存储，我们可以让智慧手机更智能、更懂你、更好地帮助你。

在智慧手机的布局上，华为正在不断加大创新和研发投入，并期望能为推动虚拟世界和现实世界的深度结合贡献自己的力量。目前，华为已经在智慧手机的关键技术上进行布局，其中包括传感器、人与物识别、3D 扫描等感知技术，大数据分析、人工智能技术、情景智能平台等智能技术，IoT 平台、多协议（人车家内的各种通信协议）、全制式（UMTS/LTE/WIFI）等连接技术，以及 AR/VR、360 度沉浸式等交互技术等。未来华为将与整个产业界携手，形成联盟和伙伴关系，共同打造智慧手机新生态。

华为提出的智慧手机，重新定义了人机合一后带来的无限可能性，同时智慧手机建立在多个领域的跨界融合创新上，而这正是未来智能终端发展的重要趋势。万物互联，人机合一。华为提出的智慧手机，正将一个更令人兴奋的智能终端时代，提前展现在我们面前。

第四节　移动宽带

经过 100 多年的发展，语音业务已趋于饱和，话音收入进入日趋下滑的轨道，而移动宽带则迎来了发展的黄金时期。它将把人类社会带入到一个通信无处不在、无时不在的新高度。随着流量和成本的挑战逐步被克服，移动宽带将可能成为继固定宽带之后推动产业发展的最重要力量，帮助运营商实现持续成长。

目前，以宽带体验为中心，包含"终端、网络、业务"的开放生态环境雏形逐渐形成。至 2009 年 10 月，华为在全球范围内已部署 38 个 Femtocell（飞蜂窝）家用基站商用和试验网络。其中包括 2008 年 12 月为新加坡 StarHub 部署的全球首个 3G Femtocell 商用网络，以及在沃达丰（Vodafone）部署的欧洲首个 WCDMA Femtocell 商用网络。

Femtocell 是近年来根据 3G 发展和移动宽带化趋势推出的超小型化移动基站，主要用来解决家庭以及中小企业等场景下的室内覆盖问题。它与 Wi-Fi 的功能类似，同时无须终端支持 3G/Wi-Fi 双模，也没有 Wi-Fi 存在的安全性问题，让 3G 手机或数据卡用户可以在室内通过现有的固定宽带网络而享受到更高速率的移动语音及移动数据业务应用。

华为是 Femtocell 产业的积极推动者，在 Femtocell 领域一直处在业界前列，2007 年就开始积极参与 Femtocell 的标准化工作，在 3GPP、3GPP2、FemtoForum 等关键组织中扮演了重要角色，2007 年 7 月展出了 Femtocell 家用基站样机。预计未来 5 年，移动宽带用户将实现 10 倍的增长，达到 30 亿人的规模。届时，移动宽带将迎来发展的黄金时期，它将把人类社会带入到一个通信无处不在、无时不在的新高度。而在 2009 年，移动宽带用户数仅仅在 3 亿户左右，此刻正迎来移动宽带发展的重要契机。但长远来看，移动宽带进一步发展还存在着瓶颈，还需要"业务、网络、终端"三个方向共同推进。

截至 2015 年年底，全国移动宽带用户数达到 7.85 亿户，其中 4G 用户全国新增 2.89 亿户，总数达到 3.86 亿户。由此可看出来我国移动宽带用户呈爆发式增长趋势，给移动运营商带来了可喜的收益。

基于 4.5G 网络积极孵化新业务，华为引领 5G 预商用测试，支撑未来 5G 商业成功，最终形成业务发展与网络建设商业正循环。截至 2017 年年底，华为在全球已部署 120 多张 4.5G 网络，如英国 EE、土耳其 Turkcell、泰国 True、韩国 LG U+、德国电信、中国电信等。华为倡导 4.5G 持续演进，助力运营商持续提升 4G 网络能力，构建全业务 LTE 基础网络，实现千兆体验，同时为迈向 5G 铺平道路，实现 4G 网络投资回报的最大化。

2017 年年底，华为重新确立了公司的愿景和使命：把数字世界带入每个人，每个家庭，每个组织，构建万物互联的智能世界。这是华为的愿景，是华为对未来发展勾勒出的一幅愿望地图。

4G 正当时，业界已经开始加紧对 5G 的研发。5G，即第五代移动电话行动通信标准，也称为第五代移动通信技术。除了人与人之间的无缝连接，借助一种新的数字生态系统，5G 还能实现"人与物"及"物与物"之间的高速连接，实现在终端、无线、网络、业务等领域的进一步融合及创新。同时，5G 将为"人"在感知、获取、参与和控制信息的能力上带来革命性的影响。5G 的服务对象将由公众用户向行业用户拓展，网络也将更智能、更泛在化。

当前，全球主要国家和地区纷纷提出 5G 试验计划和商用时间表，力争引领全球 5G 标准与产业发展。比如，美国移动运营商 Verizon 宣布完成了其 5G 无线规范的制定，已进入预商用测试阶段；欧盟 5G PPP 预计于 2018 年启动 5G 技术试验；日本计划在 2020 年东京奥运会之前实现 5G 商用；韩国计划于 2018 年年初开展 5G 预商用试验，于 2020 年年底前实现 5G 商用。可以说，全球 5G 时代即将来临。

按照公认的 5G 推进时间表，2017 年完成现网测试，2018 年开始商用试验，2019 年小规模商用、发 5G 牌照，2020 年正式规模化商用……现在，世界各国都忙着急速超车，疯狂"备战"，因为这是一场输了后果很严重的"战争"。有研究指出，5G 将为世界带来新一轮为期 10 年的巨大的发展机遇，将带来高达 80 万亿元之巨的产业。2016 年 7 月，美国就正式规划出 5G 高频频谱，Verizon、AT&T 两大运营商已经开始进行 5G 试验，且参与的城市越来越多，大有竞争白热化的态势。

在此背景之下，通信行业将迎来史无前例的大爆发，5G 网络的架构，则是第一波商业化浪潮。包括中国三大运营商以及华为在内的全球 30 家领先移动通信企业，在 2017 年 12 月 21 日葡萄牙里斯本召开的 3GPP TSG RAN 全体会议中，宣布成功完成了第一个 5G NR 规范。这是实现 5G NR 全面发展的一个重要里程碑，它将极大地提高 3GPP 系统的能力，并促进创造垂直市场的机会，这也标志着 2018 年华为将能够提供完全基于 3GPP 5G 标准的端到端网络设备，帮助运营商实现 5G 商用网络的建设。

2018 年 1 月下旬，德国电信、英特尔和华为宣布，三方合作使用基于 3GPP R15 标准的 5G 商用基站，成功完成全球首个 5G 互操作性开发测试（IODT, interoperability and development testing）。该新空口测试基于华为 5G 商用基站与英特尔第三代 5G 新空口移动试验平台，向 2019 年以华为和英特尔解决方案支持 5G 全面规模商用迈出重要一步。

早在 2015 年，德国电信和华为就开始了 5G 网络的联合研究，并致力于推动 5G 产业发展。利用英特尔 5G 新空口移动试验平台，本次运营商、设备商和终端芯片商联合实现基于 5G 新空口（NR，New Radio）首标准的 IODT 测试，对于推动 5G 产业迈向成熟具有关键的里程碑意义。

本次测试基于华为 5G 商用基站和英特尔 5G 新空口移动试验平台，三方共同验证了基于 3GPP 5G NR 标准的基础对接测试，实现了新空口标准下的终端与网络的互联互通。其中包括：新同步机制、新编码、新的帧结构、新的 Numerology 及新波形（F-OFDM）等。同时，该测试基于 5G 新空口标准定义的最大 C-band 载波带宽，使用了标准框架下的最新 Massive MIMO 大规模多天线阵列、波束成型技术。

众所周知，华为最早布局 5G 市场，据统计，自 2009 年以来，华为在 5G 方面的研发投入至少 6 亿美元，并在全球建立了 11 个 5G 研究中心，同时获得全球首张 5G 产品 CE-TEC（欧盟无线设备指令型式认证）证书，其 5G 产品获得欧洲市场商用许可。经过多年的耕耘和积累，2017 年华为在 5G 领域取得了一系列突破，备受世界瞩目。

频谱是通信时代的血脉，而频谱全球协同，是 5G 成功的关键推动力。经过了长期的探索与讨论，华为提出了 5G "多层" 频谱概念，并已获得中欧美日韩等地区的一致认同：2-6 GHz 之间的频谱（C 波段为代表）是 "覆盖与容量层"；2 GHz 以下频谱为 "覆盖层"；6 GHz 以上频谱为 "超大容量层"，用于满足大容量、高速率的业务需求。其中，C 波段是全球主流运营商 5G 商用的首选频谱，华为的 C 波段端到端产品在 2017 年已经得到了充分验证，蓄势待发。

5G 网络的全面商用前提之一，是各厂家产品具备互联互通功能。为此 2017 年华为与全球领先的芯片厂商 Intel、联发科、展讯等都已启动基于 3GPP 标准的 5G 新空口互操作性测试（IODT）。5G 新空口互操作性测试的成功意味着在 5G 标准统一的前提下，产业正在快速成熟，全行业正为即将到来的 5G 端到端商用做好准备。

5G 网络将会为新的应用带来全新体验，而华为在 2017 年的各大展会、预商用网络测试中也为业界带来了未来应用的想象空间。华为提出了 Cloud VR 理念，并在 MBBF（全球移动宽带论坛）期间展示了 VR 足球应用。把本地复杂的图像处理搬到云上，实现交互式 VR 内容的实时云渲染，强大的云端服务器大幅提升了计算能力和图像处理能力，无处不在的移动宽带网络提供了更为自然的业务模式。

2017 年世界移动大会在上海开幕的当天，中国移动、上汽集团和华为共同演示全球首次基于 3GPP 5G 技术的自动驾驶和远程驾驶，验证了 5G 所具有的大带宽、低时延的网络能力，为智能网联汽车的发展奠定了基础，是提升自动驾驶和无人驾驶可靠性并推动其走向商用的重要里程碑。

在 2017 年 11 月举办的全球 5G 大会中，华为联合 LG U+ 在韩国首尔最繁华的江南区上空，联合演示了搭载 5G CPE 的无人机 4K VR 直播，其卓越的空中俯瞰效果，使得沉浸式观看体验更加震撼。

全球各区域的 5G 推进组织在 5G 的快速发展过程中贡献巨大，

而中国的 IMT-2020 5G 推进组在工业和信息化部及国家发改委的领导下，牵头中国的相关运营商、设备商有序推进 5G 工作。2017 年 6 月 9 日，华为率先完成中国 5G 技术研发试验第二阶段测试。同年 9 月，华为作为唯一全部完成由 IMT-2020 组织的中国 5G 技术研发试验第二阶段测试内容的厂家，以全面领先的测试成绩亮相 2017 年中国国际信息通信展览会，空口测试各项指标第一，持续保持业界最高水平。华为在完成程度和结果上的领先，进一步推动了 5G 技术研发和全球统一国际标准形成的进程，也为其在中国 5G 技术研发试验第二阶段测试画上一个圆满的句号。

2017 年，华为 5G 预商用系统已进入全球多个信息产业发达国家。在伦敦、柏林、北京、上海、东京、米兰、迪拜、温哥华、多伦多、首尔等 10 个核心城市，与全球各区域最领先的运营商如英国电信、德国电信、中国移动、中国电信、中国联通、沃达丰、Etisalat、LG U+、Telus、Bell 等实现了 5G 预商用网络部署。其中，包括了全球规模最大的预商用网络，最全的 5G 应用测试，包含无线、承载、核心网以及终端设备的最全 5G 系统，实现了最高的小区容量、最低的网络时延、最大的网络连接数、最全的 5G 频段、最丰富的 5G 应用案例。

在英国伦敦举办的第八届全球移动宽带论坛期间，BT/EE 携手华为在伦敦测试 5G 上下行解耦，终端下行使用 3.5GHz 频段，终端上行使用 3.5GHz 和 1.8GHz 频段。当终端在 3.5GHz 上行覆盖外时，上行调度到 1.8GHz 发送 NR 数据，从而消除上行覆盖瓶颈，提升 3.5GHz 覆盖范围。通过上下行解耦，在解决更高频段上行覆盖受限问题的同时最大化利用了频谱资源，实现 C-Band 和 1.8GHz 共站同覆盖部署，极大地降低了 5G 建网过程中对新建站点的需求，减少运营商在站点土建、站点租赁方面的投资。

华为 5G 荣获多项产业大奖，华为在 5G 领域所做的贡献受到业界的认可。2017 年 2 月，在巴塞罗那举行的 2017 年世界移动大会上，华为荣获"从 LTE 演进到 5G 杰出贡献奖"（Outstanding Contribution for LTE Evolution to 5G）。该奖项是 GSMA（全球移动通信系统协会）f 首次颁发的 5G 相关奖项，也是通信界公认的最高荣誉。这代表着华为在技术演进与产业推动上所做的贡献，获得了业界高度的认可。

2017 年 6 月，在 2017 5G 全球峰会（5G World Summit 2017）上，凭借在 5G 领域的持续创新和产业贡献，华为荣获"5G 研发杰出贡献奖"（Outstanding Contribution to 5G R&D）。这是华为连续第三年获得该奖项，标志着行业对华为 5G 技术研发贡献的充分认可。

同年 12 月，在第四届互联网大会上，华为 3GPP 5G 预商用系统凭借端到端的实力和创新技术，荣获组委会颁发的"世界互联网领先科技成果奖"。华为 3GPP 5G 预商用系统，基于 3GPP 统一标准和规范，融合多项华为核心技术的端到端设备和解决方案，是目前业界唯一的端到端 5G 预商用系统。

2018 年 6 月 14 日，3GPP 全会批准了 5G NR 独立组网功能冻结，标志着 5G 的首个标准 R15 正式诞生。加之 2017 年 12 月完成的非独立组网 NR 标准，5G 已经完成第一阶段全功能标准化工作。R15 主要聚焦增强型移动宽带的商用需求，同时面向低时延、多连接业务的基本需求。在 100MHz 带宽下 5G 可实现 10Gbps 峰值速率，

200MHz 带宽实现 20Gbps 的峰值速率。可以预计，5G 将把 MBB 移动宽带业务推向新高度。

2018 年 6 月，华为公司轮值董事长徐直军出席"2018 年世界移动大会"，发表了《让 5G 把 MBB 推向新高度》的主题演讲，他表示："随着 3GPP R15 5G 独立组网标准的推出，部分国家的 5G 频谱已经陆续发放，5G 将进入规模部署阶段。为支持全球运营商建设 5G 网络，华为于 2018 年 9 月 30 日推出基于非独立组网（NSA）的全套 5G 商用网络解决方案；2019 年 3 月 30 日则会推出基于独立组网（SA）的 5G 商用系统。华为也将于 2019 年推出支持 5G 的麒麟芯片，并于 2019 年 6 月推出支持 5G 的智能手机，让需要更快速度的消费者尽快享受 5G 网络提供的极致体验。华为也愿与业界共同努力，积极投入、持续创新，确保最终实现 5G 的历史使命。"

第五节　人工智能

2018 年 7 月，一篇题为《华为"达·芬奇计划"首曝光：自研云端芯片，将 AI 技术融入所有产品》的新闻报道在网络上广泛传播，华为发力人工智能技术再次引起人们关注。

据 *The Information* 报道，华为正在内部推动一项被称为"达·芬奇计划"的行动，旨在让公司的所有产品和业务融入 AI 技术。目前，华为正在为云服务器研发专用的 AI 加速芯片，并试图通过率先开始 5G 技术的研究和部署在智能驾驶上抢夺先机。

报道称，每个月华为的一位高管都会召集同事讨论如何将人工智能融入华为的所有产品和业务中，从通信基站、云数据中心到智能手机、监控摄像头等设备。这一努力被命名为"达·芬奇计划"，据称该计划被一些华为高管称为"D 计划"。

专家指出，鉴于华为的产品和服务在全球无线运营商中的广泛使用，"达·芬奇计划"可能会带来巨大影响。该计划包括开发适用于数据中心的华为新型 AI 芯片，这可以实现在云端的声音识别、图像识别等应用，这是华为第一次进军这一竞争激烈的领域。

其实，早在 2017 年华为发布的旗舰手机 HUAWEI Mate 10 系列就配备了自己的芯片组，并率先加入了 AI 加速器。麒麟 970 是全球首款手机厂商自主研发的 AI 处理器（集成神经单元 NPU）。麒麟 970 内部集成了 8 颗 ARM big.LITTLE 核心、12 核 GPU，还拥有两个处理图像信息的 ISP 和高速 LTE Modem，支持 LTE CAT.18，最高下载速度可以达到 1.2Gbps，和高通的 X20 LTE 相当。华为表示，得益于华为 AI 芯片，麒麟 970 在人工智能领域的运用上比普通的 CPU 内核快 25 倍，并且功耗减少为 1/50。

2018 年春天，华为推出的 P20 智能手机在上市两个多月以来的发货量已超过 600 万台，其搭载了 AI 芯片加速的麒麟 970 处理器。

除了华为的 AI 手机，华为在人工智能领域实际上有大想法，早有明确方向和精准布局，而且华为人工智能发展路线与 BAT 迥然不同，延续了任正非的务实风格，首先是解决内部实际问题，与实业紧密结合，这使得华为切入 AI 的时间线非常早，涉及 AI 业务的团队非常多，从事 AI 研发的人力也非常多，他们分头为各个业务部门服务，比如手机、芯片、媒体、操作系统等。然而，应用最多的却是任正非提到的两条大线：解决华为内部运作的自动化问题和华为的业务服务问题，比如，华为供应链的智能装箱、物流和路径规划，以及报关、发票、风控、营销、网络安全等场景。

任正非近两年关于人工智能有多次讲话，总结起来，任正非一共对人工智能谈了三点意见：第一，直面人工智能存在的争议，但明确人工智能的发展"无论人们接受不接受，社会都会客观前进"，"我也担心人工智能对人的价值观产生破坏。但是我们挡不住人类社会前进的步伐"。华为一定要发展人工智能，"现在华为公司在人工智能的投资上也是极大的""人工智能理论是人类瑰宝，都可以为我所用"。

第二，在人工智能的研发中，必须让 AI 坐实，不能"虚化"，"否则在产品人工智能开发上，不成熟，就不敢冒昧地投入数千人"。他还举例说："网规网优基于数据、算法、成本的影响，选择人工智能作突破口，通过'分析机器人'提升人员效率，在无线干扰分析、天馈系统方向角优化调整等方面加强人工智能技术的引入，提升无线网络优化规划效率。"另外，数学算法无疑是华为的核心优势，任正非在 GTS 人工智能实践进展汇报会上强调："人工智能开发，算法专家、产品线专家要与 GTS（全球技术服务）业务专家组成混合编队，共同识别实际场景中的 AI 应用机会、理解业务场景、设计算法模型、优化算法效果。"由此可见，把人工智能研发坐实而不"虚化"，是任正非最关心的问题。

第三，华为人工智能的主攻方向有两个：一是解决管理中重复性劳动的自动化问题，降低管理的成本，也避免人做重复工作，减少因审美疲劳而犯的低级错误，我们在这个世界上的生存能力就更强了；二是对于不确定性事情的模糊性识别和智能化处理。

华为在主攻方向明确之后，人工智能研究被分为三个部分：第一部分是基础理论研究；第二部分是做使能器来改造华为的流程管理，"这个使能工程不对外，只全对内"；第三部分就是做人工智能相关的产品，对外赋能。

毫无疑问，华为在人工智能方面，最有条件、也最容易找到感觉的，无疑是在 GTS 领域。任正非如此阐述过 GTS 和人工智能的战略关系："为什么要聚焦 GTS、把人工智能的能力在服务领域先做好呢？对于越来越庞大、越来越复杂的网络，人工智能是我们建设和管理网络的最重要的工具，人工智能也要聚焦在服务主航道上，这样发展人工智能就是发展主航道业务，我们要放到这个高度来看。如果人工智能支持 GTS 把服务做好，五年以后我们自己的问题解决了，我们的人工智能又是世界一流。"任正非的逻辑是，未来网络的亚健康，需要通过人工智能来搞定，并顺便收获人工智能方面的技术和人才。同时，他还认为，人工智能是一个使能器，能够推动华为各项管理进步，构筑新的万里长城。

华为消费者业务首席执行官余承东在世界互联网大会上介绍，为了应对数据洪峰对 ICT 行业的冲击，2012 年 6 月诺亚方舟实验室的正式成立，是华为正式投入 AI 基础研究的一个最鲜明信号。华为在诺亚方舟实验室进行人工智能算法的研究、管理 AI 的技术合作、识别 AI 主要应用场景和需求管理等研发工作。诺亚方舟的上层组织就是"2012 实验室",这是华为的总研究院。由此可见,华为对人工智能在企业的应用方面有多年的深入思考和实践。

2017 年 10 月 15 日,时任华为轮值首席执行官徐直军在"2017 中国管理•全球论坛"中提到:人工智能是一种新的通用技术,这已经越来越成为共识,AI 将改变每一个行业、每一个组织、每一个职业。华为企业智能的目标是让所有的企业,在所有的职能和所有的产品上,使用人工智能时更简单、更容易、更方便、更快捷。

同年 10 月 31 日,华为云企业智能 EI(Enterprise Intelligence,简称 EI)基础全系列服务在华为云官网重磅上线,将原人工智能 & 大数据系统等平台服务统一到 EI 基础平台,首次出现 EI 产品族。目前,华为云 EI 基础平台全面覆盖数据接入 / 迁移、存储、搜索、分析、机器学习、深度学习等数据全生命周期平台工具集,本次推出深度学习、图计算、搜索、云迁移等 6 个新的 EI 平台类服务,EI 基础平台类服务数量已达 12 个。此外,华为云 EI 通用 AI 服务类,首次推出 EI 视觉类服务,首期上线 OCR 服务、视觉服务。

此次 EI 上线的新服务包括:

◎ EI 基础平台类:

深度学习服务 DLS(Deep Learning Service)是基于华为云强大的计算能力而提供的一站式深度学习平台服务,内置大量优化的网络模型算法,以丰富、便捷、高效的品质服务帮助用户轻松使用深度学习技术,通过灵活调度按需服务化等方式提供模型训练、评估与预测。

(1)图表引擎服务(Graph Engine Service)提供分布式、大规模、一体化的图查询和分析能力。通过高性能的内核，满足高并发秒级多跳实时查询；内置丰富的图表分析算法库，满足多领域应用需求。可以应用于社交网络、精准营销、信贷保险、网络／路径规划等场景。

（2）Elasticsearch 服务是一个基于公有云基础架构和平台且完全托管的在线分布式搜索引擎服务，为用户提供结构化、非结构化文本的多条件检索、统计、报表。

（3）CDM（Cloud Data Migration）提供数据高效批量迁移服务，支持包括关系数据库、OLAP（在线分析处理）、NoSQL（非关系型数据库）、大数据存储、对象存储等异构数据源之间的数据迁移，包括数据上云和云上数据迁移场景。

（4）数据仓库服务（Data Warehouse Service，简称 DWS）提供即开即用、可扩展且完全托管的数据仓库。管理、监控等运维操作要做的所有设备维护工作均由 DWS 负责。兼容 Postgre SQL 生态，可基于标准 SQL，结合商业智能（BI）工具，经济高效地对海量数据进行挖掘和分析，使用成本大大低于传统数仓。

（5）Cloud Table Service 是华为云平台基于 Apache HBase 提供的分布式、可伸缩、全托管的 KeyValue 数据存储服务，它提供了高性能的随机读写能力，适用于海量结构化数据、半结构化数据以及时序数据的存储和查询应用。

◎ EI 视觉：

文字识别（Optical Character Recognition）可将图片或扫描件中的文字识别成可编辑的文本。支持身份证、驾驶证、行驶证、护照、发票、中英文海关单据、通用表单、通用文档等场景文字识别，替代人工录入，提升业务效率。

此前华为已经发布了移动 AI 战略，至此，华为人工智能技术在"云"和"端"均已布局，华为云企业智能 EI 是华为"云"AI 战略的体现。

华为人颇具信心的是，凭借多年来在企业级 IT 市场的行业经验积累，以及强大的 AI 技术实力，结合华为自身应用 AI 的经验和能力，华为更有可能在用 AI 技术使能企业发展的赛道上走得更远，华为云企业智能 EI 将作为一项核心使能服务驱动企业、行业迈向智能世界。

徐直军：让 5G 更有生命力

图 9.1 时任轮值 CEO 徐直军在 2017 世界移动通信大会上发表主题演讲

5G的脚步声越来越近了，发布5G商用时间表的运营商也越来越多了。5G走到今天，在标准发展过程中，在产业发展过程中，面临着很多挑战。这些挑战不认真应对，对未来5G的发展有致命的影响。

当前 5G 产业发展面临的挑战

区域需求存在差异，发展不平衡：不同国家发展水平不一致，需求也不一致。各个运营商对5G的定位以及5G的应用场景考虑也不相同。比如美国期望使用5G能够快速发展，解决家庭宽带接入最后一公里的问题；日本、韩国希望5G能够解决人类移动互联网体验的问题；而中国光纤资源很丰富，人口密度却极高，节假日有大量人口聚集于消费区，现有再多的频谱资源也难以支撑，需要5G新技术来解决。这种不平衡需要如何应对，是个挑战。

技术演进和技术革命：在技术领域上，客观地说，5G走到今天还没有取得理论上的突破。我们所有5G的研究都还是围绕着香农定律在做进一步的改进，很多新的技术还在研究过程中。所以是走演进的道路还是走创新的道路，是使用现有成熟技术应对未来需求，还是仓促引入技术来应对，仍然有很多争论。

快速发展的用户需求和技术准备：我们社会对未来移动通信的需求是什么尚不完全清晰。在产业界讨论和研究5G的时候，智能驾驶和AR/VR还没开始流行，没有把它们作为5G一个重要的场景。但如今，这些应用都在快速成熟，5G必须要考虑对它们的使能(Enable)。未来还有什么未知的技术会涌现，在5G的生命周期里技术储备是否足以全都使能，都是挑战。

希望支持物联网，但垂直行业参与不够：行业都期待5G能真正使能网络从人的连接走向物的连接。但各个行业的参与度不够。物联网的关键不在网络，网络很容易解决。物联网的核心在物，如何让万物具备可连接性，把物联网发展起来是行业关心的问题。

跨行业管制政策：各个行业的管制政策都不一样，每个行业都有每个行业的管制政策。如果每个行业的管制政策各自为政，没有考虑移动通信的诉求，那么想做物联网也做不起来。

对应进程的变化和长期目标：整个5G发展过程中有各种各样的变化和诉求，各种各样的需求也会不断涌现出来。我们在解决一个又一个问题的过程中，是不是围绕着我们的长期目标？也许我们每次采取的应对手段对长期目标都有可能是不利的。

全球统一标准：产业界要达成共识，打造一个全球5G的统一标准。全球5G的统一标准需要应对各种各样的挑战和差异化，事实上对整个行业来说都是非常具有挑战性的。

坚定 5G 的宏伟目标

考虑如何应对5G在标准化和产业发展过程中所遇到的各种挑战，要回归到整个5G产业的目标是什么这个问题。整个产业界联合在一起打造5G产业，大家都应围绕着这一共同的目标。否则一切的解决措施都有可能无法达到目的。5G产业的目标包含4个方面：

● 要让人的移动互联网体验有质的提升。如果5G跟4G相比没有质的提升，那5G的立足点就很难存在。

● 承担起促进行业数字化的历史使命，通过uRLLC（超高可靠低时延通信）提供极低时延和mMTC（大规模物联网）连接所有物，唯有这样才能让5G去承担起促进这个行业数字化的使命。

● 发展新商业模式。整个电信运营商历来的商业模式是比较简单的。但是，面向未来，我们要通过5G发展一些新的商业模式，并通过这些新的商业模式促进整个通信行业的持续商业成功。

● 要让ICT技术全面融入社会。5G要融入到整个自然社会里面去，从而开启万物互联的时代。

让5G具有更强生命力，更长生命周期

期望整个产业界以及所有参与者要有历史使命感：要让5G这个产业更有生命力，让5G有更长的生命周期。唯有这样才能让所有的投资产业的各方受益，投资回报有保障。具体措施有四个方面：

不忘初心。始终牢记5G到底是为了实现什么。围绕我们的目标来采取应对措施应对各种挑战。所有采取的措施都不应该牺牲长期目标。

敢于创新进取、敢于使用革命性技术，不过分地去强调技术的演进。技术演进有技术演进的好处，但是仅依靠演进是否能够应对5G所要面对未来各种需求的挑战，是需要掂量的。如果我们不在技术上进取，就很难应对未来各种场景的要求。

要保持整个标准和架构的灵活性，为未来引入新的技术和对新需求的适配做好准备。整个5G的架构、5G的标准要更有灵活性。未来有新的技术来了要能引进去；同时面对新的技术时，是应该能开放的。

5G要促进整个产业的数字化。一方面要加强我们自身产业界内的团结；另一方面要加强跨行业的合作。各个行业一起整合推动5G的标准化，推动5G的产业发展。

期待 GTI 发挥更加积极的作用

GTI（在全球范围内推广 TD-LTE技术的国际组织）在 4G产业发展上发挥了巨大作用。面向未来，期待 GTI能为 5G产业发展发挥更加积极的作用，包括：

● 牵引面向全局的技术创新，促进产业发展。

● 搭建开放合作平台，促进跨行业合作。

● 促进跨行业管制政策的协同，推动管制与时俱进。

● 支持电信运营商在万物互联时代继续发挥关键作用。

让我们共同努力，让5G具有更强生命力，更长的生命周期，这样才无愧于历史。只有5G具有更强生命力，有更长的生命周期，所有的投资者也才有更好的投资回报。

（本文摘编自：《让5G具有更强生命力，更长的生命周期——轮值CEO徐直军在2017世界移动通信大会上的主题演讲》，来源：《华为人》第330期）

第十章

启示篇

短短 30 年，华为能从模仿跟随发展到创新引领，一定是做对了什么。从制度环境、制度安排和制度绩效来看，华为建立了一套行之有效的创新制度体系。总结起来有五点：第一，华为把握住了在全球市场上创新发展的规律，"打铁还需自身硬"，给自己赋能，成为市场上真正具有竞争力的创新主体；第二，华为构建了行之有效的研发体系，在公司总战略下形成合力；第三，华为构建了为研发要素实现市场价值的方式，并持续多年大量投资研发；第四，华为以开放的姿态实现了全球创新资源的有效配置；第五，华为在市场化导向的基础研究与应用研究的结构配置上具有战略思维，实现了分步骤渐进式研发。

下面，我们会对华为研发创新带给企业最重要的三点启示展开论述：研发创新一定要开放，一定要站在前人的肩膀上，只有开放合作才能让创新更加快速有效；建立以人为本的知本分配机制，是企业保持持续创新活力的根本性制度；还要重视知识产权的保护和创造，这是促进企业坚持创新的必要手段。

第一节　创新需要开放合作

人类社会最近 200 年来的经济增长得益于两个根本原因，一方面是科技进步极大地促进了生产力的发展，另一方面是自由贸易促进了全球资源的重新配置和产业的再分工，促使科技创新成果得到最大化利用。

全球化的时代，开放合作对创新的重要性不言而喻。既竞争又合作，是 21 世纪的潮流，竞争迫使所有人不停地创新，而合作使创新更加快速有效。华为在研发创新领域取得一系列令人瞩目的成就是坚持开放合作的结果。

"一杯咖啡吸收宇宙能量"。任正非鼓励华为高级干部与专家多参加国际会议，多喝咖啡，与人碰撞，不知道什么时候就擦出了火花。任正非说："公司可与竞争伙伴基于各自擅长的领域开展互补优势的合作，在不侵害双方核心技术机密，在不削弱对方市场竞争力的非核心领域，可进行共同开发，共同降低成本，共同提升对其他对手及潜在对手的竞争力的活动。"[1]

2015 年，任正非在华为市场工作会议上发表了题为《变革的目的就是要多产粮食和增加土地肥力》的讲话，他再次强调面对未来信息化的巨大市场一定要坚持开放创新，他说："我们要放眼全局，对未来信息传送的思想、理论、架构，做出贡献。未来的网络结构一定是标准化、简单化、易用化。我们一定不要用在高速公路上扔

---

[1] 黄卫伟.以客户为中心：华为公司业务管理纲要 [M].中信出版社，2016.

292

一个小石子的办法，形成自己的独特优势。要像大禹治水一样，胸怀宽广地疏导。我们不能光关注竞争能力以及盈利增长，更要关注合作创造，共建一个世界统一标准的网络。要接受上世纪火车所谓宽轨、米轨、标准轨距的教训，要使信息列车在全球快速、无碍流动。我们一定要坚信信息化应是一个全球统一的标准，网络的核心价值是互联互通，信息的核心价值在于有序的流通和共享。而且世界统一的网络标准也不是一两家公司能创造的，必须与全球的优势企业合作来贡献。"[①]

华为的开放创新在多个层面展开，包括与行业伙伴、学术机构的合作，更包括通过分布全球各地的联合创新中心与客户在创新方面的合作。华为还通过在中国以外的全球各地建立的 10 多个研究中心，实现了对全球智慧资源的有效整合和利用。

华为创新的核心理念是市场导向而非纯技术导向。华为要吸引新客户、留住老客户，不能靠追随，只能靠创新响应客户需求。这是华为的核心竞争策略。从电信基础网络到终端产品，华为都有率先提出的创新。客户需求是华为创新的来源，也是创新的目标。正是因为华为坚持开放合作的战略，使华为在全球范围内与客户建立了 36 个联合创新中心。这些中心也成为华为在整合全球资源、参与全球竞争中重要的创新线索来源和试验地。创新不只是华为现在的竞争力，也是未来持续的竞争力。

---

① 黄卫伟.以客户为中心：目前形势与我们的任务[M].中信出版社，2016.

第二节　以人为本的知本分配机制

华为尊重人的创造力，并通过股权等方式强化了对知本的分配，人的创造积极性被释放出来，这是华为研发得以可持续的根本。

"知本主义"是任正非在华为实践中总结出的宝贵经验，"知本主义"实现制度是华为的一种创新探索。企业的发展依赖市场机会、人才、技术、资金、产品等多种要素，那么其中最为重要的是哪个要素呢？任正非在《华为的红旗到底能打多久》中就明确指出："机会、人才、技术和产品是公司成长的主要牵引力。这四种力量之间存在着相互作用，机会牵引人才，人才牵引技术，技术牵引产品，产品牵引更多更大的机会。员工在企业成长圈中处于重要的主动位置。"

知识经济时代，企业生存和发展的方式，也发生了根本的变化，任正非对知识经济时代有着独到的见解：过去是资本雇佣劳动，资本在价值创造要素中占有支配地位。而知识经济时代是知识雇佣资本。知识产权和技术决窍的价值和支配力超过了资本，资本只有依附于知识，才能保值和增值。

基于这一认识，任正非开始思考如何把知识转化为资本，这就是"知本主义"的来源。早在 1997 年前后，华为就在薪资水平上向西方公司看齐，不如此，就很难吸引和留住人才。为了同样的目的，创立初期，华为就在员工内部实行"工者有其股"。2001 年之前，华为处于高速上升期，华为原薪酬结构中股票发挥了极其有效的激励作用，那段时间的华为有种 1+1+1 的说法，即员工的收入中，工资、奖金、股票分红的收入是相当的。员工凭什么能获得这些？凭借的是他的知识和能力，在华为，"知本"能够转化为"资本"。

华为在创业之初就对员工进行了股权激励，这在当时是非常罕见的。华为 2017 年年报显示，华为是 100% 由员工持股的民营企业，股东为华为投资控股有限公司工会委员会（下称"工会"）和任正非。截至 2017 年 12 月 31 日，员工持股计划参与人数为 80818 人，参与人均为公司员工。员工持股计划将公司的长远发展与员工的个人贡献和发展有机地结合在一起，形成了长远的共同奋斗、分享机制。任正非作为自然人股东持有公司股份，同时，任正非也参与了员工持股计划。截至 2017 年年底，任正非的总出资相当于公司总股本的 1.4%。作为一家 100% 由员工持股的非上市民营企业，员工持股比例如此之高令人吃惊。

可以说，"知本主义"实现制度是华为的创新。其表现在股权和股金的分配上，股权的分配不是按资本分配，而是按知本分配，即将知识回报的一部分转化为股权，然后通过知本股权获得收益。因此，以人为本的知本分配机制，是华为研发创新得以可持续的根本条件。

第三节　高度重视知识产权工作

当今社会已步入知识经济时代，知识经济使世界进入一个信息传递高速化、商业竞争全球化、科技发展高新化的崭新的经济时代。

在知识经济的社会形态中，知识产权已成为国际竞争力的重要指标，从发达国家纷纷调整或制定新的知识产权战略就不难看出。

美、日电子企业为保证专利管理正常运行，都设立了专利管理机构或配备了专职管理人员。美、日电子企业的知识产权管理机构的设置没有一定的模式，其机构大小、人员配备都根据企业自身的情况和需要而定。例如：富士通公司就设立了有 300 名工作人员的机构健全的法务与知识产权部，该部下分 7 个业务部门，其中专利部门就配备了 200 名工作人员。

在日本，爱普生公司仅知识产权本部的工作人员便超过 400 人，这一数字相当于当地一家中型企业的人数。而且，在爱普生遍布全球的分支机构和所有研发、生产、销售体系中，也都配备了专业素养较高的知识产权人才……正是由于拥有足够的知识产权人才，爱普生专利数量和管理、应用能力都居于世界顶尖行列。

英特尔的法律部有 200 余人负责公司的知识产权事务。此外，很多其他部门也与知识产权密切相关，例如，安全部的大部分工作是做知识产权调查的。

惠普知识产权部门地位在过去几十年中不断提升。20 年至 30 年前，知识产权隶属工程部，属于公司的下层部门。最近 10 年来，知识产权部门地位不断提升，现在隶属法律部，离总裁只有"两步之遥"了。也就是说，公司有 10 个执行副总裁，其中一个同时担任法律部部长。

纵观世界著名科技型企业，他们都非常重视知识产权保护工作，也重视建设知识产权人才队伍。

　　华为自成立以来，就一直非常注重知识产权的创造和保护工作，早在 1995 年任正非就在内部讲话中说："未来的蓝图是美好的，作为一个直接和国外著名厂商竞争的高科技公司，没有世界领先的技术就没有生存的余地，在奋力发展各种尖端科技之时，应加强知识产权的保护工作，公司的每一位员工都应像保护自己的眼睛一样保护公司的知识产权。"[①]

　　2004 年，据华为方面介绍，整个华为公司从事知识产权方面工作的人员已经超过了 100 名，这些人员除了少部分在知识产权部工作，大部分分散在各产品线和各研究开发部，从项目追踪、分析、立项，一直到项目实施、比较、后期管理，都有一整套完善的制度，最大限度地保证华为产品的"独立自主"。

　　2004 年 7 月 28 日，在经历了 1 年 6 个月零 5 天之后，华为与思科的知识产权案最终以和解拉上了帷幕。华为在与思科的竞争中同时也学会了利用专利进行自我保护。华为在全球知识产权组织 2008 年度排名中知识产权申请数量名列第一，这标志着华为正面向世界，决心在世界范围内捍卫其知识产权。此后 10 多年，无论多么困难，华为一直坚持高于竞争对手的研发投入，最终缩小了与欧美领先企业的技术差距，甚至在部分产业技术领域开始扮演领先者角色。

　　其实，保护知识产权，本质上是保护创新的原动力。华为认为，只有尊重和保护知识产权，才能激发全社会的创新活力。2015 年 10 月，任正非曾在接受《福布斯》杂志记者采访时强调："创新是要有

---

① 黄卫伟. 以客户为中心：目前形势与我们的任务 [M]. 中信出版社，2016.

理论基础的。如果没有理论的创新，就没有深度投资，很难成就大产业。理论上要想有突破，首先一定要保护知识产权，才会有投资的积极性，创新的动力。"①

华为在知识产权保护上扮演着重要的角色。一方面，华为通过交叉许可、付费使用等方式尊重、保护他人的创新成果，每年付给行业伙伴的专利使用费约 3 亿美元，2016 年华为率先与高通签订了新的 3G 和 4G 专利授权协议；另一方面，华为也通过知识产权的法律框架保护自己的长期利益，积极申请专利，截至 2017 年 12 月 31 日，华为累计获得专利授权 74307 件，累计申请中国专利 64091 件，外国专利 48758 件，其中，90% 以上专利为发明专利。

华为不仅在专利申请数量上不断地增加，而且在参与国际标准制定方面也颇具成效。华为公司不仅经常出现在国际电联的专题 NGN 组、欧洲电信标准组织 ETSI、3G 标准组织 3GPP 和 IETF 里，而且还能产生较大的影响力。中国电信和华为公司提出的"IP 电信网（IPTN）"的概念得到业界的广泛接受，形成了 ITU － T 的 Y.1291 标准。华为 2017 年年报显示，截至 2017 年 12 月 31 日，华为加入了 360 个标准组织、产业联盟和开源社区，积极参与和支持主流标准的制定、构建共赢的生态圈，面向与计算、NFV/SDN、5G 等新兴热点领域，与产业伙伴分工协作，推动产业持续良性发展。

---

① 黄卫伟. 以客户为中心：与任正非的一次花园谈话 [M]. 中信出版社，2016.

参考书目

1.张利华.华为研发 [M].北京:机械工业出版社,2009.

2.程东升,刘丽丽.华为真相:在矛盾和平衡中前进的"狼群" [M].北京:当代中国出版社,2003.

3.汤圣平.走出华为:一本真正关注中国企业命运的书 [M].北京:中国社会科学出版社,2004.

4.程东升.李彦宏的百度世界 [M].北京:中信出版社,2009.

5.王春法.主要发达国家国家创新体系的历史演变与发展趋势 [M].北京:经济科学出版社,2003.

6.李信忠.华为的思维:解读任正非企业家精神和领导力 DNA [M].北京:东方出版社,2007.

7.张贯京.华为四张脸:海外创始人解密国际化中的华为 [M].广州:广东经济出版社,2007.

8.王永德.狼性管理在华为 [M].武汉:武汉大学出版社,2007.

9.刘世英,彭征明.华为教父任正非 [M].北京:中信出版社,2008.

10.张力升.军人总裁任正非 [M].北京:中央编译出版社,2008.

11.王育琨.强者:企业家的梦想与痴醉 [M].北京:北京理工大学出版社,2006.

12.程东升,刘丽丽.华为经营管理智慧:中国"土狼"的制胜攻略 [M].北京:当代中国出版社,2005.

13.[美]德鲁克.创新与企业家精神[M].蔡文燕,译.北京:机械工业出版社,2007.

14.元轶.柳传志谈管理 [M].深圳:海天出版社,2009.

15.任伟.王石如是说 [M].北京:中国经济出版社,2009.

16.李尚隆.削减成本 36 招 [M].北京:机械工业出版社,2009.

后记

进入21世纪以来，全球科技创新进入空前密集活跃的时期，新一轮科技革命和产业变革正在重构全球创新版图、重塑全球经济结构。科学技术从来没有像今天这样深刻影响着国家前途命运，从来没有像今天这样深刻影响着人民生活福祉。习近平总书记反复强调，要充分认识创新是第一动力，提供高质量科技供给，着力支撑现代化经济体系建设。

在这样一个时代背景下，广大企业纷纷重视研发创新，华为三十年来在研发战略、研发流程、研发风险管理、研发团队管理等方面积累了丰富的经验，值得广大企业学习和借鉴。可以说，创新意识是华为成功的基石。任正非把创新看作是企业的灵魂，创新是使企业产生核心竞争力和保持企业核心竞争优势的至关重要的因素。

在《华为之研发模式》写作过程中，作者查阅、参考了与华为和任正非有关的大量文献作品，并从中得到了不少启悟，也借鉴了许多非常有价值的观点及案例。但由于资料来源广泛，兼时间仓促，部分资料未能（正确）注明来源及联系版权拥有者并支付稿酬，希望相关版权拥有者见到本声明后及时与我们联系（zkjhwh2016@163.com），我们都将按国家有关规定向版权拥有者支付稿酬。在此，表示深深的歉意与感谢。

由于写作者水平有限，书中不足之处在所难免，诚请广大读者指正。同时，为了给读者奉献较好的作品，本书在写作过程中的资料搜集、查阅、检索与整理的工作量巨大，得到了许多人的热心支持与帮助，在此对他们的辛勤劳动与精益求精的敬业精神表示衷心感谢。